建築家が自邸を建てた。

はじめに

この本は、今から約十五年前、これから家を建てる人のために、「建築家の自邸、満足と反省の物語」と題して、私自身が住宅を建てた時のエピソードをメルマガで連載したものです。

当時は、インターネットが普及し始めた頃で、設計事務所として時代に遅れまいとホームページを作成しました。主に、注文住宅の顧客の集客が目的で、そのためには、頻繁に更新が必要と助言され、実際に経験した「家づくり」であれば、話題に困らないと考えたのです。

ところで、私の枕元には、単行本がいつも一冊置かれています。読み始めると、最後まで読破しないと眠れない妻とは真逆に、私の場合は二ページ目に差しかかったあたりで、自然にまぶたが開から閉に移行します。また、子供達には内緒ですが、現国が大の苦手で、高校の古文の教師にも、「卒業させてやる代わりに、受験後に源氏物語を読んで感想文を送れ」と念を押されました。

こんな私ですから、文章を書くのは大の苦手。最初の一年間は何とか発信を続けられましたが、その内、なかなか筆が進まなくなり、一か月に一回、やがて三か月に一回。最初の頃は、千名近い読者がいて、時々、全国各地から激励のメールが届きました。しかしながら、筆不精と日頃の繁忙さに押され、どんどん時間が過ぎていきました。そしてついには挫折し、力尽きてしまいました。

あれから十余年。珍しく建築現場の監理が二か月ほど空くことが分かり、旅行に出るかどうか悩んだ末に、この時とばかり一念発起して、メルマガを最初から読み直し、再編集してみることにしました。

もともと軽妙な文章で、気軽に追体験を楽しんでもらおうと考えていたのですが、再度読み返してみると、稚拙な文章に加え、専門用語も随所に散らばり、だんだん説明口調になって、「途中から面白くなくなった」とご批評いただいたのもよく分かりました。どうも技術者の端くれとして、「新しく家を建てる人」のために、何か少しでも役に立ちたいとの使命感が、軌道修正する機会を逸してしまったようです。

今回、もう少し柔らかい内容に書き換えようかとも思いましたが、そうすると完結が更に十年後になってしまう危惧があるため、とりあえずそのまま製本することとしました。物語としては、途中から少し退屈になるかもしれませんが、これから家を建てる人の気持ちになって、最後までお付き合い頂ければ幸いです。

目次

第三章　構造の選択……79

第一章　土地を見つける

㈠　「信頼」や「口約束」はトラブルの素

「私は運と勘がいい」そう信じている

今から二十年前、あの未曾有のバブル期の直前、「今がチャンス！」と、自分の「勘」だけで、約三十坪の敷地に建つ中古の一軒家を買った。東京都渋谷区笹塚という、新宿から電車で一駅、住宅地と商業地とが混在した利便性のいい土地柄であった。その古家は、建物の半分を米穀店が店舗併用住宅として使っていて、残りの半分は耳鼻咽喉科の診療所に貸してある少々変わった物件だった。

当時の私は、西新宿にある高層ビルの最上階で、「ホテルアーサー札幌」という超高層ホテルのプロジェクトリーダーを任され、また、新商品として会員制の医療ビジネスの企画開発で度々海外に視察に出かける、超多忙なヤングエグゼクティブ（当時は自らそう錯覚していた）であった。

ある日、ふと、黒塗りのハイヤーの後部座席で、いつもの勘が働いた。

「そろそろ田舎の両親を安心させるために、家でも買って結婚しなくては」

建築設計の知識は多少あっても、不動産に関する知識は、はっきり言ってゼロ。しかも、超多忙なヤングエグゼクティブとしては、細かいことにはこだわっていられない。妙なプライドから、駅前不動産の仲介業者にすべてお任せすることにした。

数日後に担当者から電話が入る。

「あのう、会社の近くに面白い物件があるのですが」

「そう、それそれ。今の私には職住隣接が一番。なんと私は運がいいのだろうか」

その日の夜に現地の前を素通りし、境界の確認すら行わないで、即日、契約してしまった。今、冷静に考えると背筋がゾッとする。

間もなく私は、一軒の木造住宅の右側半分、つまり以前は米穀店だった場所を改装し、赤坂見附の高級マンションから引っ越してきた。荷物はベッドとマッサージチェアが一台。急に庶民に舞い戻った感覚だが、賃貸マンション暮しから、遂に自分の家を手に入れた満足感が心地よかった。

外壁こそ塗り直したものの、さすがに経年変化は消し去れない安普請の中古住宅。その近くの街道に黒塗りのハイヤーが止まり、毎朝決まった時間に真っ白く塗り替えられた玄関ドアから、ダークスーツの若者が颯爽と出かけていく。すぐにゴミ出し途中のご近所のおばさん達の評判となった。

「あの人何者?」

瀬戸際で乙姫様をゲット!

この古家を買ってまもなく、私は高層ビル最上階のオフィスを飛び出して独立する。社員六百余名の中で、上から五指に入る地位をかなぐり捨てて、自分の可能性に賭けたのである。ちょうどそこに、あのバブル景気の波が押し寄せてきた。この世の春とはこのことか。断っても、断っても、次々と仕事が舞い込んでくる。

限りなく昼に近い朝、新しいオフィスに着くと、印刷された仕事の依頼のＦＡＸ用紙が床まで連なっている。ちなみに、当時のファックス用紙は巻紙だった。地価もどんどん上がった。私が買った家の周りの小さな店舗や住宅が、次々と取り壊され空き地になっていく。世に言う地上げだ。噂では坪一千万円の声も聞かれる。な、なんと私が買った価格の三倍だ！

「ああ、なんて私は運がいいのだ」

電卓の数字を横目に、チョットした資産家になった気分の私は、毎夜、毎夜、浦島太郎のごとく飲み屋街に繰り出して行った。

しばらくしてハッと気付くと、既に私は三十九歳。後がない。浦島太郎を返上して、ようやく知人の紹介で婚約に漕ぎつけた。そして私は美しい婚約者に殺し文句を送った。

「このボロ家はすぐに建て替えますから」

翌年、無事に結婚式を済ませて幸せモードの中、美しい妻からおねだりがきた。

「ネェ、あの時の約束は？」

「あっ、うん、もちろん分かっているとも」

大人は「性善説」を信じてはいけない

翌日のこと。早速意気揚々と、隣の医者の所に建て替えの意思を伝えに行ったところ、思いもよらぬ展開が待っていた。冒頭、私の契約した物件が、少々変わっていたとお伝えした。一軒の家を真ん中で区切って、右半分が自分の住まい、左半分は耳鼻咽喉科の診療所になっている。その医者から、「建て替えの時は協力します」との一筆を頂戴し、後はすべて「口約束」。
　相手は社会的地位と常識の通用するお医者様。何も問題は生じないはずと性善説を信じる私の思いとは裏腹に、今日になって、「知らぬ存ぜぬ」の一点張り。あろうことか、建て替えに同意するどころか、あの時の「口約束」を全て否定。しかも法外な立ち退き料まで要求してきたのだ！（怒）
　私達の甘い新婚生活は、早くもここで終焉を迎えたのである。結果的には二年間の裁判を経て、そこからさらに、我が家の建て替えは五年待たされるハメになってしまった。そのくだりをもう少し詳しく説明したい。

裁判官にも見放されて

　思えば私も悪い。建て替えの時は協力してもらえるのだからと下手（したて）にでて、賃料もずっと据え置きを容認。契約期間も通常は二年毎なのに、五年間（つまり、更新料は五年に一度しか手に入らない）。バブル景気のせいもあって、周りの物件と比べると超格安になっていたのだ。先方の立場に立てば、当然移転しようにも、このような格安物件は簡単に見つかるはずもない。

　様子を伺いながら、診療時間の合間に建て替えの交渉に何度も出向く。が、ケンもホロロ。そのうち、

「交渉は代理人の弁護士とやってくれ」

ときた。こちらも慌てて弁護士を紹介してもらい応戦することに。案の定、裁判となった。

相手は小規模ながらも天下の開業医。隣接の杉並区にある高級住宅街の一角に、八十坪もの立派な敷地の一軒家に住んでいた。妻は写真まで撮って裁判所に訴えた。こちらは長男で、年老いた田舎の両親を引き取るという「正当事由」も主張した。

しかし、裁判官曰く

「現在の借家法では、借り手が保護されていて、家主の立場はめっぽう弱い。心情はよく分かるが世の中の慣習がそうだから」

と逆に説得される始末。この時ほど、自分の不甲斐なさを悔いたことはない。一生に一度の大きな買い物の契約行為を甘く見た天罰と言えようか。

結局、二年かかった民事裁判の和解調停案は、

「被告（医者）は五年後に立ち退くこと。それまでは現状維持」

というものだった。この時期、ちょうど私は厄年に突入した。その後、運と勘はしばらく息を潜めることになる。

心が折れる日々

裁判が終わると同時に、バブル景気も終焉を迎えた。それからの数年間、仕事の依頼のＦＡＸは激減。私と新妻にとっては、物心両面で惨めな時代が続くことになる。この間に子供が二人生まれた。当然私のオフィスも都落ちを繰り返すことになった。最初は、花の渋谷公園通り。その後が笹塚駅前の雑居ビル。遂には自宅の二階の一室が私の仕事場になった。床は擦り切れた畳敷き。

二階のもう一部屋が寝室で、ベビーベットが置いてある。一階の八畳の居間が、食事処兼子供部屋兼応接間となった。

ある時、突然、銀行の支店長が訪ねてきた。

「し、しばらくお待ちを」

部屋中に散乱したオモチャを掻き分け、急遽、座れる場所を作る。妻と二人、さすがに冷や汗がでた。夢にまで見た新婚時代のオシャレな生活とは程遠く、多額の住宅ローンを抱えながら、まったく先が見えない心境をお察しいただけようか。

一方、このマイホームを購入するに際し、同居を夢見て老後のための貯金を解約した田舎の両親。孫の顔を見たさに度々上京するものの、狭くボロい家に居場所が無く、そのうち近所にアパートを借りることになった。

「隣の医者さえ約束を守って建て替えに協力してくれればなぁ」

と私。

「まったく高い買い物をしたものね。馬鹿じゃないの」

と乙姫様。

縁あって、新たに近くに越してきた妻の両親も加わって、家族と親戚一同、作り笑いの日々が続く。自分の所有でありながら、自由にできないもどかしさの中で、「身から出た錆」と諦めもつく私と違い、あの約束を信じ、妥協して結婚した（悩んだ末にワンランク下げたらしい）妻は納得できようもない。隣の医者と顔を合わせる度にストレスが溜まり、いつしか「嘘つき」のレッテルは、あの医者ではなく、なんと、この私に貼られてしまっていた。

ある日、仕事の合間に不機嫌な妻の気晴らしにと、数年後に実現するであろう、新しい建物のパース（完成予想図）を描いてみた。鉛筆書きの簡単なスケッチなので、私にとっては朝メシ前だが、それを見る妻の目はうるんでいた。それからというもの、妻と私は、二人の子供が寝静まるのを待って、この古家を解体した後の、念願のマイホームの設計に没頭していった。やがて重苦しく悶々とした時間を忘れる、ほんの一時の幸福感に包まれた。遠くに一筋の光が見えるとはこのことか。既に裁判が始まって六年が経過していた。

(二)　競売物件との出合い

長い冬も、やがていつか春になる

いよいよ隣の医者が立ち退く期限が一年後に迫ったある日、今まで見たこともない形相で妻が取り乱して叫んだ。

「もう、ガマンの限界！」

聞けば、隣の医者から、診療室の窓先を通る時は、

「必ず挨拶をしろ！」

と言われたらしい。

前にも書いたが、私の買った家は、一階が二十坪、二階が二十坪のほとんどサイコロのような家。それを真半分に区切って、左半分の一階十坪と二階十坪を耳鼻咽喉科の診療所に貸してあった。互いに前面道路に面して玄関、そして裏にそれぞれの勝手口がある。しかし、その勝手口と道路を継なぐ通路が、貸してある診療所側にあったので、我々は、自宅の勝手口から表の道路へ出るには、どうしても診療室になっている窓先を通らなければならない。

隣は、診療所ということもあり、昼間は、薬メーカーの営業マン達が、隣の勝手口から我が物顔で出入りする。勝手口の前が洗濯物干し場だった我が家は、干し方にまで神経を使っていた。ゴミ出しも、生ゴミ以外は勝手口を使わず、部屋を横断して玄関から外に出すなど遠慮を重ねていたのだ。

「今まで我慢して言わなんだけど」

口数の少ない私の母まで、堰を切ったように涙目で訴える。掃除のために通路を通っただけで、窓を開けて睨まれることが度々あったらしい。

契約書では、確かに「貸家」となっている。「家」は貸したが、土地まで貸した覚えはない。もともと嫁姑の関係というのは古今東西強烈だが、逆に、その一致団結したすさまじい意思に背中を押され、私は改めて隣に抗議に出向いた。

声を荒げながらも、ふと弱気の虫が出る。二年の裁判を経て、立ち退きの猶予期間満了まで残り一年となっているのに、これ以上強く言い放って、あの裁判の和解案に影響しないだろうか。実に長かった。そう思うと、自然と「抗議」が「お願い」口調になってしまう。ああ、あの一致団結した嫁姑は、こんな私を見たら、どんなにか嘆くだろう。それにしても、どうして貸している大家の私がこんなにも弱腰にならねばならないのだろう。

　この事件以来、一日のほとんどを自宅で過ごす妻は、出来る限り隣の医者や看護婦達と顔を合わせないよう、神経を使っているようだった。そして、ある日、遂に憔悴しきった顔でこう切り出した。

「お願い、あと一年。どこか別な所に住みたい」

　その言葉の重さに押され、駅前不動産に頼んで賃貸物件を見て廻ることにした。

「借りよう。借りてしまえばこちらが強い」

　私は呪文のように唱えていた。

競売によって借地権に出合う

　仕事の合間に自転車で近くの賃貸物件を見て廻り、夜中に新しい家の設計を考える。そんな日々がしばらく続いていたある夜のこと。二人の子供達との楽しい入浴タイムを打ち破る、上ずった妻の声が届く。

「ちょっとあなた、これを見て」

　それに対して私は
「後にしてくれませんかね」

と、つれない返答だったそうな。

　ここ数年のストレスが溜まりに溜まり、美しかったはずの妻の美貌は確実に色あせて見えた。

しかし、この日の妻は少し違った。輝きに満ちた笑顔、さながら、長い間見放されている「運の女神」のようだった。さて、その真相とは──。

読者の方の中にも、新聞紙上で、不動産の競売情報が大きく掲載されているのを見かけられたことがあると思う。聞くところによると、バブル崩壊の後、不良債権処理の場として、皮肉なことに、この競売業界は今がバブルなのだそうだ。また、ひと頃より我々素人にも参加しやすい法改正がなされていると聞いている。

風呂から上がった私に、待ちきれないとばかりに妻が駆け寄る。

「この近くに競売物件がでてるわよ！　借地だけど」

「なに、借地？」

『借りる』ということに関心が高かった私は、その新聞記事に飛びついた。最低売却価格も書いてあるが、金額も信じられないくらい安い。

「よし、明日、現地を見に行こう！」

その夜は、二人ともなかなか寝付けなかった。

当時の競売物件は、所轄の裁判所で物件の詳細資料を閲覧できるようになっている。詳しい住所等は、その詳細資料でないとわからない（現在はネットで閲覧が可能になった）。閲覧開始日に裁判所を訪れてみると、閲覧室には人があふれていた。資料を綴じたファイルは一冊しかないため、目的の物件を他の人が見ていると、窓口に返却されるまで待たねばならない。人気の物件ともなると、そのファイルを見ることさえ大変なのだとか。

案の定、目的のファイルは貸し出し中だった。仕方なく外の廊下で待つことにして、室内にいる人たちをぼんやり眺めていた。おお、居る、居る、居る。それらしき人達。ダブルの背広が妙に似合う、その道一筋らしい独特の雰囲気を醸し出している。「偏見だ」と責められるとしてもかまわない、いわゆるお友達になりたくない人達。でもやっていることは私も同じか。

「ああ、運に見放された私は、遂にここまで落ちてしまった」

幽霊屋敷のとなり

後悔の念に駆られながら、ヤングエグゼクティブだった頃が妙に懐かしく思い出された。あのまま会社の歯車の一つとして耐え忍んでいれば、今でも女子社員の憧れの的として君臨出来ていたに違いない。

「覆水盆に返らず」

とはこのことか。

しばらく待って、やっと目的の物件ファイルが閲覧できた。詳しい住所や、権利関係のポイントと思われるところを急いでコピーにとった。競売は、情報が新聞等に掲載されてから入札まで、約一ケ月足らずしかない。私は裁判所からの帰路、まっすぐ現地へ向かった。現地では電話で連絡しておいた妻が先に待っていた。東京ではめずらしく積雪の残る寒い日だった。

目的の場所には二階建てのアパート併用住宅が建っていた。まだ、それほど古くはないようで、全部の部屋に入居者がいる様子。二人とも息を殺して、抜き足差し足で辺りに探りを入れる。スリル満点。ちょっとした探偵気分だ。

敷地は確かに広い。現在の私達の家の三倍はあるぞ。しかし、隣接地が良くなかった。右隣の空き家は朽ちかけて幽霊屋敷さながら。さらに左隣には荒れた森が広がっていて、古い木賃アパートが点在している。窓ガラスが割れた部屋も見える。どうやらこちらはほとんどが空室のようだ。

早春の夕暮れは早い。気が付くと、すっかり辺りが暗くなって、不気味な雰囲気さえ漂い始めていた。駅の近くで商店街もすぐなのに、ここだけ時代から取り残されている。

「なんとかゾーンみたいで、チョット怖くない？」

腕を絡めて妻が言う。忘れていた何年ぶりかの感触が…。なんて言ってる場合じゃない。突然、カラスの羽音に鳥肌が立った。入口付近の道路も、今どき珍しく未舗装で、雪解けのせいかドロドロ・ビチャビチャ。歩くたびに足を取られる。

「おい、どうする？　迷うなあ」

複雑な思いで帰路を急ぐ夫婦であった。

女神のささやき

もう一度冷静になって考えてみる。入札をして落札した場合、自宅を建てるのだから、現在の入居者には全員立ち退いてもらうしかない。しかし、善良な市民を自称する私に、取り立てや追い出しなど出来るはずもない。沸々と罪悪感が満ちてきた。

「えっ、この俺が追い出しをかけるわけ？　冗談よせよ」

「馬鹿ねえ、誰かに依頼するのよ。弁護士の先生とか。だから安いんじゃないの」

　妙に冷静な妻の言葉に感心した。確かに人は利害で動くこともある。相当の補償をすれば立ち退きに応じてくれる人も多いかもしれない。

「入札してみましょうよ」

　妻が、（いや女神が）ささやいた。

「少なくても、ここよりマシでしょ」


　しかしながら、競売に参加するには、いくつかの大きな壁が立ちはだかっていた。まず、時間がない。詳細を閲覧してから競売入札日まで約三週間。通常の不動産売買のように仲介業者もいないので、法律上の制約事項などは、すべて自分で調べなければならない。もっとも仕事柄、不動産に詳しい友人も少なくないので、まったく無理でもなさそうだ。かつての企画本部長の心意気を取り戻し、勇気を振り絞って未知の「競売」に挑戦することにした。これを人は「無謀」と言うらしい。

所有権への未練

　私達の作戦は、とにかく二か月の間に競売の落札金を一時的に集めて、そのあと銀行ローンに切り替えるというもの。ところがそうは問屋が卸さない。

「ええっ、借地を買うんですか。借地は資産になりませんよ」

最初は、「古家の建て替えの折は、是非当行で住宅ローンを」と揉み手だった住田銀行の融資担当者が、つれなく言い放った。その言葉に、決心がぐらつく。いくら、『借りる』ことに抵抗がないとはいえ、私だってホントは借地より、所有権のほうがいいに決まっている。

そもそも、田舎からの上京組にとって、東京で土地から購入して家を作ることは、半端でないお金の負担を強いられる。せめて子供達にはこのハンデを取り除いてやりたい。そんな親心から多額のローンを抱える夫婦も少なくないのでは。やはり無理しても次の代に渡せる所有権が有利なのか。銀行マンの言うように、このまま現在の三十坪足らずの所有権の土地に建物を新築した方が正解なのだろうか。またまた迷宮に迷い込んでしまった。


今回は「建築家の自邸」である。まさにその技量が試される貴重なイベントだ。これを契機に世界に羽ばたくことは無理としても、皆が「あっ！」と驚くタメゴロウ的な秀逸な案ができないものか。これまで、古家の建て替えプランは散々考えた。具体的には地下室を造ったり、屋上にはペントハウスを計画したりと、まるでパズルを解くが如くあれこれ案を練ってきたが、如何せん街中の狭小地。法的規制が厳しくのしかかる。三十坪足らずの敷地に、自宅兼オフィス兼二世帯住居兼車庫を盛り込んでほしいという妻の希望は、キノコのように建てない限り、到底実現出来そうにない。

「やっぱり広い借地が正解かも」

気持ちはまたしても借地に傾く。ああ、誰かどうにかして欲しい。

（余談）オモロイ安藤さん

　その昔、あの建築家の安藤忠雄さんが「都市ゲリラ」と称して小規模な都市住宅を手がけていたが、私は今まさにその気分。安藤さんは、ここから見事に世界に羽ばたいたが、柳の下に二匹目のドジョウは居なかった。

　余談だが、この安藤さんがまだ駆け出しの頃、私はアフリカのモロッコで旅の途中に偶然出会い、一週間、寝食を共にしたことがある。実にユニークな人であった。私が一回カシャッと写真を撮ると、傍で、カシャ、カシャ、カシャと十回くらいシャッターを押す。大きなナイロン袋に百本くらいのフィルムを無造作に入れている。職業はダンプの運転手と聞いていた。確かに容姿もそう言われてみれば…

「建物に興味あるんですね」

「まあね。けどオモロイな、この家、窓あらへんで」

　帰国後に雑誌を見て安藤さんと分かり、すぐに大阪の事務所を訪ねたが、事務所の廊下で六時間も待たされた。深夜、やっと二人になって、スライドで進行中の作品を見せてもらいながら考えた。

「卒業したら来ていいですか」

「エエよ、けど給料あらへんで」

「そ、そんな」

貧乏学生は躊躇した。これ以上痩せこけた親のスネをかじる訳にもいかない。

「言っとくけど、しんどいから、建築家になったらアカンで」

別れ際のその言葉の真意が分からず、結果、私は中途半端な建築家になってしまった。確かにこの商売、仕事量に比べ報酬が少ない。三度の飯より建築が好きでなければ、建築家を生涯続けるのは難しい。

㈢ 借地権と所有権、どっちが得？

広く、ゆったり暮らしたい

私は建築士という職業柄、土地を見ると、その上に建物が立体として浮き上がる。あたかも完成した建物が原寸大でそこにあるように。つまりこれから創ろうとするものが、鮮明に脳裏に想像できる特技がある。それと同時に、光の届き具合や、風の流れも概ね察しがつくから、天職なのかもしれない。

現在住んでいる古家の南側には、人も通れない僅か四十センチの距離をおいて三階建ての隣家が建っている。西側にも二階建てのアパートが同じく手の届く距離に迫っていた。直射日光も、風の流れも全くない。これが都会生活の現実なのだ。

考えに考えを重ね、出した結論は、

「自分の人生を今から息子に捧げるのはおかしい」

だった。

つまり資産としての所有権に執着するあまり、多額の銀行ローンを抱え、しかも、狭い土地にしがみつくことは馬鹿らしい。

私の両親は、田舎から息子ふたりを東京の私学に入れることと引換えに、つつましやかな生活をよぎなくされ、人生の楽しみの大部分を犠牲にした。両親には感謝しているが、私は真っ平御免。私は、何より自分自身の人生を最高に楽しみたい。

結果として、私の死後、多少の金品が残ったとすれば、子供に軍資金としていくらかは与えるが、その後は子供の力量に任せたい。もし、この私が親から世田谷区の一等地に百坪の土地を相続していたとしたら、こうしてまじめに建築設計の仕事を続けていたかどうか怪しいものだ。半分売れば一生遊んで暮らせるのだから。

妻も同意見であった。

「たとえ資産として価値が低くても、まず私達家族が、広くてゆったりと豊かに暮らせる家を造りましょうよ」

話は決まった。

「さぁ、とうとうここから脱出だ！」

神の声を聞く

いよいよ競売の入札日が近づいた。一般の所有権は人気が高く多くの入札があるが、私達が狙うお化け屋敷の隣の土地建物は、あまり人気が無いと予想した。しかし、油断大敵。もし他人に一円でも高く札を入れられれば一巻の終わり。専門家に聞いたところでは、こうした場合は地主が最低売却価格で入札して、借地権を所有権に変えてしまうことがあるという。

「あら、それだけは困るわね。どうするあなた」

私も強気と弱気が交錯し、なかなか入札の額が決められない。確かにこんな事が何度も続いたら神経が持たない。世の大人達が「悪」と知りつつ、公共工事で談合に走る心情も分かる気がしてきた。

締切りの当日に、最低売却価格にいくらか上乗せしたこちらの希望額を記入し、裁判所に提出した。開札の日は、それから十日後。あいにく開札当日は所用があり、発表のある会場には妻が出かけた。子供を幼稚園に送った後、小走りで駆けつけたが、やや遅れたらしい。堰をきって会場に入ったと同時に、妻は神の声を聞くことになる。

住むための土地を遂にゲット！

「○○番号××番、落札者カニヨシキさん、カニケイコさん。えっーと、これは共有ですね。落札価格△△円、以上」

もし、ほんの数秒遅れれば、この発表のアナウンスは聞かれなかった。運命的な出来事（とかく女性はこの手の偶然に弱い）に感激した妻は、今でも時々この時の夢を見るという。真に神の声に聞こえたらしい。担当のオジサンが事務的に読み上げただけなのに。

結局、応札者は私達の他には誰も居なかった。通常、まあ優良な競売物件には、ふた桁の応札があるそうだから、今回の物件はまったく不人気だったわけだ。思えば私達は、入札直前まで応札価格について悩み苦しんだ。競売には最低売却価格が予め決められている。それをいくら上回って入札するかが問題だった。

内緒だが、私達は結論として、その最低売却価格に十万円だけプラスして入札したのだった。断っておくが、ケチなわけではない。幽霊屋敷はともかく、広い借地権は人気が無いと判断したわけだ。読みは当たり、結果としてその十万円は無駄になったが、ほとんど最低売却価格で落札できたことに大いに満足した。

一般に借地は、所有権価格の六割程の評価であるらしい。競売物件は、その特殊性から、市場価格より三割程度安く評価される。さらに借地の競売となると、ここから名義変更料として一割引いた価格が、最低売却価格と設定してあるため、私達は計算上、通常の所有権の土地の四割にも満たない金額で落札したことになる。

バブルが崩壊したせいもあるが、昭和の最後の年に買った、あの私達を悩ませ続けた診療所付きの三十坪足らずの所有権の土地より安かったのだ。黙っていれば、外見上は普通の所有権の土地と何ら変わらないのだから、急に資産家になった気分に浸る典型的庶民の夫婦がいた。

「こんな事ってほんとにあるのネ。ウシシ（笑）」

妻が声を押し殺して苦笑する。脱出計画が現実味を帯びて、ガゼン明るさを取り戻した妻が私の頬をつねった。

「バカヤロウ、手加減しろよ。痛いに決まっているだろう。ウシシ（笑）」

もしやババ抜きのババなのか

こうして、住むための土地の取得に大きく一歩近づいた私達。それでも、落札した興奮がおさまると、さまざまな不安が頭をもたげてくる。なんせ競売に参加した経験は初めてである。我々以外に誰も入札に参加しなかった現実に、何か落とし穴が隠されているのではないかと不安に駆られた。やはり魅力の無い土地を買ってしまったのだろうか。有頂天になったかと思えば、不安が広がり、暗い気持ちへと二転三転する。まったく、我ながら往生際の悪さに嫌気がさした。

冷静に分析してみると、この土地が風船のように奥で広がっていて、道路とは僅か四メートルしか接していないことも、不人気の要因だったに違いない。当然分割は不可能で、車の進入も容易ではなさそうだ。入札締め切りの直前、もし車が進入できなかったらどうしようとの不安から、敷地と道路の関係を測定し、別の広い駐車場の空き地にガムテープを貼って、車を走らせながら実験を試みた。

「ウーン、何とか入るかな」

私の言葉に妻は、

「私には無理かも」

と幾分意気消沈ぎみだ。

「いつかマセラッティを買ってあげますから」

という結婚前の約束がまたひとつ破られていく。「嘘つき」のレッテルは当分消えそうにない。

落札のアナウンスを聞いてから数週間して、私達の手元に一通の封書が届いた。「売却決定通知書」だった。落札しても、関係者から「異議申立」がなされると、裁判所は、当事者に再度権利関係を聴取したりするのに相当の時間がかかる。その間、落札者は入札金も返してもらえず、ただひたすら「決定通知」を待つのみらしい。私達は、これも難なくクリアしたわけだ。これで残金を裁判所に振り込めば、自動的に私達の所有、いや権利になる。不安な気持ちなんかに浸っている場合ではない。

挨拶を拒否する地主

こうなると一刻も早く、新しい借地人として、地主と折衝をしなければならないことがあった。

第一に、地主に名義変更料を支払い、土地の賃貸借契約を結ぶのだ。通常の借地の売買では、新しい借地人との契約を条件に、旧借地人が売買金額の十％程の金額を地主に支払う。これが名義変更料といわれるものだ。

第二に、現在、借地の上に建っている古いアパート併用住宅を建て替えることについても、地主に承諾を得なければならない。これには、建て替え承諾料なるものが発生する。おおよそ、借地価格の五％～十％が相場だ。

第三に、地代額の決定。地代の相場は、固定資産税の三～四倍というところか。この敷地で貸駐車場二台分の額である。

私は、まず電話で地主に面会を申し出た。ところが意外な返答が返ってきた。

「特にお会いすることもありません。全て管理会社に任せていますので、そちらと交渉してください」

これから永い付き合いになるので、丁重にご挨拶をと考え、手土産を用意し身支度を整えていた私はなんとなく腹立たしくなってきた。挨拶くらい受けてもいいだろう。なにが地元の名士だ。

しかし、後で分かったことだが、地主には会いたくても会えない事情があったのだ。

(四) 間一髪、神の光を手に入れる

隣に広い空地があったら要注意

新しく自分たちが住むことになる土地。もしかすると、一生ここで暮らすことになるかもしれない。本当にここで良いのだろうか。誰もがそう思うに違いない。

さて、我々が選んだ土地はどうか。南側の境界から二メートル程離れて、古い二階建ての木賃

アパートが建っていた。一階部分の直射日光は期待できないが、二階以上は何とか憧れの日光を確保できそうだ。風通しは、まあまあのようだ。ただ、アパートの住人の視線を遮るための塀や目隠しが必要と思われた。

この南側に隣接した広い敷地には、同様な古い木賃アパートが数軒点在していた。その間隔は比較的ゆったりしていて、所々にケヤキの大木がうっそうと繁っている。昼でもちょっと薄暗い。実は私はこれが非常に気に入っていたが、このように南側が駐車場などで広く空いている時は逆に要注意。現在は良くても、将来大規模な建物が建つことが予想されるからだ。案の定、この土地もその運命にあった。

この千坪を越す森のような敷地では、十階建てのマンション建設がまさに始まろうとしていた矢先だったのだ。こういう大規模プロジェクトの場合、近隣紛争が起こりやすい。紛争がおきれば、当然、工事着工も延び、地主側にとっては多大な損害となる。「待ってました」とばかり、無理難題をふっかけて補償金をガッポリ頂こうとする困った輩もいる。

ということで、近隣対策を担当していた会社から、地主は一切個別に交渉しないようにと釘をさされていたらしい。そこへ何も知らない私達が面会を申し込んだ。地主は会いたくても会えなかったわけだ。

再び、お先真っ暗に

高層マンション建設の話は、実は商店街の八百屋さんから聞いた。寝耳に水だった。私たちが購入した土地の隣接に、しかも南側に十階建ての高層マンションがそびえ建つなんて。それが本当なら、今回の敷地はスッポリとその日影に覆われてしまうではないか。一日中太陽が拝めない、寒々として凍りつくような敷地のイメージが頭の隅々まで果てしなく広がっていく。よくよくお天道様には恵まれない運命なのか。

「妻よ許せ。世の中を甘く見た俺が悪かった。もう少し世間を疑う性格を持っていたらこんなことには。私の人生こんなもんよ」

胃の真中がスッーと融けていくあの感じがご理解いただけようか。

もちろんそれを聞いた妻は放心状態で会話の続行が不可能になった。どうりで誰も入札に参加しなかった訳だ。競売と言う引け目も感じて、周辺の聞き取り調査を怠ったツケがここにきて露出したのだった。こうなっては、設計者の腕で、意地でも僅かな光をもぎ取ってやろうと、一人で仕事場にこもり設計図を何枚も描いたが、どう工夫しても相手の建物が高すぎる。

妻との会話が途切れて数日たったある日、地主の管理会社から連絡が入った。名義変更料や建て替え承諾料の交渉と契約のためだ。今さら土地の購入を白紙に戻せるわけもなく、憂鬱な気分のまま交渉の場に臨むことになった。地主はこの地域一帯で広く土地を所有し、借地の契約も多くの人々と交わしているらしく、提示された金額も相場かなぁ、と思える常識の範囲のものだった。

借地に新しく建物を建てて住宅ローンを利用する場合、融資する金融機関は必ず「地主の承諾書」を要求してくる。前述の名義変更料や建て替え承諾料の金額が折り合わなかったり、何か感情的なトラブル等があると地主はこの承諾書の発行を拒むこともあるらしい。そうなると、もちろん融資は難しい。その点、私達の場合は相手も慣れたもので、あっさり承諾の捺印を押してもらった。先方も争いは避けたいのだと察しがついた。

さて、これでようやく一連の作業が終わり、借地ではあるが、都心の、しかも駅の近くに、住宅としては広すぎる程の土地が、名実共に私達夫婦のものになった。黙っていれば、借地権とか所有権とか誰にも分からない。

たった五分の近隣説明会

借地の契約が成立した直後、管理会社の担当者が姿勢を正して別の書類を取り出しながら切り出した。

「次に少々、折り入ってお話が」

来た来た。遂に来たか。俺たち知ってるぞ。高層マンションの計画だろ。

「実は、地主様が相続対策も兼ねて、お宅様の隣でマンションを建設いたします。ちょうどお宅様の敷地が北側になって日影の影響を受けるものですからそのお詫びとご説明を」

やっぱり本当だった。間違いなく、私達が新たに手に入れた敷地は、すっぽりと高層マンションの影に隠れてしまう。

「地主のN氏もこのことを気にしておりまして」

当然でしょうが。歯切れの悪い言い訳を聞きながら、私は渡された基本設計図を恐る恐るめくってみた。新築されるマンションの間取りや外観図なんかどうでもいい。要するに配置図と日影図が見たい。設計は大手のマンションデベロッパーだから嘘は描いて無いだろう。両者、しばらく沈黙が続いた。すると、だんだん私の顔が赤らんできた、らしい。その変化を妻は見逃さなかった。こんな世間知らずの、運と勘だけで生きている夫でも、今までマンションの設計は仕事として複数こなしている建築士。図面を見ただけで、完成後の建物や周囲の状況も手にとるように分かるはず。そのプロが赤面している。

「ああ、やっぱり日当たり最悪なのね。オーマイゴッド！」

そう妻は覚悟したらしい。

ところがである。いつになく低い声の私は次のように結論を出した。

「これから永い年月、お世話になる地主さんの建物ですので、涙を呑んで何とか我慢いたしましょう」

意外な私の返事に、妻は悔し涙を見せた。長居は無用。担当者は何度も頭を下げて早々に帰って行った。きっとこの私を善良な小心者と判断し、苦笑していたに違いない。まあ、実際その通りなのだが。

意外な結末が待っていた

通常、近隣説明はこうはうまくいかない。自分の家が、大きな建物の影にスッポリ包まれた様子を図面で説明された北側に住んでいる住民は、その影のレベルが地表面であるか、二階の窓を想定した地上四メートルの位置なのか、あるいはその影のできる時期が春なのか秋なのか、最も影の長い冬至日なのか。そんな専門的なこと、冷静に聞く耳など持ち合わせていない。

「建築基準法では云々」

など と若い設計士が、懸命に説明を試みても不毛の策に等しい。時に、度重なる説明もむなしく、「絶対、反対。悪党の暴挙を許すな」

と書かれた垂れ幕が隣の建物に掲げられたりする。ご丁寧に、どくろマーク入りなんかで。

近隣住民にとっては、日影イコール真っ暗なのだ。自分自身が高い建物の北側に位置する住宅に住む立場になった時、その若い設計士は初めてこの心境を理解するだろう。興奮した善良な近隣住民から、いきなり灰皿が飛んでくる。それを見事に避ける術を身に付けた若い設計士とは、ちょっと前の私のことである。

その夜、私は赤いワインを抜いた。新築してオシャレな生活が始まったら堂々と封を切ろうと心に決めていた高級なワインである。数年前に新築をして、一足早くそのオシャレな生活に浸った施主から送られた極上のワインだった。

「先生だったら、きっと日常的にワインを飲まれているに違いない」

建築家は、そんな施主の誤解に満ちた夢を壊さないために、事実は違っても敢えて否定しないことになっている。

そして妻も静かに席につく。

「世に言う自棄酒（ヤケザケ）でしょ。私も付き合うわ」

ガリレオの心境で「それでも日はあたる」

宝くじで百万円も当たったらきっとこんな心境なのだろう。一刻も早く朗報を伝えたい気持ちと、もう少し妻を落胆させておいてからドラマチックな展開を見せるか、どちらにするか迷う。そして、頃合を見て静かに語りだす自分に酔った。

「実はあのマンション、うちの境界から十四メートルも離れて建つんだ」

「それで？」

「つまりその間は駐車場になるわけよ」

東京都の条例では、日影規制の他に駐車場の付置義務があり、この計画では、最も日影になる場所が駐車場になっていた。これが先方にも有利な配置となっている。問題の日影は、一階部分が冬場に午後一時頃から三時半まで影になる程度で、思っていたよりずっと日当たりは良さそう。地主も近隣との紛争はなるべく避けたかったようだ。さすが名士といわれているだけのことはある。

専門家として図面を読みきった自信を誇示すべく、低音で淡々と予想される状況を語っているつもりが、明らかに早口で、声が上わずっている私。ところが、さらに酔いがまわっていた妻は、飛び上がって喜ぶどころか上目遣いで
「そーんなもの、建ってみなくちゃ分からないじゃない」

これまでの度重なる落胆が、妻の心をかたくなに閉ざしているようだ。こんな時、ガリレオだったらきっとこう言ったはずだ。

「それでも日当たりは悪くない」

私には確信があった。もう少し詳しく説明すると、この土地は第一種住居地域というエリアにあり、住居系の用途地域としては規制が比較的緩い場所である。先方が規制いっぱいの設計をした場合、最悪のところ、二階部分まで終日ほとんど日影になっても我慢するしかない。

しかし、先方の大規模な建物の計画の場合は、駐車場の設置義務があり、どこかに広い空き地が必要なことと、高層マンションの建物の形を東西に長くしたい設計意図が働き、両方の規制をクリアするために、敷地の北側にまとまった空き地を確保したのだろう。このため私達の敷地への日影は、最小限にとどまっていた。

まさにこの時、地に落ちたどころか、地中深く突き刺さって、もがき苦しんでいた私の運が逆噴射し、再び上昇を始めた瞬間だった。こうして私達は「神の光」とも形容すべき、たっぷりの日照まで手に入れることになった。

第二章　設計を始める前に

(一)　敷地には規制がある

法律が作り出す彫刻

いざ設計を始めようとする直前は、建築士として一番胸が踊る瞬間だ。映画館でブザーが鳴り、照明がだんだん暗くなっていく、あの時の興奮に似ている。ましてや、これが自邸の設計ともなれば、これまでにも増してワクワク感と緊張感が入り混じる。

本当に何の制約もなしに、自分の思うがままに設計をしてイイのですかい。信じがたい境遇に酔いしれる中、出来上がった建物に何の言い訳も出来ない恐怖感を伴う、この複雑な心境は、もちろん初体験であった。

胸の高鳴りを抑えつつ、まず敷地の測量図をじっと眺めてみる。この土地を購入するにあたり、おおよその建物のカタチは浮かんでいたが、ここはまず初心に戻って法的な諸条件を頼りにボリュームプランの作成に取り掛かる。この作業を通して、その敷地に建てられる最大限の立体を白い紙の上に描き出すことにする。もちろんこの段階では窓も無く、粘土の塊のようなものが敷地図の上に登場する。もし私が作家であれば、粋に「法律が造りだす彫刻」とでも表現したいところだ。

「住宅の設計なんてチョロいもの」

と言うと、世の住宅設計者から袋叩きにされそうだが、はっきり言って、ビルの設計のように、あの難解な建築基準法施工令や消防法などの諸法令と格闘するまでには至らないから、その点では気が楽という意味。少なくとも、長く高層ビルの設計に携わってきた私にはそうだ。その代わり、各市町村で更に細かい法規制が決められているので、気は抜けない。

礎の建築基準法は全国一律のものだから、気候風土や生活環境などによって、土地の利用方法が大きく異なる場所では、規制の内容に差が出るために、地域によって細則が設けられている。これらは、一般的に条例と呼ばれ、ちなみに東京都では「東京都建築安全条例」となる。

建物をブサイクにする斜線制限

まずその都市部で住宅の設計を進める際、設計者が一番苦労するのは、きっと斜線制限だろう。良好な住環境を保っている地域ほど、この規制はきつくなっている。確かにこの規制で、建て主の勝手な振る舞いが規制されているが、無理をして設計をすれば結果として建物の形態はブザマになり、その連続として街区の景観は損なわれていく。

街を歩いていて、思わず吹き出しそうになる滑稽な建物をよく見かけることがある。生活費に追われた心ない設計者が、小さな敷地に欲張った設計を強要する身勝手な施主の言いなりになった結果だ。されとて、この基準を作った委員の先生たちのセンスの欠如を責めるわけにもいかない。法律で規制するあまり、その逃げ口として生み出される建造物のブサイクさに気が付いて、そうならないための法改正が将来行われる機会があるのだろうか。ないだろうなあ。

幸い私の自邸の敷地はこの斜線制限が割と緩い。駅に近く、良好な住環境を維持するというより、利便性に比重を置いた地域計画のもと、店舗や小さなビルが混在している雑多な地域だからだ。ここでは三階までは斜線制限の影響は受けない。日頃から、この規制に悩まされ続けている私は、泣いて喜びたい心境になった。久々に均整の取れた建物がスッキリ建つ。それを聞いた妻は歓喜の雄叫び、いや雌叫びを放った。

「超、ウレシカァー」（口癖の長崎弁）

瞬時にボツになった中庭案

私が入手した借地権の敷地は、個人住宅の敷地としては相当広い。法的には最大床面積で百五十坪の大豪邸が建つ。

「駐車場が二台、広めのリビング、たっぷりとした収納、それにガーデニングが出来る広いバルコニー、それから、それから」

耳にタコができるくらい聞かされた妻の希望を「これでもか」と盛り込んでも充分に余りある。こんな事があっていいのだろうか。田舎を出てから苦労知らずの二十年。大した努力もしないで、運と勘だけですり抜けてきた私の自邸が大豪邸とは。オイオイ、話が出来過ぎていないか。その内、きっと大罰が下るに違いない。

そんな思いを尻目に、私は最初に、大きな中庭を囲んだプランを考えた。全ての部屋の窓がこの中庭に向き、外部には一切生活感が露呈しない安藤忠雄風のカッコいいやつだ。

「うん、これなら間違いなく建築雑誌にも載り、全国的に少しは知られた建築家になれる」

自邸の発表を機に世に知られるようになった建築家は少なくない。苦節二十年。やっとこれで建築士を卒業して、建築家の仲間入りが出来るチャンスが到来したのだ。

「よし、やっぱりこれに決めた。これでいこう」

絶対の自信をもって妻にプレゼンテーションを試みた。歓喜の涙を期待して。と、どうだろう。真っ先に返ってきた言葉は以外な罵声だった。

「一体、何考えているの、夢みたいなこと。馬鹿じゃないの（怒）」

思えば、ここに到達するまでに、あまりにも予期せぬ紆余曲折があり過ぎて、愛する二人の間には、いつしか完全に深い溝が出来上がっていた。

元来、お金に執着の無い私は、自分の事務所の資金繰りから日頃の経理まで全てのお金の管理を妻のケイコに譲渡して久しい。もちろん、我が家の家計も、以前の阪神の監督のごとく

「全てお任せしていて、わしゃ知らん」

ましてや、自邸の建築費の捻出方法など頭にもなかった。

一方、妻の方は、この借地に目をつけた時から、資金の捻出に電卓を叩く毎日。世の中、確かにお金を出す方が偉いに決まっている。電通のプロデューサーだってスポンサーには頭が上がらないそうだ。

「分不相応な豪邸を建てる資金が一体どこにあるの？ 容積が余った分は賃貸用のアパートに決まっているでしょ。ついでにクウェストの事務所も入れといて」

アララ、残念。私のデビュー作となる、無駄な見せ場が満載のカッコいい中庭案は即座に却下

された。しかし、ちょっと待たれよ。賃貸用アパートとは何のこと?。もう「貸す」のはコリゴリではなかったのか。前回の裁判の教訓――「借りてる方が強い」を忘れたの?

「借りて、貸すってか?」

「女ってヤツは、まったく何を考えているのだろう」

妻のあまりにも毅然とした態度に、反論の余地も見つからない私は、しぶしぶ有名建築家になる夢を諦めて、かつて長く独身貴族だった頃の経験をベースに、単身者用のアパートの間取りをいくつも考えた。そして、これまで外に借りていた車庫とクウェストの事務所まで取りこんだ「欲張り住宅」の設計に舵を切ったのだった。もちろん、この時点では、私はまだこのアイディアが私達の自宅建設プロジェクトの最大の勝負手となることに気がついてはいなかった。


ところで、こんな意志薄弱な私にも多少の意地があった。なんとしても建築士の自邸らしさは残したい。そのためには、木賃アパートの部分を極力表に出さないようにすることだ。代わりに、センスを売り物にしている設計事務所の顔を前面に押し出し、アパートはあくまで付属的な設計、というものはできないだろうか。開き直って、自分に言い聞かせた。

「店舗、事務所、住宅が混然一体になった雑多なエリアで、ゴチャ混ぜ住宅として一つの答えを提案できる作品づくりに挑戦してみよう」

しかし、これがまた苦難の入り口だった。建築関係の法令の場合、その目的の多くは、災害から身を守ることにある。したがって、人が多く集まる施設ほど避難のための有効な手段を講じなければならない。つまり、私の自邸は、アパートを併設したが故に、一般の住宅や事務所としての規制より、共同住宅としての災害時の対応策を最優先させねばならなかった。

さすがの私もこれには参った。思い描いていた出世作となるはずの自邸の設計どころか、悲しいかな、法律上は、アパートの中に私の自邸が付録としてくっついているということになる。とんだ結末に人生の真理を垣間見たような気がした。一介の建築士がロクに努力もしないで豪邸に住めるなんて。世の中、そんなウマイ話は存在しないのだ。

数週間が経ち、ある程度「やけくそ案」が固まったところで、所轄の建築指導課に出向くことにした。設計の途中には、規制をクリアしているか否か微妙なグレーゾーンと呼ばれる部分が出てくるもの。それを確認申請時にどう解釈されるか、前もって質問に行くことは他の仕事でも度々ある。業界用語では「事前協議」または「お伺いをたてる」と言う。

「間違えないで下さいね。これは大家さんの住宅がくっついてはいますが、共同住宅（アパート）の設計ですからね」

いみじくも担当者は私に念を押した。

奇策に満ちたアパート兼用住宅

建築確認申請の中では、木賃アパートも鉄筋コンクリートのマンションも共同住宅という名称で括られる。今回は住宅がテーマなので、この共同住宅に関わる様々な法律や条令との苦闘については割愛するが、とにかく高級なマンションならいざ知らず、木賃アパートと寄り添う自邸の佇まいをどう繕ってよいものか。この時点で自邸の設計は暗礁に乗り上げてしまった。

役所の担当者が納得する設計は、それ程難しいものではない。アパートの出入り口をなるべく前面に押し出し、避難経路を充分確保すれば良いだけのこと。ただそのとおりに事を進めた場合に到達する建物の姿が、悲しいかなこの時点で手にとるように見えてしまう。センスを売り物にする建築家の自邸とは月とスッポン。諦めがつかないままに悶々とした日々が更に続いた。

「あなたも正直過ぎるから駄目なのよ」

妻の何気ない一言が、またしても突破口となった。苦肉の策とでも表現しようか。八方ふさがりの私は、崖っぷちでハタと気がついた。建築基準法がある以上、それに適合させるのは当然のこと。しかし、デザインや完成後の使い勝手までは言及されない。とすれば、ムヒヒ（不気味な笑い）。

…このあとの具体的な策は一身上の都合により中略…

結果として、私の奇策の数々は何のお咎めも無く建築確認申請をクリアした。そして私は自邸の設計によって、法律や条例と旨く付き合う方法を会得したのだった。

差し仕えのない範囲でお話ししよう。ちなみに、表札の掛かっている自邸の玄関は、申請上は勝手口だし、クウェストの事務所の出入り口は、申請上は大きな窓である。アパートの玄関は確かに存在するが、何のデザインもされていないので、実際に住んでいる者でないと、どこが入り口か分からない。奥まった所にある集合郵便受けが、唯一、更に奥にあるアパートの存在を示しているだけだ。申請上は避難通路となっている所を駐車場へ至る車路に使っているのが微妙だが、火災の時など、実際の避難時には車は走っていないので安全に支障はないはずだ。

(二) 道路と境界

汝、求めよ、さらば与えられん

「敷地の良し悪しは道路付けによって決まる」とは、よく聞く話だが、私達の敷地の場合、それは最悪に近かった。もちろん、それは百も承知で購入したわけだが、実際に設計を進めて行くと、この格言の真意を実感した。まず前面道路の道幅が四メートルに満たなかったので、現状の道路の中心線から二メートルのところまで後退して道路と敷地の境界が決まった。後退した部分は道路として提供することになる。

次に道路に接する間口の広さが問題。建築基準法では、最低二メートル接していればよいのだが、現況では三メートルちょっと。これでは車の出入が辛いし、同時に間口が四メートル以上ないと三階建ては建てられない条例があったはずだ。慌てて、再度、区の指導課の担当者に面会を求めた。

「ああ、その条例は二年前から緩和されていて問題ありません」

ことの重要さを察して、役所まで同行した妻が耳元で囁く。

「なんか神様が『建てていいよ』と微笑んでいるみたい。ウレシカー」

ついでに以前の建築確認申請のコピーを閲覧することができた。所轄の役所では、配地図が記された簡単な概要書が必ず保管されていて、誰でも閲覧することができる。ここで更に驚きの事実が判明した。なんと、前回の確認申請図では、道路に面する間口がはっきり四メートルと記されていた。しかも図面は青焼きなのに、そこだけ設計士の手書きで、訂正印まで押してある。何かの意図を感じるが、深く追及しても墓穴を掘るだけかもしれない。そう、ここは大人の判断で見過ごすことにしよう。


現在建っているアパート付きの古家も、条例では特殊建築物としてのアパート申請で、個人住宅とははっきり区別されている。そして、この特殊建築物は、条例改正前のはずだから道路に四メートル以上接していない敷地では許可されない。しかし、実際のところ現況の境界石の間隔を測定すると四メートルに満たないのだ。私はそこにドラマを予感した。松本清張だったらここからミステリーが生まれるかもしれない。

私の推理では、この条例に抵触した前の建て主は、きっと地主に相談を持ちかけ、間口を広げてもらったに違いない。地主もどうせこの辺り一帯が全部自分の敷地なので、多少のことは大目に見たのだろう。ただ、前の建て主は、自分が借りている敷地の中に、車を進入させる必要が無かったため、書類さえ許可になれば、あえて間口を広げる行為に至らなかったのが真相ではなかろうか。

この土地は競売で購入したため、前の建て主と面識が無く、真実を聞くことはできないが、と

もかく指導課の担当者の
「間口四メートルとして認定します」
の声は当時の私達には力強いエールに聞こえた。これで車も楽に出入りできるだろう。

境界くらいは、はっきりしておこう

この敷地の入手を決断する際、近所の空き地に荷造り用のビニールテープを貼って敷地と道路の関係を写しとり、何度も車の出入りを試みた。その結果、現状の間口では相当厳しいことは覚悟していたので、区役所で間口が四メートルと聞かされた時は、嬉しさが込み上げてきた。後日、地主の中田さんにこのことを確認すると、四メートル間口をいともあっさり認めてくれた。「ツキがある」そう思わずにはいられない。ついでに敷地の境界を地主といっしょに確認することになった。

通常、土地の売買契約をする時、買主は、これまでの所有者に対し、隣地との境界を明確にしてもらうよう請求することが出来る。仮に境界線の交点に標識が有ったとしても、隣の人との立会いを仲介者に頼んで実施できればそれがベスト。測量図を新たに作るのであれば、境界石や塀の所有を明確にして、隣地の所有者と互いに署名捺印を取り交わしておけば後々のトラブルを回避出来る。

私の場合、案の定、東南の角の境界石が見当たらなかった。周囲のブロック塀の様子から想定は出来たので、隣地の安西さんに立会いを依頼してポイントを決めた。地主の中田さんがその場に居たこともあり、円満にことが運んだ。

　後日、地主が知り合いの測量士に依頼して、新たにその東南の角に境界石を入れることになった。すると驚くべきことが発覚した。原則として土地の境界は、点と点を結んだ直線となる。北側の境界石と新しく設けた境界石を結ぶとその線上にある筈のブロック塀が曲がって、私の方の敷地が広くなっていたのだ。よく見ると、塀が湾曲している位置に巨大な切り株がある。どうやらこの大木が、成長に合わせて塀を相手側に押しやったらしい。昔からこの地に住んでいる地主の中田さんも驚いていた。自分の敷地なら、得した気分になりそうだが、悲しいかなここは借地、冷静な目でことの成り行きを見守ることにした。

地主が好意的な理由（わけ）

　まずこの塀がどちらの所有物であるか確認することになった。両端の境界石はブロック塀の真中にあった。この点では塀は両者の半々の所有と思われる。しかし、控え壁は全て北側の隣地側に在った。一般的に敷地の境界に沿って立つ塀は、控え壁のある敷地に属することが多い。面倒なことになるのかと不安がよぎった。地価の高い都心部では、わずかの差でも数十万円にもなる。いくら自分の土地でないとはいえ、隣人ともめるのは避けたい。

　が、それは取り越し苦労であることがすぐにわかった。なんと押しやった北側の隣地も、同じ中田さんの所有地で借地だったのだ。ブロック塀自体にも亀裂が入り危険な状態だったので、結果的には地主の負担で新しくアルミのフェンスに取り替えてくれることになった。

これまでのブロック塀と違って風通しもよく、軽量なので控え壁も不要になり、事実上、土地が広く使える。こう書くと中田氏は、地主の鏡のような人物に聞こえるが、それはやや尚早。私が新たに借地人となったお陰で、彼の口座にはある日突然、「名義書換料」と「建て替え承諾料」として、私から、相当の大金が振り込まれている事実を忘れてはいけない。

設計のための下準備が楽しい

建物のプランニングを具体的に進めるにあたり、まず前述の「法律が作り出す彫刻」を頭に叩き込む。おもむろに白い紙に測量図から敷地の形状を写し取る。図面は紙の上がほぼ北になるように描くのがセオリー。道路も、その幅を計って敷地図のどこかに書き込んでおく。

今回の敷地は所有権ではなく借地のため、地主との約束で建物の構造は非堅固なもの、つまり木造に限られていた。よほどの都市部でない限り、旧法借地権では、概ね非堅固な建築（つまり木造）に限定されている場合が多い。そこで、作図のためにモデュールを九十一センチとしてこの敷地いっぱいに九ミリの桝目を薄く下書きしておくと次の作業が楽になる。

木造の場合、現在でも建材のほとんどの寸法がこの尺貫法に合うように出来ている。このモデュールで設計しておくと、実際工事を進める際、合理的でしかも経済的だからだ。ここまで下準備が出来たら、これを百枚ほどコピーする。いつも私はこのためにミスしたコピー用紙を日頃から捨てないでストックしている。裏面を再利用するわけだ。

「早くせんばねえ」

「まあ、待て、待て」

動線計画がゾーニングの要

さあ、ついに自邸の設計が始まった。六Ｂの鉛筆で、大まかにエリアを分けるゾーニングという作業に入る。今回は車を敷地内で反転させる大前提があり、必然的に一階のゾーニングから開始した。一般の住宅設計の場合は二階から始める時もあり、どちらからという決まりは無いが、途中で交互に見比べることは当然必要になる。

敷地図の縮尺は通常百分の一。ここで同じ縮尺で車の型紙を作る。色の付いた厚紙を切って車に見立て、軌道と駐車位置をあれこれ試みる。実際に指で型紙を押してみると、ほぼ実際の車の軌道が想定できる。そのうち、車の駐車位置は絞られてくるので、次に二階、三階への階段の位置を考える。

ビルの設計では、このような縦の動線（人の動き）の位置が最重要ポイントとなるのだが、住宅でも部屋の配置より優先してこの上下の動線をどこに置くかを、最初に考えておかないと後でまとまらない。このあたりが部屋の配置から考える素人さんと少し違うところだろうか。

一般に階段の位置は、建物の真中辺りが最も効率的と思われる。どの部屋へ行くにも動線が短くなるからだ。むろん、規模的に余裕があれば、わざと無駄な廊下を作って、見せ場とする設計なんか望むところなのだが、わが自邸の場合、アパートを併設することを決めた時点から、無駄を作るのは許されなかった。そこで、おのずと階段は建物のほぼ中心に居座った。

このゾーニングの時点での部屋の形は、おおまかな楕円で表しておけばよい。楕円の外郭は「この辺りでよい」と確信するにつれて濃く描かれていく。楕円の大きさは部屋の面積を表している。こうして縦長と横長の楕円の集合体で構成されたゾーニング図、つまり配置計画図は、百回以上の書き直しを経て、かなり具体的な間取り図に近づいてくる。

「できたと？」

「まあ、待て、待て」

(三) プランニング

ここで構造も考えておこう

しかし、ここで直ぐに部屋割りを急ぐようでは修業が足りない。ぐっとこらえて、配置計画図の上に、うっすら見える九ミリの桝目を頼りに、今度は構造計画にとりかかる。ここも少し素人さんと違うところか。一階、二階、三階のそれぞれのゾーニング図を重ね合わせながら、建物全体を上下左右に大きく分割出来る軸線を見つけ出す。

さらに柱の位置がどの階も出来る限り同位置になるように、また耐力壁と言って、下から上まで貫いた壁が多く形成されるように楕円（部屋）の大きさを変えたり、位置をずらしたりする作業を何度も試みる。実は、これが後になって構造設計が楽になる秘訣なのだ。よい間取りとは、しっかりした構造体に合理的に支えられているものをいう。

一階の半分は駐車場と玄関に割り当て、残った半分の敷地にアパートを配置してみた。道路は敷地の西側にあるのでアパートは自然に奥の東側になった。一階はどうしても冬場の日当りが期待できないのだが、幸い東南の隣地の建物が今どき珍しく平屋なので、何とか一階のアパートにも日照が期待できる。

二階は私のオフィスを配置した。この部分はこの自邸の顔となるので、道路に面して、すまし顔を装わなければならない。二階の残りの床面積は、すべてアパートとなった。こうしてゾーニングを開始してから、ほんの数日の間に、三階を住居エリア、二階に自分のオフィス、一階と二階の半分にアパートを併設した私の自邸の骨格が固まった。

動線としては、一階から三階へ貫く階段が、建物のほぼ中心にあり、三階の住居部分では、階段を上がって右手が個室のつながるプライベートエリア、左手に居間やキッチンがあるパブリックエリアと明確なゾーン分けが見えてきた。

このように、はっきりした意図が具体化された間取りは、完成後もやはり使い勝手がよく、空間的にも美しくまとまる場合が多い。

「やればできるじゃない」

妻は、具体的な間取りよりも、アパートの面積が多いのに満足をした様子だ。

建ぺい率との戦い

配置計画が終わっても、具体的な部屋の広さはまだ定かになっていない。この段階でおおその床面積を計ってみることにする。と、やはり案の定、建ぺい率オーバー。いつもの事ながら「またコイツとの戦いか」とため息が出る。建ぺい率とは、敷地全体に対して、水平に建てられる床面積の上空から見た最大値を割合で示したもの。敷地の中に空き地を作るための規制である。

さて、どこを削ろうか。平面的な配置計画図でバランスを考える。夢も膨らんで縮小する場所が簡単に見つからない。どの部屋も削れないとすれば、廊下や階段を狭くすることになる。

が、しかし、これまでの経験で、こうした部屋以外の場所に余裕がない住宅ほど、圧迫感のある窮屈な建物になってしまうことが分かっている。その解決策のひとつとして、各個室の面積をそれぞれ〇・九掛けとすることもある。八帖の個室が七・五帖になっても意外と住んだ印象は変わらない。

建物の設計の場合、居心地の良い空間を求めると、ある程度横への空間の広がりは欠かせない。日当たりや風通しの観点から、特に二階に居間や食堂を持ってきたプランの場合には、ちょっとしたガーデニングが可能な広めのバルコニーがどうしても不可欠となる。

ところが、このバルコニーの出幅が一メートルを超えると建ぺい率に算入されてしまう。数年前までは床がスノコ状で、雨粒が下へ落ちるような形状なら、いくら広くても規制対象にならなかったが、今日では、しっかり建ぺい率に算定させられる地域が多い。都内で三十坪程度の敷地の場合、奥行き一メートル以上のバルコニーを確保することは、逆に居間や食堂などの部屋を削る結果となってしまうことがあるので頭が痛い。

都市計画から考えて、建物を敷地いっぱいに造ってしまうことを規制するのは当然としても、かすかな日差しを求めて、居間や食堂を一階ではなく、二階以上に配置する場合、小さなテーブルと椅子が置けるくらいのバルコニーを庭の代わりに認めても良いのではないか。

屋外的に使用されるこのバルコニーに限っては、その奥行きを二メートル程度まで建ぺい率に入れないことを規制緩和したら、戸建て住宅に限らず、最近、雨後の竹の子状態に建設されているマンションも、ずいぶん居心地の良い空間になると常々考えている。

幸い私の自邸の場合、やや土地に余裕があったため、必要最小限の部屋の面積を削るまでには至らないが、三階に住宅部分を集中させたので、万一の火災を想定すれば広めのバルコニーは不可欠だった。もちろん、ガーデニングも楽しめる。だがそこまでの建ぺい率の余裕が無い。一瞬、悪魔が忍び寄り手招きをする。

「竣工後に、そっと増築したらどう」

確かにその手はあるかも。リフォームと称してバルコニーを付加することなど、ご近所でも日常茶飯事に行われているようだ。ただ、建築士の自分が当事者となるとちょっと躊躇する。

「武士は食わねど高楊枝、建築家を目指す自分にそんな違反はできねえぞ」

この時ばかりは、自分のクソ真面目さに嫌気がさした。

結果的には、建物全体の間口を三層分全て数センチ縮めて、六畳に相当する面積を捻出させ、懸案の広いバルコニーを三階の南面に堂々と設置したのだった。

ハワイの風に吹かれて

住宅の間取りを決定する時、「何が一番のキーワードですか」と依頼者からよく聞かれる。正統派の建築士は「ケースバイケース」と答えるのだろうが、それでは物事は先に進まない。私としては、これまでの経験から、敢えて「光と風」と答えることにしている。そして、このキーワードは、自邸を建築したことで確信になっていった。

以前から、光と風を重視して住宅の設計に取り組んできたが、建物が竣工した後は、住み手の感想からその成果を推し量るしかない。それが今回は、自分の五感で確かめることが出来るチャンスが到来したのだ。

最近、やれ高気密だ、高断熱だ、やれ省エネだ、と人為的な対策の必要性が叫ばれ、国交省の指導の下、大手住宅メーカーを先頭に様々な工夫や提案がされている。確かに、日本の住まいの在るべき姿を真剣に追及しようとする姿勢には、私も賛同できる。しかし同時に、果たしてその方向が正しいのか、確信が持てないでいるのも事実。

戦後の混乱期に、ただ火災の延焼を防ぐために考案され、コストが安いことから盲目的に全国レベルで普及した木造モルタル造を、戦後半世紀以上を経過した今日、本当にこれで良かったのか、検証してみる時期でもあると思う。

ところで皆さんも、五月の、とある日曜日の午後あたり。開け放した窓から、音も無くホホを撫でるあの「そよ風」の気配を感じて、一瞬ハワイの木陰に腰掛けた自分を想像してしまう、そんな経験はありませんか。もうこれは、理屈抜きに、生き物としての快楽に等しいですよね。

「ああ、日本でもリゾートがあるんだ」

「窓が開かないなんて考えられないわ。どうして建築家の人たちは開かない窓ばかり作るのかしら。ガラス掃除もできないし、布団だって干せないのに」

妻は、新進気鋭の建築家が設計する開かない窓オンパレードの美しい住宅が好きになれないと言う。

風の道を考える

生き物として人間を見た場合、自然をコントロールするあまり、理想の環境作りから逆行し始めたのではないだろうか。特にこの首都圏と言う地域に限れば、それ程過酷な気象条件とも思えないのに、流行でもあるように高気密だ、高断熱だと騒ぎ立てる。厚手のオーバーコートで子供達をつつんでいるような気がしてならないのは、私の偏見なのだろうか。

こんな経験を重ねる中で、如何にこの自然の快適さを住宅の中に取り込むか。厳しい自然からは確かに身を守らねばならない。しかし、その優しさまで排除していないか、こんな疑問が私の中に生まれ始めていた。

私の住宅設計にとって、この光と風のテーマは、木造であろうと鉄筋コンクリート造であろうと変わらない。特に通風という面では、気密性の高いコンクリート造の住宅やマンションは、快適さを維持する意味で、無視できない。

風の流れが一番欲しいのは夏場である。夏には南からの風が多いことから、風の通り道はおのずと南北となる。とすれば、間取りを考える時、単純にこの風の道が出来るように出入り口や窓の位置も考慮しておけばよい。ただ、逆に冬場にはこの風の道は無用だ。具体的には、建具を閉じたり開いたりさせる装置を工夫することが求められる。

強烈な西日が恐怖に

光は想像以上に上から降り注ぐことも伝えておきたい。特に夏場の太陽は真上にある。惜しいかな、本当に直射日光が欲しい冬場には、太陽高度は低く、南側に隣家が迫っていたりすると昼間でも暗い室内となってしまう。それでも、もし上から光を取り込むことが可能な状況であれば挑戦に値する。

また、北側が多少なりとも空いていれば、ここからも光を取り込むための窓を設けることを勧めたい。窓は南に、と言う固定観念は捨てていいと思う。北からの光は以外に優しく、安定していて私は嫌いではない。

敢えて付け加えるならば、私の自邸では、二階が私のオフィスで、西面は床から天井までの大きな一枚ガラスの窓となっている。その幅四・五メートル、高さ二・三メートルと言えばなんとなく想像していただけるだろうか。住宅でありながら、一見、ブティックや洒落たオフィスビルに似た外観は来訪者を圧倒し、ある意味で私の計算どおりの効果を発揮している。

ところが春に竣工し、夏に向かって時間が経過するにつれて、これが私をこんなにも悩ます事になろうとは。夏の気配が漂う頃、午後二時あたりを過ぎると、仕事に熱が入っている最中、決まって首筋から汗がスーと滴り落ちる。しばらく我慢をしていると、次にベルトのあたりの皮膚の谷間に、生温かいヌメリを感じて不快感がピークに達する。ちょっと待て、ここはマニラやバンコクではない筈だ。顔を上げると、道路を挟んだ建物の切れ間から、ガラス超しに刺すような西日が私のデスクを射っていた。

何か対策を取らないとたまらない。結局、事務所らしく縦型の白いブラインドでガラス全面を覆うことになった。以来、私の事務所（自邸）は、一年の大半、縦型ブラインドで遮断されたガラス窓の無愛想な建物になってしまった。あれ以来、私は住宅の間取りを考える時、憎い西日の存在を忘れたことは無い。

㈣　間取りの過程

パブリックとプライベートに大別

自邸の設計は、アパートの併設が大きく影響したことは間違いない。その意味では、一般の専用住宅にそのまま応用できないにしても、住宅部分の間取りを考える過程は多少参考になると思われるので少し説明を加えたい。

さしあたり三階にある住居部分のゾーニングは、次のように考えを進めた。まず、階段を上がりきった位置を境に、東側にパブリックゾーン、西側にプライベートゾーンと分けて配置した。個人住宅にパブリックもクソも無いのだが、チョット格好つけて、私達建築士はこう呼んでいる。

東側に家族みんなで使うパブリックエリアをまとめた理由は単純だった。一日の始まりの朝食の時間、皆が集まる場所に、眩しいほどの陽光が欲しかったからだ。これは、以前住んでいたあのボロ家が一日中薄暗く、朝夕の区別もつかない中、毎日蛍光灯の明かりの下で朝食を取っていた反動からだ。そして、食堂が東南に来れば、おのずとキッチンがそれに続く。

「キッチンは、日光が入り込まない方がいいのよ。物が腐り易いから」

妻の言葉に素直に従い、キッチンは食堂に隣接した位置で、しかも北側に配置した。この辺りの安易な決定は、とても建築士の仕業とは思えないが、弁解が許されるのであれば、本来こんなことは大学の建築学科でも教えないし、家事については主婦に勝るわけが無い。とにかく以前から明るいダイニングは、私達夫婦の一番の優先事項だった。

水廻りはまとめて配置

さて、次に、このダイニングに接して、くつろぎの場として居間を置くことになる。テレビを見たり、食後にしばらくゴロゴロする場所である。家族が集う夕食後は、考えてみれば既に日が落ちて暗くなっているので、必ずしも日の当たる南側にある必要は無い。しかし、昼間もゆっくりできる日曜日の午後あたりを想定すると、やはり日当たりのよい南側に位置しておくのが無難かと考えた。

確かに都心の住宅地では、すぐ南に隣家が迫っていて、いくら南側に居間を配置しても、直射日光はおろか、真昼でも薄暗い空間になってしまうことがある。以前の古家もそうだった。設計者としての私は、こんな時は、無理に南に拘らず、やや北側に引いて位置し、思い切って天井を高く取って、上からたっぷりの陽光を取り込むことを提唱している。

このタイプのプランは、これまでも複数の住宅の設計で採用し、お客さんからの評判も悪くない。私のオリジナルでもないのだが、都心の密集した住宅地での設計手法としてはひとつの解決策だと思われる。

さて、自邸の間取りの話に戻る。パブリックゾーンで残るは水廻り。これはごく一般的な方法なのだが、キッチンの近くに置いて、水を使う場所を一か所にまとめてしまうことにした。実際、水を使う場所はイコール主婦の居場所だから、互いに近くに在った方が奥様達にもウケるに決まっている。

もう一つの利点は、とかく工事費が割高な給排水工事では、場所を近くにまとめることで、配管の長さが短くなり工事費の削減につながる。配管の長さが短ければその分故障個所も減り、将来のメンテナンスも楽になる。ビルの設計でも、トイレや湯沸し室などの水廻りは一ヶ所にまとめ、また、下から上まで同じ位置にあるのが常識なのだ。きっと住宅でも同じことが言えるはずだ。

理想的な家庭内別居が実現

次に、階段を上がりきったところから西側のプライベートゾーンの話になる。最初に母親の部屋を水廻りの近くに決めた。しかも冬暖かな南側とした。このあたりの配慮に、孝行息子の片鱗が見え隠れしてしまう。昔から働き者の私の母は、孫の世話係と家政婦を兼ねているので、自分の部屋がキッチンや洗濯機の近くにあることが本人の希望に違いない。

出来た嫁の理解もあり、私の父親も同居することになったのだが、これが七十歳を超えて最近とみにワガママになってきた厄介者である。最大の理解者の私が言うから間違いはない。長く学校の教師を勤め、人に命令することはあっても、あれこれ指図されるのが大嫌い。実際は、頑固なのは家庭の中だけで、外に対しては「いい人」ぶりたい内弁慶。妻の佳子によれば、息子の私もそのＤＮＡを、しっかり受け継いでいるとのことです。

設計が固まる前に、普段は控えめな母親が、こっそり私に哀願してきた。

「できることなら、父ちゃんとなるべく遠い、別々の部屋にしてもらえんかね」

それを聞いていた嫁の号令で、ついに家族会議が開催された。家庭内別居の決断をした母親と、突然うろたえる親父が席に着く。結婚して五年余り。可児市の田舎に家が有りつつ、両親を東京に呼び寄せた稀有な嫁が、今では家長としての地位を確実なものにしていた。

「おじいちゃん、一階のアパートに住んだらどうですか」

妙案だった。自邸の玄関に接したアパートの一室の壁を破ってドアを作ることで、男の隠れ家が誕生した。アパートだから、六畳の洋室に小さいながらもキッチン、トイレ、風呂もついている。ワガママ親父は誰にも気兼ねなく、五時になったら、ちょいと熱燗で一杯やり、好きな時に寝て、見たいテレビを邪魔されることもない。猫の額ほどの庭も気に入ったようだ。

「さすが佳子さんやねぇ、考えることが違うで」

生き甲斐の孫たちも、外に出ないで立ち寄ってくれる。用事があるときは三階の妻の部屋に直結してあるインターホンを押せばいい。娘に恵まれなかった親父は、心から嫁のケイコさんが気に入った。

間取りの後日談

個室の集合体であるプライベートゾーンの核心は、子供室の在り方にあった。この部屋を環境的に優先させるべきか迷った。考えてみれば、一年を通じて大方の昼間の時間、子供達は学校に行っている。日が沈む頃、「ただいま」となるのだから、子供室を優遇して日当たりのよい場所にする必要もなさそうに思えた。しかし、残る主寝室は、むしろ北側の方が落ち着くので、子供室は一応南面に位置するが、西の端に押しやることにした。

竣工後の感想を問われれば、間取り的には一応満足の域にある。あえて誤算をあげるなら、中心を東西に貫く廊下が、子供達にとって格好の徒競走レーンになったことだ。六歳と二歳である。走る、走る、しかも全速力で。

「走っちゃダメッ、下にはアパートがあるでしょ！」

母親（ケイコ）の罵声は、竣工以来、聞かない日はなかったが、とうとう根負けした彼女は考えた。

「そうだ、廊下にカーペットを敷き詰めたらいい。私、天才かも」

翌日、インテリア職人の岩井さんが来て寸法を測っていった。やがて、我が家の廊下には、分厚い、とにかく分厚いウールカーペットが敷かれることになった。さらにその下にフェルトと呼ばれるクッション材も追加されたので、ちょうど我が家の廊下は、雲の上を歩いている感覚に似ている。

ひょっとして、名建築？

この廊下にも、思わぬドラマが潜んでいた。廊下の突き当たりに丸窓が取り付けてある。西の壁の天井に近い位置だ。設計段階では、単なる明り取りのつもりだったが、この直径五十センチほどの丸窓から午後三時を過ぎる頃、二階のオフィスと同じように西日が低く差込み始めるのだ。

この光は時間の経過と共に、廊下の壁をサーモンピンクに変えながら、生き物のように刻々と内部に侵入してくる。そして遂に十メートルを超える長い廊下のすべてを真紅に燃やし、やがてセピア色に終焉していく。この光景を初めて目にした時、その光の変化に魅せられ、私はその場をしばらく動くことができなかった。階下の仕事場で私の就労意欲をなくす、あの強烈で差すような西日と同じはずなのに。

世に名建築は多いが、その多くがこの光の魔術を取り込んでいる。巨匠コルビュジェのロンシャンの教会も、ルイスバラガンのヒラルディ邸も、カーンのキンベル美術館もそうだ。私が一時期傾倒していた白井晟一も、「光で壁を洗う」手法を多用している。

「まてよ、とすればこの私の自邸も、ひょっとすると名建築の域に達しているのではないだろうか」

自慢げな私を見て、妻が笑った。

「ただの偶然でしょ」

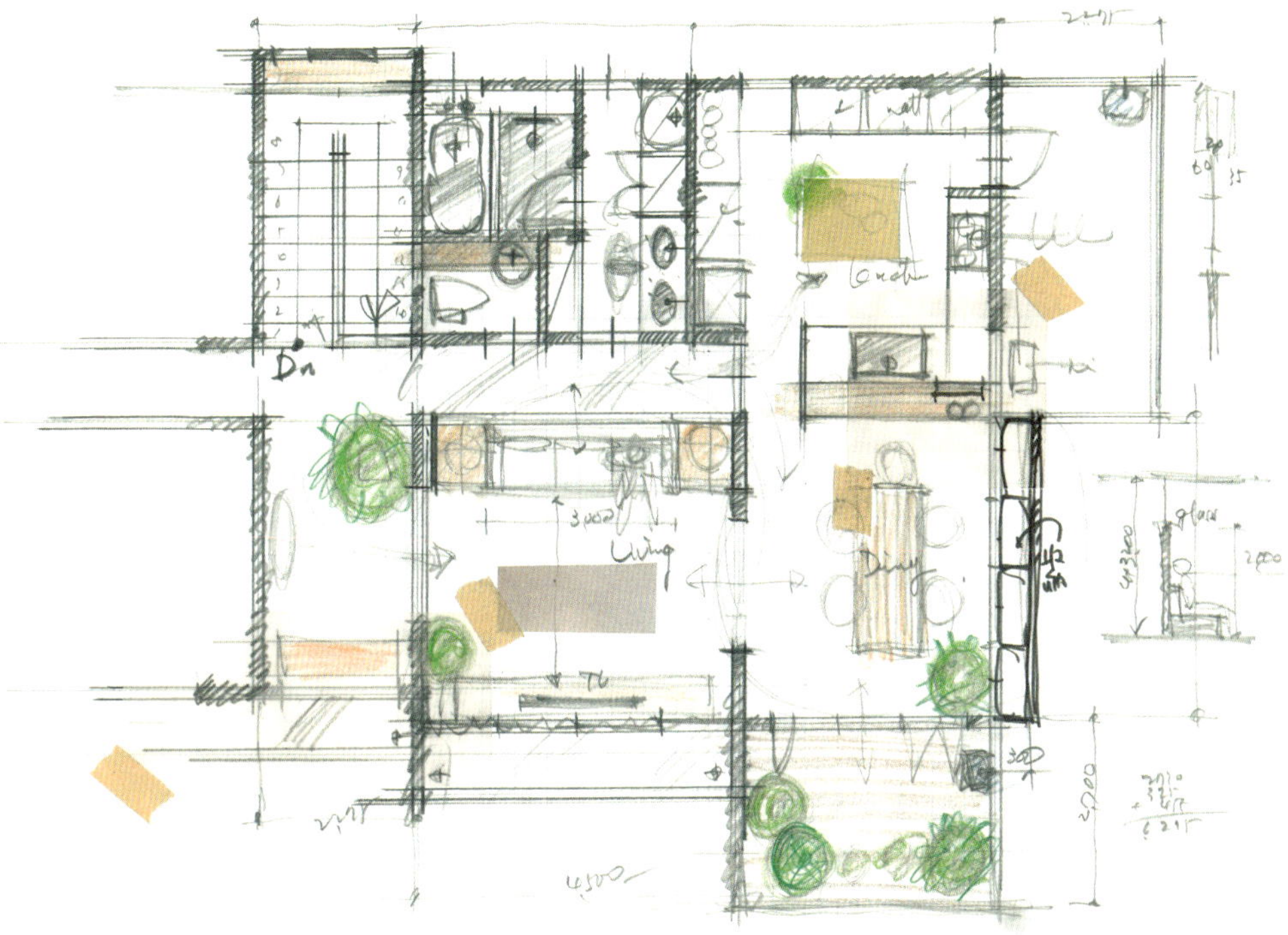
Dn
Living
Dining
TV
glass
4,500
2,000

第三章　構造の選択

(一) 木造・鉄骨造・RC造

幻と消えた「建もの探訪」の取材

ゾーニングが決まり、間取りがほぼ固まってくると、次に建築の構造を何にするかを考える。住宅設計の分野で著名な建築家の中には、間取りを考える前に、この構造を先に決めて、その後に間取りを無理矢理に当て嵌めていく手法をとる人もいる。「先に建築ありき、生活はその中に無理やり詰め込んで」いささか乱暴な話だが、構造や外観を優先すると、当然内部の構成に無理が出る。しかし、出来上がりは確かに美しい。住宅雑誌に掲載される優れた住宅を見ると、その傾向は特に顕著だ。実際、絵になる空間作りには、この建築を組み立てる「構造」が重要な位置を占めている。このことが分かっていても、都市部の制限が厳しい条件下では、つい生活空間としての間取りを優先してしまう庶民派建築士は分が悪い。この場合、施主には喜ばれるものの、悲しいかな、写真写りの良い建築ができる確率は低くなる。

さて、私の自邸の場合はどうだったのか。敷地が借地権の場合、たいてい地主との間の契約に「非堅固な建物に限る」という但し書き事項が入っている。地主サイドに立てば、土地を貸しているのに、簡単に壊せないような堅固な建物を作られては迷惑千万。私の場合も例外ではなかった。

したがって、話は簡単。契約上、非堅固な建物、つまり木造の建物しか建てられなかったのだ。
読者の皆さんは、毎週土曜日に、俳優の渡辺篤さんがレポートする「建もの探訪」という番組があるのをご存知だろうか。早朝にも関わらず、結構人気があるらしい。この番組で、建築家の自邸が紹介されることがあるが、それなりに格好がついているのは決まってRC造と相場が決まっている。

実は自邸の設計を始めて、この番組に登場する夢を何度も見た。取材を受けて雄弁に設計意図を語る自分の姿を想像して酔いしれた。やはりここは建築家の自邸である。理想を言えばコンクリートの打ち放しか、ガラスで身を纏った鉄骨造の方がカッコいいに決まっている。だが、世の中、そうは問屋が卸さない。

防火規制が厳しく、敷地にゆとりが無い場合の木造建築は、デザイン的にはすこぶる分が悪い。木造の欠点を補うために、専門家として適切な処置をすればするほどデザインの基本であるシンプルさから離れてしまう。どうせ出演するのなら、上品且つ曇りのない、さわやかな建物をバックに、さっそうと登場したい。アパートの併用もあって、そのレベルに達する自信が持てないので、次の機会に譲ることにした。

家の中で車が回転する大胆なプラン

自邸が木造と決まった時点で構造的にも不安が残った。私達の取得した敷地は、幅員四メートルの私道のどん詰まりにあり、一辺十一メートルのうち、四メートル分しか道路に接していない。

しかも駐車のための空き地を確保するほど、敷地にゆとりも無い。そこで、建物を作って、その一階に車庫を取り込まざるを得なかった。

さらに、車を建物の中で反転させる空地を作らないと、一度突っ込んだら最後、容易には出られない。つまり、一階の間取りは、車の回転のために、ほとんど柱の無い広いスペースが必要になる。従来の木造の構法で、果たしてこんな建物が成立するのだろうか。

構造設計者に相談してみると、計算上の荷重や地震時の耐力は一応基準値をクリアできるらしい。しかし、経験的に一抹の不安は拭いきれない。倒れないにしても、長年の間に歪がくるのではないだろうか。

「いやねぇ、超高層ビルの設計が得意だったあなたが、この程度のことで悩んだりして」

いや、ごもっとも。自分でも本当に専門家かと疑いたくなった。とても今、手掛けている仕事の施主や関係者には見せられない弱腰の私。その道のプロでも、ひとたび自分の事になると素人同然に戻ることがあるらしいが、まさにこれだ。妻の故郷の長崎では

「なんばしとっと、情けなかー」

と言うらしい。

構造体は木造が一歩リード

住宅の場合、構造体としては、木造・鉄骨造・鉄筋コンクリート造の三種類が一般的であることは皆さんもご承知のとおり。もちろん、そのどれにも長所短所があり、私のような専門職であっ

ても、「これが一番」とはなかなか言い難い。

住宅に限っては、その中でも木造が最も一般的で歴史も古い。木材は強固な割には軽くて扱いやすいし、しかも安価で加工も楽とくれば一石三鳥なのだから、昔から全国的に広く普及しているのは当然。特に、私達庶民の住宅ともなれば、安いに越したことはない。おまけに、一本使っても、一本植樹しておけば、また四十年後には立派な建材となる魔法の材料なのだ。

諸外国と比較して、森林に囲まれた我が国の特性が生かされ、木造が広まったことも必然性を持っている。木造は、腐りやすく燃えやすいなどの欠点を持つが、住宅の構造材として敢えて総合点をつければ、やはりダントツなのではなかろうか。

可能性を秘めた鉄骨造

専門用語で我々がS造と呼ぶ鉄骨造は、ビルや工場のような大きな建造物に採用される構造で、柱の少ない広い室内空間が確保できるのが特徴。鉄骨のしなりを利用して地震の衝撃を吸収できることから、超高層ビルの構造はすべてこれになっている。

住宅としての普及率はまだ低いようだが、柱の数が少なく、余計な壁が不要となることや、ガラスとの併用で開放的で軽い感じの空間が誕生する。これが、今時の若手の建築家にウケていて、最近になって、時々雑誌で見かけるようになった。

やり尽くされた感のある木造に背を向けて、新しい挑戦を試みようとするのは新進気鋭の設計士にとっては自然の成り行きだろう。この私もあと二十歳若かったら、きっとその中のひとりになっていたに違いない。

「住み心地はどうか？」

若い設計士にそれを求めてはいけない。

個性的なコンクリート打ち放し仕上げ

専門用語でＲＣ造と呼ばれる鉄筋コンクリート造は、何と言っても、あの圧倒的な重量感と堅牢さが魅力だ。代表格のコンクリート打ち放しの四角い箱は、個性を強調したい見栄っ張りのお施主さんにとっては、最適な表現方法となっている。日本の風土に適合するかの議論はさておき、一億円を超える高級住宅ともなると、決まってこのスタイルが使われる。

数年前、中目黒の十五坪の土地に、某会社の事務所を増築したことがある。同じころ、すぐ近くに五倍ほどの巨大なコンクリートの箱が出現した。後で聞くと、タレントの木村拓三の自宅だという。何はともあれ、男一匹大したもの。敬意を表したい。

住宅にこのＲＣ造を採用する場合には、十分な注意が必要となる。良いことばかりでもないのだ。まず建物本体が重いため、おのずとそれを支える基礎も大きくなり、その二重の重さで地盤沈下が起こる確率が増す。そこで固い地盤まで到達する杭工事が必要となることが多く、見えない部分にコストがかかる。

また、分厚い壁で外部と完璧に遮断されるため、空気の自然な流れが止まって、住まいにとって大敵な湿気が逃げ場を失う。そこで湿気との戦いが始まる。漏水があっても、その場所の特定ができにくいなど、建てた後も何かと面倒が起りやすいことから、経験のある設計者と施工者の協力が不可欠となる。

(二) ＳＥ構法に出合う

気候風土に合った美しい建物

余談だが、私の学友の中に、高知で立派な住宅を創り出している男がいる。背が高く、気さくな性格は、ちょうど坂本竜馬を彷彿とさせる。それが功を奏したのか、「竜馬の生まれた町記念館」の設計を任されて、その後の観光ブームに一役買っている。最近では公共の建物の設計も増え、女子大の講師も勤めているので、巷では大御所と呼ばれているらしい。

市町村で、建物の企画が持ち上がると、設計競技（通称コンペ）が開催される。このところ、彼が出品すると毎回のように当選するので、主催者から

「太田さん、あんたはもういかんちゃ。審査員に回ってくれんかよ」

と言われると嘆いていた。

「そんなこと言うな。あし（私）だって、生活があるきに」

そんな彼は、若い頃、大学院を修了し、しばらく都内でビルの設計に従事していたが、どうも都会の生活に馴染めない。豪快な行動が周囲の誤解を生むらしい。頬がこけて生気がなくなり、ある日突然、生まれ故郷の高知に舞戻ってしまった。これを俗に「都落ち」と言う。

当然、ビルの仕事は少なく、生活のために住宅の設計を一から学んだらしい。苦節二十年、試行錯誤の末に、彼は地元の建築材料を使い、地元の腕のいい職人衆を集めて「土佐派の家」と呼ばれる独特のスタイルを確立したのだった。高温多雨のこの地方独特な気候風土にマッチした、質実剛健で風格のある住宅である。もちろん構法は木造在来軸組工法となる。

「雨は下から降るき」

ご存じのように、高知県は台風のメッカでもある。我々の想像をはるかに越える豪雨や酷暑に耐えるため長く軒を出し、土佐漆喰の白さが際立つ堂々とした外観は、伝統的な木組みの力強さと相まって、見る者を圧倒する力がある。本物とはこうした辛抱の中から生まれてくるようだ。

適材適所

私がリタイアして、もしこの自然豊かな高知に住むとしたら、やはり「土佐派の家」に住みたいと思う。広い縁側に寝そべって、カツオの叩きで一献。明日はゴルフか釣りか真剣に悩んでみる。まんざら悪くもなさそうだ。

逆にこの都会の喧騒の中だとしたら、迷わず鉄筋コンクリート造にして、窓がすべて中庭に面する閉じた箱のような家がいい。

これらを例にするまでもなく、建築の構法は、絶対これが良いというものはなく、むしろ住宅が建設される環境に素直に従うべきものだと思う。もちろん、そこに多少の個人の趣味、嗜好が加味されても許されよう。住宅の分野でも世界に知れた名建築は、どれも周囲の環境に見事にマッチしていて、構造も十分練られているものが多い。

ところで、最近の都心では防火地域といって、住宅であってもRC造や鉄骨造しか認められない地域が増えている。防災という面からみれば当然かも知れないが、一見冷たく無機質に見えるコンクリートの外壁が連続する街並みを想像してほしい。私には殺伐とした未来が見えるようで、本当に文明が進んでいるのか疑問に思えてくる。

ただ、RC造の住宅であっても、内部に木材などを取り入れることで、暖かさや優しさを感じる内部空間を実現した例もある。外観でも、植栽の工夫などにより、建物に息吹を感じさせることだってできる。言ってみれば適材適所。やりようはある。

都心では可哀想な木造建築たち

また、ごく一般的な準防火地域では、まだ木造建築が可能だ。木は本来、湿気と火災に配慮すれば、充分な耐久性はあるものなのだ。そして、木造建築の理想は、深い軒の出た一階建（平屋）に軍配があがる。私の夢は、いつの日か、小さな池の自慢の鯉にエサを撒きながら、建ぺい率十%ぐらいの庵という名にふさわしい平屋の木造住宅で余生を過ごすこと。青春時代から悩み続けた薄毛もさっぱり剃り落し、作務衣を着用して晴耕雨読。もちろん主食は江戸前鮨と決まっている。

「頑張るぞ！　ああ、日本人に生まれてよかったと思えるその日まで」

都心の狭い敷地で、この本来あるべき姿を実現できない木造建築は、多大なハンデを背負っている。それでも一戸建ての住宅の場合、木造が多いのはどうしてか。言ってしまえば、ただコストの安さのみで木造が採用され続けているようにも見てとれる。「木造イコール安さ」という図式ができあがっているようだ。

ふと立ち寄った材木店で

私の郷里は岐阜県の東濃にある。戦国時代に斎藤道三や織田信長が駆け廻った美濃地方の東端になるので、付近には古戦場も多い。地理的には、名古屋市の郊外と言えば分かりやすいだろうか。実家はその地域の可児市にある。墓参りに出かけると、苔むした墓石にカニの姿が刻まれている。先祖のシャレに違いない。多分、山地と平地の境に位置し、沢蟹が多くいたのだろうと私は推理する。

小学生の頃、祖母の葬式で気づいた。参列者の背中の家紋がどれも蟹のマークなのだ。それを見てクスクス笑ったら、後でこっぴどく叱られた。

母方の実家は、明知光秀一族の末裔だと郷土史家から認定されていて、こちらの方が誇れる家柄らしい。仕事の関係者から

「可児市の可児さんだから、いわゆる地方の名門の出身ですか」

とよく聞かれることがあるが、あえて否定しないことにしている。

ところで、このあたりは、東濃ヒノキとも呼ばれる良質のヒノキを産出することで、木材の専門家には多少知られている。数年前のこと、お盆休みを利用しての帰郷の折、私は妻に、かの有名な東濃ヒノキを自慢しようと、街道沿いの、とある材木店に立ち寄ることにした。当然、彼女は木材などに興味があるはずがない。

「なんで私が材木を見に行く必要があんの？冗談でしょ」

と言うに決まっているが、そこはそれ、自宅の新築が目前に迫っていることを告げると興味深々、喜んで着いてきた。

その店は、街道に沿って延々と続き、一見、材木市場と見まごう規模だった。さすがに女連れの見学者には、店の誰も声を掛けてこないので、山と積まれた木材をじっくり観察することができた。普段、机上の作業の多い私だが、大学を出て最初の就職先で木造建築をみっちり経験したこともあり、どれがヒノキか、どれがスギかなど樹種の判別は容易につく。

この時ばかりは建築家として、夫の威厳を示すチャンスなのだ。知っている限りの知識を「これでもか」と披露するも、妻は木の種類や使い道より、その値札を見てタメ息をついた。板になる前の巨大な木材が、どっしり横たわる姿は、それだけで迫力満点。製材したばかりの木材は、どれも独特の芳香を放ち、いつまでも飽きなかった。

SE構法との出合い

帰り際、社員らしき人物に、本社に立ち寄るよう勧められた。ちょうど帰り道だったし、以前に集成材では国内でも屈指の会社と聞いていたので興味もあった。正々堂々と受付に
「東京の設計事務所やでねぇ」

と仁義を切ってみた。

やがて三名の技術者が現われ、この地方独特の「みゃあ、みゃあ」言葉が飛び出した。名古屋弁に似ているが、もう少し柔らかい。私も負けじと方言で応戦する。実にこの言葉を使うのは何年振りだろう。すると、やはりそこは地元出身者同士。会った瞬間から打ち解けムード。田舎はこれだからいいよねぇ。

最近、地方の公共建築で木造のブームが起きている。その一翼を担うのが、この会社の得意とする集成材だった。無垢の木材の欠点である反りや割れを抑え、しかも均一で太く長い材料を作ることが出来る。これまでは鉄骨造としたものを集成材で代替えできることになった。そして、木の持つ優しさや暖かさが、子供や老人のための施設には好評なのだという。

「体育館や学校などの実績は、よう知っとるけど、この技法を住宅レベルに応用できやへんかね?」

私の質問に、笑みを浮かべて技術部長の伊東さんは答えた
「ちょうどそれを開発したばっかやでいかんわ。今年の内にも行政の認可が下りる予定やもんでねぇ。まあ、いっぺん使ってみてちょうでゃあすか」

これが「SE構法」との最初の出合いだった。

(三) SE構法の実験

SE採用のチャンスが到来

「SE構法」のSEが何の略なのか、実は今でも知らない。SE構法を展開する株式会社エヌ・シー・エヌの担当者から、幾度も聞いたことがあるが、未だに覚えられないでいる。年齢のせいかもしれないが、余分なことは覚えない主義だし、どうせゴロ合わせで誰かが考えついたネーミングなのだろうからどうでもいいかと。

SE構法では、柱も梁も土台もすべて集成材となる。集成材とは、無垢の材をいったん片手で楽に持てる程度に切断し、再度ランダムに接着剤で張り合わせたもの。接着材の信頼性と、経年変化のデータ不足が多少懸念されるが、良質の木材が極端に少なくなってきた今日、癖のある無垢材に比べて、実験的にどの材も同じ強度を示すことから、構造計算が信頼度を増してくる利点をもっている。

最初は半信半疑だった私が、この構法について、まだ商品説明もシドロモドロだった営業担当の後藤氏から、あらゆる資料を取り寄せて検討をし始めたのには二つの理由があった。一つは、在来工法で設計して熟練の大工の腕に頼っていたのでは、大手ハウスメーカーに押され、時代遅れになるという不安と、もう一つは、生まれ故郷の産業振興に微力ながら貢献したいと考えたからだ。

ＳＥ構法の場合、材と材を結ぶ仕口は独自な加工と金物により、工業製品の精度で生産される。そして、実際に現場で組まれた骨組みを見ると、むしろ鉄骨造に近いことが分かった。特殊な金物を取り付ける都合上、水平方向の材、つまり梁の太さがこれまで見慣れた在来工法のそれより一段と増し、明らかに頑丈そうで骨組み段階でも十分に立派である。

その他にも、有利な点はいくつかあるが、特筆すべきは、斜めの補強材、つまり筋かいが不要なこと。従って、在来工法につきものの、耐力壁が少なくてすみ、広い開口部が可能になった。この点でも、鉄骨造によく似ている。

こう見てくると、確かに新進気鋭の設計士には、すぐにも飛びつきたい魅力が詰まっている。どちらかと言えば、コンサバ（保守的）な私でさえ、いつかは採用してみたいと思い始めていた。しかし、こんな時、決まって神様はイタズラをする。なんと、このＳＥ構法を採用する最初のチャンスがすぐに到来したのだ。

「お任せします」は最上の殺し文句

その頃、私の設計施工で建てられた住宅の内覧会があった。そこに参加されたひとりの奥様と会話が弾んだ。普段は人見知りで、営業の話などまったく苦手な私が雄弁になっていた（らしい）。彼女の美貌も手伝ってか、話はどんどん盛り上がる。とかく建築家は「美しいもの」に弱い人種なのである。

数ヵ月後に適当な敷地が見つかったと、その奥様から設計の依頼があった。会社経営のご主人の仕事柄、いわゆる豪邸に招待されることも多いと聞いてビビった。話を聞くと、このご夫婦、マジに目が肥えていた。というか、よく物事が見えている。資金的にも多少余裕があるようだが、「大理石を貼ったような『金ピカ』の住まいはイヤ」と最初からハッキリ否定された。贅を尽くさぬとも、必要最小限のものはきちんと備わった「玄人好みの家」を求められたのだ。相手にとっては不足はないどころか、教わるところが多そうな先輩夫婦に見えた。

さらに追い討ちを掛けて、うれしい言葉が続く。

「希望の条件はこれだけです。後はすべてお任せします」

設計者にとって、これ以上の殺し文句があるだろうか。

「な、なんと。どえりゃあ、嬉しいでいかんわ」（岐阜の方言）

依頼する際のすべを知り尽くした御仁たちだった。一本どころか三本は取られた感じで、身が引き締まった。

木造でコンクリート住宅の迫力に迫るには

間取りを考えながら、構造をどうするか迷った。

「木造はなんとなく頼りないような」

ご主人の思いを奥さんから聞いていたからだった。木造がダメならRC造となるが、二階建てなのに、基礎から大げさになるコンクリート住宅も考えものだ。「お任せ」と言われると、そう簡単に答えは出せないのがプロの職人なのだ。とうとう私の職人気質も呼び起こされてしまった。

設計を開始する場合（いつもそうしているのだが）、実際に敷地の真ん中にジッと立って、完成した時の建物の有様を頭の中で幾つもイメージしてみる。一時間もすると足が疲れてきて、道端の縁石に「ヨッコイショ」と腰を下ろす頃、光の入り具合や風の道が何となく見えてくる。車の騒音や小鳥のさえずり（昼間はカラスが多い）も確認事項に入っている。そのうち、周囲の建物の窓の位置も頭に入り、視線を開く方向と閉じる方向が自然と見えてくる。


さて、今回の構造をどうするか。敷地の左隣にはコンクリート打ち放し仕上げの医院が建っていた。北側の壁面はかなり黒ずんでいる。反対の右手にはもうすぐ安普請の建売住宅が建つらしい。間に挟まれて、何か凛とした姿に仕上げたいと思った。

「在来工法ではなく、先日のＳＥ構法はどうだろうか」

多少とも大胆な構造で見せ場を造りながら、しっとりとした木造の良さも表現できる。ここだけの話、何より後に控える自邸の試験台にもなるではないか。これこそ一石二鳥。多少の罪悪感に浸りながらも、施主に打診してみることにした。幸い、関根夫妻は
「とにかく任せたのだから」

と訳の分からないまま承諾をしてくれたのだった。それを知った妻の佳子は呆れ顔。

「あなたって、本当に運がいいわよね」

しぶしぶ登録工務店となる

　株式会社エヌ・シー・エヌの後藤氏に「ＳＥ構法」の採用を伝えたところ、まず加盟店としての登録が必要だという。なんと登録料だけで数百万円。

「えっ、そんなの聞いてないぞ」


　この頃から私は、納得のいく仕事をするため、住宅の工事に限り、職人のチームを作って、設計施工を始めていた。理由はこうである。最初の頃、施工はどこかの工務店に依頼していたのだが、現場へ行っても、どうも職人さん達と意思の疎通がとれない。彼らは、発注元の工務店の社長を通して指示をくれと言う。まぁ、当然といえば当然。しかし携帯電話が普及する前のこと、緊急時に限ってなかなか連絡が取れない。

「でも今すぐ直してくれないと困るんだけどなぁ」

　今までいとも簡単だったビルの監理からすると勝手が違った。監督さえ常駐していないからだ。

「住宅なんて」とタカをくくっていたのだが、経験して分かったのは、なんと住宅の決め事の細かいことか。連日のように現場へ通うことになった。こんなことなら、いっそ工務店の機能を自分で持とう。その後、いくつか現場をこなすうち、勘と腕の良い職人だけが残り、直接その職人達に仕事を出す工務店としての体制が出来上がっていった。

「登録料といっても、工務店さんに対して、一旦受注して、途中でキャンセルとなった場合の当社の保険みたいなものでして…」

額に汗して後藤さんの弁明が続く。いくら「SE構法」を推薦しても、施工のための登録料まで建て主に負担させられない。結局のところ研究開発費として計上し、全額当社が負担することになった。

「まだ何かあるの?」

登録を済ませると、今度は施工技術の習得のために、大工たちを岐阜県の工場近くで行われる講習会に参加させろという。確かに新しい技術である。昔からの在来軸組工法に慣れた技術だけでは現場で途方にくれることが想像される。すぐに泊り込みで専属の大工二人に行ってもらうことにした。むろん、交通費、滞在費一切はこの私の負担となった。


関根邸の具体的な設計に入る。通常、木造二階建て程度なら、構造計算はこの私でも数日あれば終えられる。ところが、SE構法となるとそうはいかないらしい。構造計算に信頼が得られるのがこの構法のメリットの一つなのだから文句も言えない。しぶしぶ、NCN専属の構造設計者に依頼すると、数日後に前金で数十万円の請求書が届いた。

思わぬ出費はまだ終わらない。

「あの―、個別の案件につき、SE使用料がかかります」

「はぁ?　これではまるで悪徳商法のぼったくりではないか」

後藤氏が続ける。今度は彼の首筋からも汗が滴る。

「集成材や金物は原価に近い価格で提供しています。これは、私達の活動費みたいなもので」

とかく事業の立ち上げ時期はこうした創業メンバーの頑張りに支えられているものだ。

「なんだ、君たちの給料なのか」

今、冷静に思い出してみると、彼の粘り勝ちだった。とにかく、不安を抱えながらのプロジェクトがスタートしていった。

大工と鳶職が総出の基礎工事

「基礎の段階から自分達がいなければ無理ですよ」

講習会に参加した清水棟梁が言い放った。普通、基礎工事は鳶職の仕事と決まっている。基礎が完成してから大工が乗り込んでくるのが常識だ。しかし、SE構法ではコンクリートの基礎の上に直接支持金物を置き、柱を立てていくので、その金物の位置は誤差五ミリ以下の精度が要求されていた。吹きさらしの外部で、しかも土工事が主体の基礎工事で、鳶職達にこの精度を要求するのは確かに無理があった。

梅雨明けの炎天下で行われた基礎工事は、鳶職と大工が入り混じる賑やかな光景となった。清水棟梁は、コンクリートを流す前に、型枠に墨壺と指し金で柱の位置をミリ単位で表示していく。もし万一、これが間違ったら、一巻の終わりである。その他、何かの不具合が生じれば、その責任はすべてSE構法を選択したこの私にある。祈る気持ちでその作業を見守った。その点、現場で多少の修正が可能な在来軸組工法は、ある意味では確かに優れている。広く全国に普及した要因の一つに違いない。七月の太陽は汗だくの作業員達を容赦なく照りつけていた。

出来上がったコンクリートの基礎の上に、柱を直接支える金物を置く。この段階になって、やはり二箇所の狂いが見つかった。コンクリートを打設する時の圧力でアンカーボルトがやや傾いたようだ。対策としては指示金物の穴の位置を再加工することにした。

㈣　新構法の弱点を補う

「いったい、いつから始まるんだ（怒）」

関根氏が新しく購入した敷地は、ちょうど毎朝のジョギングコースの途中にあり、今か今かと工事が待ち遠しい。可児さんに全てお任せしたものの、もうずいぶん時間が経過している。隣の建売は、つい先日古家を解体したのに、もう基礎も終わって柱も建っている。

「おい、まだ何も出来ていないぞ。いったい、いつ始まるんだ（怒）」

「さあねえ、可児さんに直接聞いてみたら」

毎朝の夫婦の会話だったらしい。

それにしても手間がかかるＳＥ構法である。それが最初から施主の希望であれば、もっと早く事が進んだのは事実。すべて任された責任感から、私の決断は確かに遅れた。より慎重にならざるを得ない。ようやく自分でも理解が深まり、工事の契約をしてからも構造計算や施工図のチェックなどで基礎工事の始まりが二ヶ月近く遅れた。

もちろんその間は更地の状態が続くわけだ。後で聞いた話、施主のご主人はこの頃、毎日イライラの連続だったらしい。無理もない。敷地は、人の背丈ほどある夏草でボウボウになっていた。

「只今より、SE劇場の開演です」

やっと基礎工事が終わり、いよいよ上棟の日を迎えた。今日も雲一つない真夏の青空が広がる。朝早くから後藤さんの姿があった。東京では本格的なSE構法第一号である。彼も心配で、会社に居られなかったのだろう。

若い頃、宮大工の基本を積んだ熟練の清水棟梁も、慣れないSE構法の柱脚金物の取り付けには手間取っていた。逃げが利かないからだ。工場で精密にできている金物は反面、梅雨明けの屋外で行われた基礎工事のボルト位置とは微妙に整合しない。しばらく苦闘が続いたが、なんとか午前中で土台を敷き終えた。しかし、午後の建て方になると作業は思いの外、順調に進んだ。柱や梁は全て工場で正確に加工されているし、金物の精度も良いので、手伝いの大工達も要領を覚えた後は、作業を楽しむ余裕さえ感じられるようになった。

所用を済ませた私が駆けつけた時は、既に午後三時を廻っていたが、真夏の太陽はまだ容赦なく現場の隅々まで照りつけている。ふと屋根を見上げると、なんと二階にネクタイ姿の作業員がいるではないか。ＳＥ構法を展開する株式会社エヌ・シー・エヌの後藤さんだった。彼のワイシャツも汗でグッショリ濡れ、下着のシルエットがくっきりと浮かんでいる。視覚的には見てはいけない物を見てしまったが、その動きの機敏さには頭が下がる思いがした。

「何もそこまでしなくても、職人じゃないんだし」

もちろん彼は営業担当で、技術職でも職人でもない。会社としても、この頃やっとＳＥ構法の事業化の目途がつき、全国展開を開始した直後で実績も決して多くなかった。当時、特に首都圏では、まともな事例は無かったのではなかろうか。

彼は心配のあまり、早朝から現場に詰めて、職人に作業の段取りのアドバイスをしているうちに、いつしかスーツの上着を脱ぎ捨て、建設チームの一員と化したのだった。建物の延べ面積も四五坪を超え、戸建ての住宅としては少し大きめだったので、作業は六時過ぎまで続いた。

久々の上棟式で盛り上がる

特殊な金物とプレカット（柱や梁の先端に、事前に工場で複雑な加工を施すこと）技術は、マニュアル通りに組み上げただけで、水平垂直の修正がほとんど要らないくらい正確だった。これには在来工法に慣れた大工達も感心することしかり。

片付けを終え、日が暮れる頃、施主の計らいで、今時珍しくなった上棟式が始まった。いつものことだが、苦労の後の達成感は格別なものだ。職人衆もいつになく口数が多くなる。後藤さんの日焼けした笑顔もそこにあった。施主の関根さんは、出来上がった骨組みの重厚感を見てやっと安心できた様子。これまでの木造軸組み工法と比べると圧倒的な存在感がある。きっと明朝からは夫婦の会話もなごんでくる筈だ。

施主の〆の挨拶がこれまた憎かった。

「これからも可児さんと清水棟梁を信頼して、全てお任せします」

またもや工事監理の仕事でも手の抜きようがなくなった。

順調に工事が進むはずが

SE構法も全ての梁と柱が組み合って骨組みが出来てしまえば、後の作業は従来の木造住宅とそれほど変わらない。その後の工事は順調に進むかに思われた。がその矢先、やはり問題が発生。大工達が作業中に気付いたのだが、二階を歩く音が建物全体に伝わるのだ。ボオン、ボオンと床全体が響く。原因を探ると二階の床を支える梁の振動が大きいことが分かった。

この構法の大きな特徴のひとつに、在来工法の木造に比べて、柱の少ない大きな部屋が実現できることがある。構造計算に裏づけされた太さの梁を使用することで、関根邸も階上に二十畳を超えるリビングダイニングが広がっていた。要はこの大空間を支える太い梁がしなっていたのだ。

構造計算上では強度的に何の問題も無いのだが、この梁のしなりが振動となって、完成後の日々の中で不快感としてクレームになることは容易に想像できる。思わぬところから、理論的に構築した新構法の弱点が現れる結果となった。

机上の計算からでは解決できないこと

これまでの木造住宅は、ある意味で大工の勘に頼ってきた部分が多い。彼らの経験から生まれる梁や柱の太さの決定は、強度もさることながら、まずこのような不快感を生じさせない配慮がされている。今回の出来事から、建築には机上の計算からだけでは解決できない要素が存在する事を痛感した。

同様の話を聞いたことがある。最近、各自動車メーカーがこぞってドアの閉まる音を研究しているそうだ。ドア音のデザインに力を入れているという。ドアが閉まる時の「ボン」とか「バン」という音の良し悪しで顧客は高級感や安心感を感じ、購入の意思決定に影響を及ぼすのだそうだ。多少車好きの私にも確かに思い当たる節がある。つまり、ドアは機能的にただ閉まればよいだけでは済まないのだ。このあたりがモノ作りに携わる者たちの心をくすぐる要因なのだと思う。

清水棟梁と相談の結果、鉄骨で補強することにした。振動の大きい梁の下端に鉄骨の梁をもう一本追加することで振動が抑えられるはずだ。なんたって、施主から「全面的に任されている」のだ。ここは奮発して自腹で合計3本の鉄骨を発注した。その間、仕事は一週間遅れた。

「あなた、この現場、ほとんど収益無いわよ」

「仕方がないだろう。研究開発費と思って許して。お願い」

その後は、さすがに特筆すべき問題もなく、無事に竣工を迎えられた。こうして多くの犠牲を払いながらもSE構法の実験を終えた（と書けば施主の関根氏にお叱りを受けるだろうが）。しかし、この貴重な経験と自信が、後日、自邸でのＳＥ構法の採用に拍車をかける要因になった。

第四章　いよいよ着工に向けて

㈠　融資のめどが

第二の実験台になってやろうじゃないの

さて、本論の私の自邸の場合はどうだったか。前述のように、道路付けが悪いため、建物の一階の半分が車庫で、しかも車が回転する広いスペースが必要だった。それに構造は木造という条件がついている。木造で柱の少ない広い空間を確保するには、従来の在来工法では多少不安が残る。こうした時期に偶然出会ったSE構法は、私にとっては渡りに舟だったわけだ。ただ関根邸で一応の体験ができたものの、規模や間取りがまったく違うため、コスト面や鉄骨の梁補強など、問題は山積みだった。

「建築家ともあろうもの、自邸で多少の挑戦がなくてどうするの。第一、実験台になっていただいたあのご夫婦に申し訳がないじゃない」

赤字を最小限に食い止めた経理担当の妻の後押しで腹が座った。

「やはりSE構法でいこう」

すぐに、あの後藤さんに連絡をとった。

そんな矢先、私の会社のメインバンクである住田銀行から連絡があった。ちょうど事務所にいて電話を取った妻の顔から急に血の気が引いていく。

「申し訳ないというのはどういう意味なんですか！」

後は聞かなくても想像がついた。

あのバブル期、住田銀行からは連日のように、営業担当がやってきた。

「とにかく融資させてください」

使い道がないからと断ると、定期預金にして欲しいという。借りて、返すのが「実績」と説得された。その実績を積むと、いざという時に融資しやすいと言う。まんまとその手にのった私が悪いのか。バブルが崩壊したあとも、返済だけは何年も続いていた。

それまで住んでいた古家の住宅ローンもこの住田銀行だった。バブル期の高い金利を黙々と払い続けたが、払った割りには元金はほとんど減っていなかった。私達のように十年ほどで借り換えるのは銀行にとっては一番の上客らしい。たっぷり残ったローン残金を、一旦自己資金をはたいて精算し、新しく融資を申し込んで二ヶ月あまり。その間、何の音沙汰もなく、突然の電話がこれだった。

「いったい何が原因なんですか」

気色ばんだ妻の声が続く。

今度は、融資でつまずくことに

「申し訳ありません。融資は無理です」

当時、巷では銀行の貸し渋りが新聞紙上を賑わせていた。まさか我が身にその火の粉が降りかかろうとは。

「おいおい、これまでの『実績』はどうなったの？」

電話ではラチがあかない。銀行に出向いて直談判することにした。このままでは自邸の建築は不可能になってしまう。

担当者が申し訳そうに小声で言った。

「一番の理由は借地だからです」

確かに借地権の上に建っている住宅はローンが組みにくいとは聞いていた。ただ不動産に詳しい関係者によれば、実行されているケースも少なくないらしい。ここで引き下がったらこれまでの苦労が水の泡と消えてしまう。

支店長室に通された後も、借地権を競売で市場より安く手に入れたこと。アパートが付いていて楽に返済できることなど力説したが、

「なんとも本部の決定なので」

と、あっさりかわされてしまった。いつもは冷静な妻も、湯呑の蓋を取る手が怒りで震えている。

「ダメならダメで、どうしてもっと早く言ってくれないの」

吐き捨てるように言い残して私達は席を蹴った。

やっぱり借地への融資は無理なのか

自宅に戻った私達は、一度深呼吸をした。急いでは事をし損じる。再度資料を整えて、最近取引が始まったばかりの八幡銀行に出かけた。そして、今度は直接、支店長に面会を申し入れることにした。

八幡銀行は数年前に信用金庫から第二地銀に昇格した地元密着型の銀行で、担当者の対応も心持ち丁寧だった。ただ取引が浅かったので新しい住宅ローンの打診はしていなかった。と言うより住田銀行に断られるとは夢にも思っていなかったからだ。何にもまして、「実績」を積んでいたのだから。

愛想がよく、気さくな渋谷支店長は即座に答えた。

「応援してあげたいのはヤマヤマだが、やはり借地なのが問題。ついこの間、本部から借地権に融資しないようにお達しが来たばかりなんだ。だって担保に取りたい土地が他人名義だもの」

借地権の問題のひとつがここで露呈した。いよいよ打つ手が無い。さすがに、私達の落胆ぶりを察して、帰り際、支店長が続けた。

「借地権でも、新しく建物が建ってしまえば融資は可能かもね」

またこうも付け加えてくれた。

「ローンは申し訳ないが、事業の方で応援するよ」

うれしいような悲しいような。トホホ

泣いてたまるか

まさに大ピンチ。普段は仲の良さなど自覚もしない私たち夫婦も、この時ばかりは戦場の同志と化していた。二人の一致した考えは、とにかく借地権でも住宅ローンを実行してくれる所をシラミつぶしに当たることだった。どうしても融資がダメな場合は、現在まだ建っている古アパートに再度入居募集をして家賃収入を得るしかない。後は、馬車馬のように働いて建築費を貯めるまでだ。またしても夢が遠のいて行く。

裁判が始まってから苦節七年余り。絶えに絶えた妻も、今回ばかりはカラダ中の力が完全に抜けている。

「人生って、悲しいものですね」

演歌の文句が深く心に沁みてくる。野球に例えると九回裏ツーアウト、ランナーなし。ホームランが出て、やっと同点になる場面だった。

「ところであなた、公的融資なんてダメに決まっているわよね」

「もち。銀行より審査が厳しいからなあ。どこかに拾ってくれる神が居ないかなぁ」

絶望感に打ちひしがれ、眠れぬ夜の夫婦の会話が、はからずも天に届いたのは、それから三日目のことだった。

東京の都心部では、「敷地面積百㎡以上」という基準があるが故に、住宅金融公庫の利用は地方に比べると極めて低いと聞いていた。これまでも複数の住宅設計に携わっているものの、金融公庫にはほとんど縁が無かった。つまり、どの住宅も、土地の面積が百㎡に満たないのだ。坪単価二百万円以上する土地は、おいそれとは三十坪を超えて購入出来ないからだ。

　それなのに自分自身のことで、初めて相談に出向くことになろうとは。確かに借地だが、敷地は百㎡を超えている。何事も初めての時は足が重い。最初の条件はクリアしているが、可能性は極めて低いと思われた。


「エッ、ウソ！　マジッスカ？」


「あなた一人で行ってきてちょうだい。私、子供のことで忙しいから」

　水道橋駅近くにある住宅金融公庫の建物は、それはそれは立派で、職業柄つい立ち止まって観察してしまう。「これでもか」と予算をかけた立派なビルであった。将来の参考にしようと、設計上の意図、建造物の仕上げ材、ディティール（細かい納まり）など、時間をかけて頭に入れると少し落ち着いた。

　例によってお役所仕事、二十分ほど待たされた。「どうせダメもと」の心境なので、待たされても大して腹も立たない。やがて順番がきてカウンターに座り、事実のみを淡々と話してみた。しばらく無言だった窓口の担当者から、これまた事務的に答えが返ってきた。

「借地でも融資は可能です。敷地の広さも大丈夫ですし、特に問題は無いと思われます」

「エッ、ウソ！　マジッスカ？」

と、最近の若者のようには言わなかったが、にわかに信じがたい。晴天の霹靂とはこのことか。

あまりに簡単な返答に、何か落とし穴が無いかと執拗に質問を繰り返してみた。しかし「融資の手引き」に書いてある項目には何の問題点も見つからないという。何と、最後の解決策が公的融資だったとは。

抑えようとしても頬が緩む。その場で直ぐに妻に連絡したのか、じっと待って夕食後に驚かせたのか、そのあたりがよく思い出せないが、とにかく九回の裏に逆転代打ホームランが出たのだった。宝くじで、二等に当たったのに等しいと思われた。

「エッ、ウソ！　ホント？」

その後、具体的には住宅金融公庫と年金融資の枠を合算し、足りない分は、あの地元密着型の八幡銀行から資金を借りることになった。なんと、あれから支店長は本部を説得し、(将来有望な？可児社長に限って) 借地でも融資してよい、という特別枠を確保してくれていたのだった。ここにも「拾う神」が居た。それからというもの、私の座右の銘が決まった。

「人生、投げたらあかん」

紆余曲折があったが、いよいよ工事開始のめどが立った。

(二) 工事に向けて

セルフビルド方式

自邸の建築工事は、もちろん直接職人達に工事を依頼する直営方式を取ることにした。通常の工事のように、どこかの工務店に一括して工事を委託すれば、当然のことながら諸経費がかかる。その分をカットして材料費に充てられる。工務店の主な仕事は職人の手配なのだから、設計事務所が工務店を兼ねればいい。早速、職人選びに取り掛かる。

判断基準は、やはり人柄である。腕が良いのは当たり前。これまで建築士として多くの工事に関わってきたので、建設会社の担当者や職人の親方の名刺は、かるく千枚は超えている。

何年ぶりかに懐かしい名刺を整理しながら、一人一人の顔を思い出し、あの頃の出来事を回想してみた。若い頃は、ずいぶん厳しい指示を出したものだ。もちろん名刺を見ても、その顔が浮かんでこない人もいる。

最近、「仕事は人だ」とつくづく思う。ここ数年、依頼される建設プロジェクトで、参加するか否か迷った時は「どんな人が関係しているか」で判断することにしている。特に建築設計を担当する場合、施主と建築士、それに工事会社などの、仕事に参画した全員が様々な問題に対処しながら、ともかく最後に気持ちよく解散できることが最高だ。後味の悪い仕事はお断り。もちろん、バブルの頃に多かった儲け話にも、最近は耳を貸さないことにしている。

職人の人選は大工から

具体的に職人の人選に入る。木造である限り、工事の要は大工である。賃貸アパートを抱えたこの規模になると、大工だけでも毎日四名から六名は常駐となる。その中でも中心人物は、ＳＥ構法の研修も終了した清水棟梁に決めた。もう六十歳を超えているが、腕も人柄も申し分がない。まだ六年の付き合いだが、常に私の意図を汲んで仕事を進めてくれるのが信頼に足りる要因だ。私が現場に出向くと、最初に必ずノートに記した質疑があり、その後も私の「もういいですよ」の声を聞くまで一切仕事はしない。

大工は通常「坪いくら」で請け負っている。黙々と仕事をこなし、一日も早くこの現場を終えたいと思うのが人情だ。現場は時間との戦いなのだ。その意味ではこの清水棟梁には打算が無い。現場での変更が多い私のやり方を見抜いているのだろうか。私の一言をも聞き漏らさないで、やり直しを極力少なくする意図もあるのかもしれないが、とにかく私が帰るまで仕事をしないで指示を待っている。こんな棟梁は珍しく、私としては絶対の信頼をおいている。やや高齢なのが惜しいかな。

もうひとりの大工は、遠路四十キロ離れた八王子市在住の土屋棟梁を選んだ。

会うのは私の結婚式以来になる。この大工は私よりわずかに年上だが、私が社会に出て最初に出会った大工だった。ハッキリものを言う人で、当時は少し怖かったが、同じ工務店にいた七、八名の同僚の中では、この駆け出しの私にも分かるほど出色で、腕も頭も顔つきも良かった。

想い出話をひとつ。大学院を修了して最初に勤めた会社で、ようやく注文住宅の設計を任された際、私はある雑誌に掲載された出窓の写真を見て気に入り、そのまま設計に取り入れたいと考えた。ガラスとガラスが垂直に交わる斬新な形態で、写真を見た施主も大賛成だった。しかし、卒業したての青二才に詳しい設計図など描けるわけがない。確か、間取り図に窓の印を書いておいて、その横に「ガラス突きつけの出窓とする」と書き足しただけだった。実に乱暴な設計士だったと思う。

ところが幸か不幸か、その現場が土屋棟梁の担当となった。現場監理に出向いた私は、突然この出窓の作り方を聞かれて困った。杉とヒノキの区別もつかない当時の私に指示など出来るわけがない。

「大学出はこれだから困るべ。ちゃんと勉強して図面に書いてくれよな」

土屋大工は諭すように言った。

若僧の私は悔しかった。この日から「理論より実践」と頭を切り替えた。多分、上司か先輩の設計士に相談したのだと思う。出窓の仕組みを理解し、やっと図面らしきものを書き上げて現場に届けた時には、既に出窓はあの写真の通りに出来ていた。
「ちょっと手間取ったけど、これでよかんべ」（八王子あたりの方言か）

さらに造作材はヒバだと聞いた。白木の光沢が美しかった。

その後、会社の発展とともに徐々に私の仕事はビルの設計へと向かう。いっしょに仕事をする機会は少なくなったが、よきライバルとして、また建築の師匠として常に頭の片隅に彼は居た。

あれからもう二十年以上の歳月が経っていた。

地鎮祭の途中にアクシデントが

次に基礎を担当する鳶職人を選ぶ。多少迷ったが、清水棟梁が所属する工務店で古くからの付き合いのある人物に決めた。基礎工事の他に、上棟時の高所での組み立て作業、さらに足場組みなど、常に大工工事と密接な連携が要求されるから、気心の知れた者同士の方が良いとの判断だった。

解体工事が終わって、更地になった現場に夏草が生え始めた頃、いよいよ地鎮祭の時期となった。普段は友引でも仏滅でもいっこうに構わないと豪語してはばからない私が、いざ自分の番となると

「やっぱり大安がいいかな」

とカレンダーを探すのを見て妻が笑う。

地鎮祭は、その地域の神社に頼むのが一般的だ。この近くのどこに神社があるのか探してみると、偶然、息子の通っている幼稚園の園長さんが神主だった。早速打診してみたところ、快く引き受けてくれた。

テント代を節約したので前日より天候が心配だったが、日頃の行いが良いせいか、地鎮祭の当日はよく晴れた。祝い事の儀式は午前中と相場が決まっているようで、午前十一時に開始することとした。私達のほかに清水棟梁と鳶の親方、それに私たち夫婦の双方の両親が同席し神主の掛け声で地鎮祭の儀式が始まった。仕事柄、地鎮祭は慣れたものだが、やはり自分が施主と思うとハラハラドキドキ。競売や融資の件など、これまでの出来事が次々に思い出されて感極まる。祝

詞奏上のところでは、何かこみ上げて来るものがあった。

　神主が祝詞で、施主と施工者を告げるクライマックスにさしかかった。とその時、事件が勃発した。突然、ケンカの罵声に似た異常に大きな叫び声が辺りにこだましたのだ。しかも絶え間なくどんどん続く。祝詞奏上の声はかき消され、神主が何を読み上げているのかまったく聞こえない。最初、私にも何が起こったのか判断がつかなかった。一同がパニック状態に陥る。どうやらその音は、祭壇の真後ろから聞こえてくるではないか。まさか神様が怒って…。

　とにかく、式を中断すべきか迷った。しかし儀式は縁起物だ。中断してよいものか。ほんの短い時間に自問自答を繰り返す。一瞬動揺したように見えた神主さんも「負けるものか」と大声を張り上げる。ＴＶのお笑いコントのようで、ハタから見れば大笑いするところだろうが、人間は予想を越えた事が起きると思考が止まってしまう。大笑いどころか私の頭の中は真っ白になった。

　どのくらい経っただろうか。どうやらそれが、隣接したマンションの開け放された窓から流れるロックバンドのＣＤの音だと見当がついてきた。ただし、半端なボリュームではない。明らかにこの式を妨害するための仕業と見て取れた。

「一生に一度かもしれない大事な儀式を…コノヤロウ」

　こぶしを握り締める私は、完全にプロとしての建築士でなく、はじめて家を建てる普通の施主の心境になっていた。

　と、一瞬その音が止んだ。一同ほっと安堵している様子が前列にいてもよく分かった。握ったこぶしが少し緩む。が、それも束の間、また次の曲が始まり、あたりをつんざく大音響。もう我慢の限界を超えた。私はヤクザの親分のような目つきで、清水棟梁ともうひとりの新田大工に目配せで出動を要請した。二人とも、これまた黄門様の付き人、助さん、格さんの如く「待ってました」とばかりに音もなく動き出した。私は祈った。なんとしても式の間だけでも止めさせてくれ。助さん格さんの功が奏したのか、しばらくしてようやくその音が止んだ。犯人は近所でも評判の悪い外人英語教師。今日に限らず騒音を発するらしい。賃貸マンションの大家から注意してもらいその場は静まった。前途多難。

秋風が心地よい九月初旬の出来事だったが、出席者一同、冷汗グッショリの地鎮祭だったに違いない。それからというもの、仕事柄、多くの地鎮祭に出席する機会があるが、この経験をしてからは妙に腹が据わって、少々のことでは動じない自分がいる。

遣り方とは建物の位置を決めること

ともかくも、午前中に地獄のような地鎮祭を体験して、どっと疲れたが、気を取り直して、午後から建物の配置を決める「遣り方」を実施した。大工に鳶職、設計者に施主まで揃っているので、家の配置という重要な事柄を決めるのにはちょうど都合がよい。住宅の工事の場合、大抵こうしたスケジュールになることが多い。私達夫婦にもやっと工事が始まる実感がわいてきた。

予め正確な測量図があったので、実際に木杭を打って糸を張ってみたが、ほとんど配置計画に狂いがない。最初に基準になるのが北側の隣地境界からの建物の離れ具合。次に道路からの離れも確認申請の図面に記された数値を守らねばならない。この二点は役所の中間検査で担当官が最初にチェックする。この間隔が数センチ違っていても確認申請のやり直しを要求されることがある。そうなれば原則として工事は中断してしまう。

したがって、設計監理者としての私は、習慣的にこの離れ具合のチェックだけは人任せに出来ない。さらに今回は施主としての立場なのでより慎重になる。何せこう見えても建築家の端くれの自邸である。工事中止の赤紙を貼られては立場がない。

遣り方で建物の位置が出ると、もうひとつ重要な決定事項がある。設計上の地盤のレベルを決めなければならない。住宅の敷地は必ずしも平らではない。むしろ同じ敷地内で二十センチ以上の高低差がある場合のほうが多いのだ。建築の法規はこの地盤面が基準になっているので、この平均のレベルをどこにするかの判断は重要で難しい。

この敷地の場合、つい最近まで古家が建っていて、ほぼ平坦だったので、道路と接する位置で十センチ高いレベルを地盤面と設定した。原則、敷地は道路より幾分高くするよう建築基準法でも決まっている。それだけで水はけも良くなるからだ。

近い将来、地盤調査は義務化されるだろう

遣り方が済んで基礎工事に入る前に地盤調査を行なった。鉄筋コンクリート造のビルともなれば、基礎工事前の地盤調査が法的に義務付けられるが、木造の住宅レベルでは設計監理者の地盤の確認で許されることが多い。私の場合、木造でも三階建てだったので簡易な地盤調査を行うことにした。

スウェーデン式サウンディング方式と呼ばれ、地盤の浅い所であれば概ね地盤の見当がつき、値段も数万円と安い。結果として、地下一メートル位で赤土の関東ローム層となっていることが分かった。まあまあ良好な地盤だ。

関東ローム層とは、関東平野に広く分布する火山灰の堆積物で、富士山の周辺が最も厚いことから、富士山の噴火によって出来たと言われているが、それも含めて風で運ばれたホコリが何万年もの間に堆積した土地だ。保水性もよく、密度も高いので、二階建て住宅程度の地盤としては、問題が無いとされている。

地盤調査と遣り方が済んで、工事用の小さな電柱と簡易トイレも設置された。さあ、いよいよ基礎工事が始まる。自分の家を造る事がこんなにワクワクと胸が躍るものかと今さらながら実感する。期待と不安が同居するとはこのことか。これまで私が設計を担当した住宅の施主は、皆さんこんな気持ちでいたのだろうか。初めて施主の気持ちが分かってきた。その意味では、自邸の建築を経験できたことで、かけがえのない糧になった。私は確かに運がいい。

(三) 基礎工事

基礎工事が、始まらない

住宅の基礎は大別して布基礎とベタ基礎の二つがある。建物の外周と部屋割りの壁の直下を深く掘り下げて、固い地盤に底盤を沈める布基礎が一般的だが、私の自邸の場合、間取り的に駐車場スペースが広く、荷重が一部の部分に集中してしまう不安があり、全体で荷重を受けるベタ基礎を採用することにした。

最近では一般的にベタ基礎の方に人気があるようだが、双方長所と短所がある。たとえば、つい最近まで建物が建っていて解体間もない時期に、同じ場所で新しく基礎を造る場合、古い基礎を撤去するために地盤を掘り返した上にベタ基礎を載せるとどうなるか。掘り返した畑の畝のようなものと考えれば一目瞭然だ。

つい最近、東京の下町と呼ばれる地域で、設計施工を請け負ったが、区役所でベタ基礎が許可にならなかった。多くの業者が深く掘らないで施工を簡略化するケースが多いとの理由で布基礎の方を推奨しているということであった。ベタ基礎だから絶対イイとは限らないようだ。

遣り方を終えて一週間が経った。当時住んでいた古屋から歩いて五分とかからないため、ほとんど毎日現場に行ってみる。小型のユンボが頼もしく土を掘り返しているはずだった。よし、これで、着々と。

ところが、今日も一向に肝心の基礎工事が始まらない。一体どうしたことか。

「おい、今日も誰も来ていないぞ！」

腹立たしげに妻に告げる。

「ちょっとあなた、誰かに似てない？」

そ、そうか。今か今かと待ち遠しかった、あの関根さんの心境にウリふたつだったのだ。

「いったい、いつから工事が始まるんだ（怒）」

鳶の親方に直接不満をぶつける前に、紹介者でもある清水棟梁に苦言を呈することにした。相手は職人、一本気な気質の人間が多いので、感情的になるのは要注意。苦言はワンクッション置くのがちょうどいいと考えた。

「済みません。すぐ仕事に入るように言いますから」

棟梁の一言で気持ちは落ち着いた。

設計監理者として冷静に考えれば、基礎工事を担当する鳶の職人も、直ぐに工事に取り掛かりたいのはヤマヤマだろうが、何分すべてが屋外での仕事。雨天順延となって、前の工事にケリをつけなければ、すぐにこちらに来られないことだってある。鳶職の苦労は十分に理解できるというもの。しかし、ひとりの施主としては、工事の進行が今か今かと待ち遠しく、毎日頭から離れない。待たされた時の施主の気持ちが、今になってイヤというほどよく分かってきた。

これまで数多くの施主に対して

「大丈夫だから任せてください」

の一言で片付けてきた私は、人の気持ちの分からない大馬鹿者だったかもしれない。いついつから工事に入りますの、ほんの一言の連絡が足りなかったような気もする。改めてあの時の関根さん夫婦に謝らねばならない。

氏は日課であるジョギングの際、決まって建設予定地の前を通り、夏草が背丈まで茂る手付かずの敷地を見て、いつもガクッと膝が折れたに違いない。この時、工事を請け負った私や職人達は、決して放っておいた訳ではなく、初めてのSE構法で準備に忙殺されていたのだが、確かに施主に対して工事スケジュールなどの適切な報告をしていたかと問われれば否であった。

「ブオー、ブオー」騒音がなんとも心地よい

一週間経って、現場にやっとミニバックホーと呼ばれる掘削機械が運ばれてきた。鳶の親方とは初対面ではないが、清水棟梁が所属する工務店の紹介なので、こちらも多少遠慮があった。

「親方、待ちくたびれたよ」

と嫌味のひとつも言わせてもらったが、

「いやぁ、前の現場が長引いちゃってよぉ」

とあっさり切り返された。肩透かしを食らった感があったが、いよいよ明日から本格的に掘削が始まるかと思うと、嬉しさが優った。

翌日、私達夫婦は、興味深々で現場に出かけてみた。なにせ、徒歩五分の距離、足取りは軽い。

現場に近づくにつれてブォー、ブォーとエンジン音が聞こえてくるではないか。

「おお、いるいる」

職人三人とミニユンボが動いている。お昼近くだったが、もう半分くらい掘れている。

「超ウレシカー」

妻は興奮すると決まって長崎弁になる。それから二人はしばらくの間言葉もなく、ただ作業に見入っていた。ドリームズカムツルー。

本来、基礎も構造計算すべき

実際、掘削してみると、所々に赤土が顔を出している。これが関東ローム層というもので、比較的安定した地盤として我々設計者の間では認識されている。もうあと三十センチも掘れば、全てこの赤土になるだろうと思われたが、そうした場合、基礎が更に深くなり、コストも余分にかかるので黙っていた。ここで万全の策をとるとすれば、ローム層に届くまでさらに深く掘り進めるべきだったかも。

最終的には、よく突き固めればよいと判断し、当初の試験データ通りの深さで基礎の底盤を決めた。ここは、経験を積んだ建築士の判断なのだが、実際、この頃までは、各行政機関も建築士の判断を優先した時代だった。現在では、あの姉歯事件から確認申請の審査機関もかなり厳しい指導をするようになり、二階建て住宅であっても地盤調査を実施した上で、基礎の構造計算を推奨しているところが多いと申し添える。

基礎を高くして湿気から逃げる

基礎工事で鳶の親方に特別に頼んだことは、根切り（土を掘削すること）のあとに割栗石と呼ばれるこぶし大の石をケチらないで十分入れてよく突き固めること。土に突き刺すようにして隙間なく並べてしっかりと転圧をかけることで、地震時の横揺れに摩擦が大きくなり抵抗できる訳だ。

次に重要なのが基礎の高さである。コンクリートの基礎を地面からどれだけ立ち上げるか。最近では四十センチを主張する設計士が増えている。湿気に弱い土台を少しでも地面から遠ざけたい理由からだが、床下が高くなれば、何かの時に床下で作業員が這いつくばって移動できるメリットもある。

私は、実際に大雨の中で、カッパ姿で雨粒のハネ返しがどれだけ地面から跳ね上がるか観察してみることにした。案の定、結果は最悪。なんと三十センチは軽く超えて跳ね上がっているではないか。自然は想定外に脅威でござった。

土台や柱の付け根が湿気を帯びれば、木造にとって大敵のシロアリ君が住みつく絶好の環境が整う。仕事柄よく解体現場を見ることがあるが、決まって建物の下の方の土台や柱が黒ずんでいる。雨水が入り込んで腐っているか、湿気が多いためだが、濡れた内部は間違いなくシロアリ君にやられている。

そういえば私が生まれた茅葺の民家は縁側が高かったし、京都の古寺も靴を脱いでから、さらに何段かの式台を昇って床がある。代表格の桂離宮に至っては高床式の典型でもあるかのように、床下を人が立って歩くことが出来る。これらの木造建築が何百年前もから現存している事実を考えると、妙な小細工を施すより、自然の理に適った方法で、湿気を与えない方法が、木造建築を一番長持ちさせる秘訣なのだと気付かされる。

㈣　建て方が始まる

手抜き工事を恐れるより、手抜きをしない職人に依頼する

ところで最近、住宅の施工技術をあれこれ取り上げて説明している参考書が書店に多く並ぶ。時々手にとって見てみるが、失礼ながら一般の施主の皆さんには理解が難しいように思われる。一方「手抜き工事をされないように、毎日でも現場へ行きなさい」とアドバイスする先輩もいるが、実際のところ手抜きを見つけることはそんなに容易ではない。大体がそんな信頼のおけない人達に工事を頼むことがそもそも間違いなのだ。もしもの場合は、私がズブの素人だったら経験のある設計士や大工に頼んで、職人のいない日曜日にそっとチェックしてもらう。

職人の肩を持つわけではないのだが、手抜き工事ではないかと施主に疑われることほどヤル気を削がれるものは無い。明らかな手抜き工事は論外として、本来こうしなければと思われる作業内容を省略してしまうことは無いとも言えない。これらは本来、予算が厳しい時に発生する。職

人も人の子。それぞれ生活がかかっている。やるべきことをきちんと施工できる時間と予算が確保されていれば、手抜き工事をする必要も無い。必要な資金も用意しないで、完璧な仕事を求める施主の側にも問題がある。

犯人探しを止めた訳

私の現場もそれから二週間程して、コンクリートの基礎に土台を固定するアンカーボルトと呼ばれる鉄筋を埋める作業になった。在来工法ではこの作業も基礎工事を総括する鳶職が行うのだが、SE構法では柱の付け根に特殊な金物を取り付けることと、しかもその位置の精度が高く要求されるため、私は前回と同じく大工の清水棟梁を呼んだ。と、どうだろう。彼は早速、秘密兵器を用意して現場に現れた。

前回の経験から、五ミリの誤差でアンカーボルトを埋めることができる道具をベニヤ板を加工して作っていた。やはり職人はこうでなくてはいけない。特にアバウトな私のパートナーはこうでありたい。しかしコンクリートを流し込んだ後、そんな彼の仕事でも計測器によれば百本近いボルトの中で二箇所だけ五ミリ以上の誤差が発生していた。正直な棟梁が困り果てた顔を見せる。

「いや参った。どう直しますかねぇ」

対処の方法を相談されたが、私も初めてのケース。明確な解決策を指示できない。ところが翌日、きちんと柱脚金物が取り付いているではないか。

どうやら誰かがハンマーを叩いて、力ずくで修正したようだ。もちろん、清水棟梁ではない。

このことを発見した私は唖然としたが、あえて犯人を捜し出すことは止めた。理由は、この構法自体にも問題があると判断したからだ。そもそも現場の基礎の仕事で五ミリの精度を全てに求めるのは無謀な話。ここにもSE構法の改善点が見つかった。

基礎工事の段階で、わざわざ大工を出動させて、しかも秘密兵器を駆使しても、完璧に金物をミリ単位で取り付けできない現実がある。他のSE構法の現場で、これ以上注意深く施工されているとは信じ難い。おそらく、もっと頻繁にハンマーが活躍しているに違いない。気象条件に左右される現場施工という現実の中で、精度を保つ施工方法を早急に開発して欲しいものだ（もちろん、数年後には改善がされた）。

仕事は段取り次第

晩秋の大安の日、曇りがちだが雨の心配は無さそうだった。今日は、いよいよ建物が地上に現れる建て方の初日である。規模が少し大きいので、構造体を組み終わるのに二日はかかる。そこで「上棟式」は翌日と決めた。事務所兼自宅に居ても落ち着かない。とにかく現場に行ってみることにした。既に作業は始まっている。職人の朝は早いが、早朝から物音を立てると近所迷惑なので、建築工事は概ね午前八時から始まる。いつもの事だが私は少々遅れて現場に着いた（芸術家は総じて朝が弱いのです）。

コンクリートの基礎の上に敷かれたヒバの土台の上に、前日に搬入された四トントラック一台分の材木が横たわっている。アパートも併設しているため、一般の住宅の三倍近い木材が使用される予定だが、敷地に余裕が無く道路も狭いので、これ以上は入れられない。第二便の材木は午後に到着することになっていた。

クレーン車の脇で、作業を見守っているわずかな時間に、一階の柱が次々と建てられていく。下準備は大変だが、この段階までくるとさすがにSE構法の組み立ては早い。まるでプラモデルを組み立てるかのように、軽快に作業が進んでいく。この構法を初めて経験する土屋棟梁は、早くも要領をつかんで、建て方の作業を楽しんでいるようにも見える。土屋ジュニア（跡継ぎの長男）の動きも軽快だった。

予定通り、午後には二台目のトラックが到着する。材料が直接荷台からクレーンで吊り上げられ、所定の位置にセットされていく。このペースでいけば一日ですべて組み上げられるのではないかと思われた。実際その後も順調に作業は進み、日が翳る頃には搬入された材料のほとんどを使いきり、二階までの骨組みが終了した。明日、残りの三階部分と屋根の組立が終われば上棟だ。

餅投げの儀式は全国共通？

職人達が引き上げた直後、子供達と爺ちゃん婆ちゃん達が現場を覗きに来た。

私と妻の両方の両親だから計四人。ガヤガヤ賑わしい。それぞれの長男と長女が築く初めての家となるのだ。一様に嬉しそうな顔つきだが、

「この不況の時代にこんなことして。本当に大丈夫なのか」

誰かがつぶやいた。いくつになっても親からすれば子供は子供、無理もない。

二日目もよく晴れた。秋晴れと言っていい。早朝から三台目のトラックが大通りに待機している。手際よく作業が開始された。私達はこの日のメインイベント、「上棟式」の準備のため一度自宅に帰り、午後に再度現場に戻ることにした。

ところで、最近は職人のほとんどが車で現場にやってくる。そのため、酒がつきものの、派手な宴会は行われなくなった。その昔、私の実家の上棟の記憶を呼び起してみた。当時、私は小学生。裸電球の下で大勢の人が夜遅くまでワイワイと騒いでいた覚えがある。竹で編んだ大きな皿にヒノキの葉が敷かれ、その上にご馳走が乗ったものが配られていた。もちろん餅投げの儀式もあった。

「あら、長崎も一緒よ！」

お祭り好きの彼女は、最近都内では絶滅した「餅投げ」のセレモニーを密かに企画していた。投げるのは施主である私達だが、参加者は長男の幼稚園の園児たちとご近所の子供達である。近くに住む妻の妹も更に輪をかけたハイテンションなお祭り大好き人間らしい。三人の幼子を引き連れ企画に参画したのは言うまでもない。その昔、故郷の長崎で両親が新築した時の記憶をたどって、朝から餅の確保に奔走していたようだ。駄菓子も用意しなくてはいけないらしい。

職人衆には手土産として、二合瓶のお酒、赤飯のついた祝い膳の折詰め、紅白饅頭（私が好物という理由）、そしてご祝儀が用意された。この他に今日現場で飲み食いするお摘みや冷たい飲み物が用意してある。これから大変な出費となる施主にとっては少々辛い面もあるが、ここはひとつ昔の慣習に則って、粋にババーンと大判振る舞いと決めた。

最上階で感無量もつかの間

　現場は午後になって屋根を構成する登り梁の組み立てに入っていた。私もまだぐらぐら揺れる柱に抱きつきながら、梁伝いに三階の床レベルを歩いてみた。これからずっと生活することになる三階の居住空間とそこからの眺めが初めて現実のものとなった。

「うん、日当たりも十分だ」

　三階なので都心にしては遠くまで眺望が開け、開放感もある。ひとり感傷に浸っていた。

「よしよし、いいぞ。よくやったヨシキ君」

　このときばかりは、オリンピックで銀メダルを獲得したあの美人ランナーの心境。少しだけ自分を誉めてやりたい気分になった。おっとここで、妻の采配と粘りにも感謝を忘れてはなるまい。

「お疲れさんでしたね、佳子さん。君はよく耐えて頑張った」

　今度は、あの総理大臣が優勝賜杯を渡す心境で妻を褒め称えることにした。

㈤　上棟式

問題勃発、工事は中断

ところが、それもつかの間、

「おーい、ちょっと待ってくれ！」

土屋棟梁の一声からその事件は始まった。工場で正確に加工されたはずの木材が屋根の部分で急に組めなくなっていた。何か変だ。まず、クレーンの動きが止まった。皆が三階に集まってきたが、その原因がすぐにはわからない。

「これ、屋根の勾配が違うんじゃないの」

長年の勘で土屋棟梁が最初に見つけた。どうやら原因は片方の柱がすべて数センチ短かったのだ。最初の数箇所は長い梁がしなって、何とか組み上がったものの、だんだんごまかしが効かなくなった。

「どうしてこんなことに」

今回も自発的に立ち会ってくれていた株式会社ＮＣＮの後藤さんの顔から血の気が引いていく。職人達にはどうすることもできない。

「休憩するべ」

全員、一斉に地上に降りる。サッカーの試合中、半裸のオヤジが飛び込んできて、試合が一時中断になったあの感じ。その間にも、携帯電話で工場の担当者に連絡をとる後藤さんがいた。

「今すぐ現場に来て修正できないの?」

電話でのやり取りが続く。そして、声がだんだん荒立ってきた。

「何、無理? 何とかしろよ、コノヤロウ」

とまで言ったかどうか。もちろん工事は中断のままだ。

このとき、現場の端にいた私は、このミスの原因がこの私自身にあったことに気付き始めていた。一般に、きちんとした仕事の時は、設計図を基に、より詳しい施工図を書くことになっている。そういえば、少し前、この施工図を承認する際、ある意図があって屋根の勾配を変えておいたのだった。おそらくこの変更が工場内でうまく伝達されなかったのだろうと推測して、血の気が引いた。そういえば変更後の再承認はしていない。確かに工場内での入力ミスだろうが、私にも責任の一端がある。

音を立てて暴れる構造材

時刻は午後三時を過ぎていた。とにかく無理をして組んだ屋根の部分をすべて解体することとなった。皆の疲労が一気に高まったのは間違いない。解体は手作業では歯が立たない。幅が四十五センチ、長さ五メートルもある太い斜め梁をワイヤーで吊って、クレーンで引き上げるしかない。クレーンが起動し、緊張感が走る。やがて、無理に組まれていた梁が、メリメリ、ビシッと悲鳴をあげながら柱から抜け落ちた。たかが木材と思われるが、近くにいて万一接触でもしたら数メートルは弾き飛ばされるほどの迫力があった。同じ作業を慎重に繰り返し、屋根の部分をすべて取り外した時は、もう日が暮れかかっていた。これでは上棟式の時間に間に合わない。

そんなこととはつゆ知らず、下界では大きな盆に小ぶりの紅白の餅と、色とりどりの包装紙に包まれた飴や煎餅の駄菓子、そしておそらく中身は五円玉であろう、おひねりまでがうず高く積まれて出番を待っていた。おそらく妻の故郷、長崎の風習なのだろう。派手な上棟式になりそうな予感。なにせ精霊流しにバクチクを鳴らして騒ぐ祭り好きな人種だ。地元では、きっと今でも上棟ともなれば、あれこれ工夫を凝らして騒いでいるに違いない。

一方、私の故郷に近い名古屋あたりでは、嫁入り道具の箪笥などをトラックに積んで、わざと見せびらかすことで有名だった。さすがに最近では少なくなったと思われるが、似た者同士と苦笑して見過ごすしかない。

妻とその妹たちは、幼い頃の記憶を頼りに、精一杯その真似事をしてみたかったのだと思う。周囲では、既に子供達の甲高い声が聞こえ始めている。

「おいおい、おじさん達は、それどころじゃないんだけど」

ちびっこ達のブーイング

「加工を間違った材料は明朝のお届けになります。申し訳ありません」

真黒に日焼けした後藤さんが結論を出した時は、日はすっかり暮れていた。神奈川県下にある提携先のプレカット工場までは、百キロを超える。それに今頃は帰宅ラッシュ時。今日中の修正は無理と判断し、誰もが片付けに入っていた。

棟木と呼ばれる屋根の一番高いところの部材が納まっていない。それなのに、上棟式を挙行してもよいのだろうか。

「そんなのどうだっていいでしょ。もう子供達は待てません」

確かに迷っている場合では無かった。幼稚園の園児や小学生達が現場の入り口付近で騒ぎ始めている。辺りは刻々と暗闇が迫る。ここで、「上棟式は中止」なんて言おうものなら、私のかわいい子供達は、明日以降、仲間からイジメにあうに違いない。子供達に罪はないのだ。もともとあまり神仏に頼る私でもないので、クレーンを返した後に、上棟式決行の決断をした。

既に二時間以上も待たされた子供達のイライラはピークに達している。妻は見かねて、先にモチ投げの儀式を挙行する。やおら、二階からオモチやお菓子、そしてティッシュに包まれたおひねりが降ってきたが、暗くて床に落ちたお菓子がよく見えない。子供達の悲鳴に似たはしゃぎ声が、周りにこだまする。投光機に照らされた子供たちは、汗だくで地を這いながらほふく前進、洋服をドロドロにして帰って行った。

裸電球の下での宴

その後、清水棟梁の指示で、手際よく座敷が作られた。座敷と言ってもベニヤ板のテーブルに柱を横に並べてベンチの代わりにした簡単なもの。現場はすっかり暗闇に包まれている。裸電球を吊るすと、いよいよ雰囲気が高まってきた。用意していた料理の大皿を急いで並べていく。

予期せぬトラブルのおかげで話題に事欠かず、職人衆もいつもより饒舌になっている。誰となく祝いの歌がでた。建築士の先生の自宅という義理も手伝って、次々と歌声が続く。ついに私の番になった。カラオケが苦手な私が、人前で美声を披露することはめったにないが、このままでは場がしらけてしまう。とっさに生まれ故郷に伝わる民謡の「木曾節」を思いついた。祝いの歌ではないが、こうした宴では不思議と民謡が似合う。「木曽のナー、なかのりさん。木曽の御岳山は何チャラほい」と二番まで続けて納めた。アンコールの声が飛んだが、笑って繕った。二番までしか覚えていないからだ。

こうして上棟式の宴は二時間近くに及んだ。あのキチガイ英語教師にお返しをしてやった形だが、夜も九時に近い。そろそろ他からもクレームが出そうな時間だったのでお開きとした。

家を新築する時、それは人生最良の時かも

人生、結婚式に次いで晴れやかな瞬間が自宅を新築する時ではなかろうか。

翌日、三階の柱も交換され、午後には無事に棟木が座って屋根の小屋組みが完成した。これでやっと本来の上棟となった。今日も朝から後藤さんの姿がある。私の顔を見るなり「本当にご迷惑をお掛けしました。どう、お詫びしたらよいものか」と恐縮しかり。私としては、この言葉を待っていたわけでもないのだが、上棟が一日延期された分、クレーン車の費用や、応援の職人達の日当は予定外の出費となり痛かった。来月には必ず請求書が届くという現実がある。

通常こうした場合は請け負った工務店が費用を負担する。だからこそ「請けて負ける」と書く。しかし、私の場合は設計施工に挑戦し、工務店を兼ねているのだから、他人のせいにもできない。後藤さんは昨日の出来事を上司に報告し、会社として償いの案を用意していた。具体的に金銭での弁償は難しいものの、今後供給予定の合板などの材料の単価をギリギリまで下げてくれると言う。金額としては充分ではないが、その気持ちが嬉しかった。

それから数日、秋晴れの晴天が続き、工事はみるみる間に進んでいった。SE構法といえども、上棟が済んで、荷重を支える柱と梁が組みあがってしまえば、後の工事は一般的な在来軸組み工法とほとんど変わらない。

清水棟梁　　施主／可児佳子

第五章　外装について

(一)　住宅のスタイルを決める屋根

屋根は瓦と昔から決まっている

　上棟してすぐに屋根を架ける。言うまでもなく、木造の大敵は水。要は木材を長く雨にさらさないことだ。とにかく降られないうちに、屋根を完成させようと大工達は急ぐ。もちろん、仕事をしている本人達にとっても、雨に濡れながらの高所作業は命に係わるので、降られる前に屋根の作業を終えたいところ。その意味で、上棟してすぐに屋根の下地を完了させられる在来工法は、雨の多い日本の風土にマッチしている。

　一方、北米などで普及したツーバイフォーは、やや不利な工事手順を踏まねばならない。この工法では、三階建てなどの場合、屋根まで組み上げるのに、十日以上はかかる。その間、乾燥地域のカルフォルニアあたりとは異なり、まったく雨に降られない保証はない。たとえ床や壁の合板パネルが雨でビショビショに濡れようと、そのまま工事を続行しなければならないのが辛い。角材に比べて、合板ははるかに水に弱く、すぐ反り返ってしまうのだ。

　雨天の中で放置されているツーバイフォー工法の現場を、過去に何度か見かけたことがある。

「おいおい、大丈夫かい」

　他人事ながら心配になる。そんな不安も手伝って、今のところツーバイには縁がないままだ。

さて、話は設計段階に戻る。私が最後まで迷ったのが、屋根を何にするかだった。実は、構造が木造と決まってから直ぐにその迷いが始まっていた。異論もあろうが、木造の場合、屋根材は瓦が一番イイと相場が決まっている。

「いや、銅板の方がいいよ」

そう教えてくれた先輩もいたが、少なくとも多少の経験を積んだ私には、耐久性やコスト、その後のメンテナンス性を考えると、やはり古来からの瓦に軍配を上げざるを得ない。建築家など存在しない世界中のいたる所で、自然発生的に瓦が使われている事実からも頷けよう。

「だったら迷わず瓦にしたらいいじゃない」

製図盤の隣で、妻の佳子が意地悪を言う。「政治家ならぬ建築家の妻」という言葉は、世間一般では通用しないが、八年近く連れ添っていれば、夫の悩みの深さは百も承知のはず。その苦悩を知りつつ、敢えてチャカすから困り者だ。

その彼女の出身は長崎。クリクリとした大きな瞳と、武器になりそうな太くて長い髪を見る限り、きっと遠い先祖はポリネシアの島々からの漂流者に違いないのだが、なぜかこれが人一倍の暑がりときている。

彼女は自分たちの住まいが三階の最上階と決まった時から、夏の暑さをしのぐことに神経を尖らせていて、建築関係の書物を読み漁り、瓦が一番涼しいと知ってから、絶対、屋根は瓦と決めていた。

建築士として、建て主から「屋根は瓦で」と懇願されれば、さほど悩みも伴わず右に習えとなるに違いない。確かに居心地や将来のメンテナンスを考慮すれば、無難な選択と思われる。ところが、建築家の自邸ともなると、「チョト待て、チョト待て、お兄さん」となるのだ。

何か新しいことに挑戦しなくては

建築家の端くれとしては、自邸の建設は千載一遇のチャンス。これを機に、羽ばたく建築家は多い。誰からも文句を言われないのだから、自由な発想が許される。とすれば、何か新しいことに挑戦しなくては、男がすたるというもの。どこか地元の工務店に依頼しても、同じ答えが返ってくるようであれば、職業としての存在価値がなくなってしまうではないか。圧倒的に何かが違わないといけないのだ。しかし、そこが難しい。

以前、私の上司だった設計士が和風住宅の設計を依頼されて、特注で白い瓦を製作したことがある。「すべてお任せ」だったので、つい力んでしまったようだ。確かに挑戦的で、その発想と行動力には感服したが、残念ながら建て主にはすこぶる不評だった。困ったのは、現場担当のこの私。苦し紛れに建て主に慰めの言葉を送った。

「すぐに汚れて、グレーになりますから」

単純に瓦葺きでは、屋根に傾斜が出来る。しかも、かなりきつい勾配にしなくてはならない。結局のところ、どこから見てもただの「家」の形になってしまう。しかも敷地に余裕は無いのだから、軒の出は最小限にカットされる。例えば、平屋で深い軒の出のある屋根が醸し出す、その堂々たる日本建築の美が再現されるのであれば、「本当の美を知っている建築家」なんて賞賛に値もしようが、如何せん、軒の出が無いに等しい瓦屋根では、翼をもがれた鳥のように、無残な姿を露呈することは最初から明らかだった。

さらに、瓦葺の屋根にした場合、建物の周囲に雨樋が取り付くことになる。これがまた、デザイン的には厄介なのだ。水の流れを考慮して、少し傾けて取り付けねばならないし、材質はほとんどが塩化ビニール製だから、時間が経って味が出てくるどころか変色してヒビ割れる。最近では、ステンレス製の美しい製品も発売されているが、とても高価で使えそうにない。

建築を左右する屋根の形

このところ、毎日のように建築雑誌を買い込んで、参考になる外観を探してみると、やはり瓦屋根の建物は数えるほどしか掲載されていない。最近の傾向では、屋根はあくまでフラットなのだ。時々、片流れか半円のカーブ屋根も登場するが。

今さら瓦屋根がうんぬんと言っているようでは、その時点で建築家の資格が問われてしまうようだが、結果が見えるがゆえに、往生際が悪くなる。多少の冒険を犯してデザインを優先すべきだともう一人の自分が語りかける。やはり現代風に流行のガルバリウム鋼板やシート防水などに頼って、屋根をフラットにすべきなのか、なかなか答えが出ない。

たかが屋根の形状と材料選びだが、実はこの屋根が、建物の全体像を決定づける重要な決め手となるのだ。例えば、寝癖のついた髪形では、いくらスタイリッシュな洋服をまとっていても、その時の自分に自信が持てないのと同じだ。住宅に限らず、ビルの設計の場合でも、一番難しいのは、てっぺんと空が交わるスカイライン。ニューヨークの象徴ともなっているエンパイアステートビルを例にとるまでも無く、人々の心に残る名建築はこのスカイラインが、しっかりデザインされている。

雨を制する者、建築を制する

　高知県の親友、太田君を思い出していた。以前話題にしたことのある彼は「土佐派の家」と称して、その地域の風土に則した独特のスタイルを確立し、建築雑誌でもよく取り上げられる実力者だ。彼の言によれば

「君たち（私を含む）の作っているモダンでカッコいい家は、高知では直ぐにダメよ」

なのだそうだ。毎年、台風の直撃を受けるこの地方の豪雨は、我々の想像をはるかに超えている。幸い、その場に居合わせたことは無いが、学生時代を含め十年以上も東京に住んだ経験のある彼が比較して真剣にそう言うのだから、まんざらウソでもないらしい。

　土佐派の家でなくても、広く軒の張り出した木造建築は安定感があり、それだけで素直に美しい。日本の気候風土からも理にかなった形だ。ただこの首都圏では、敷地はすこぶる狭い。悲しいかなそれが許されない現実がある。そのせいか、最近の建築雑誌には、軒の出をまったく無くし、窓の庇まで省略した箱状の住宅ばかりが紹介されている。わずかな軒の出なら、いっそ無い方がよいのだろう。実に潔いではないか。

　が、しかし、コンクリートの建物の場合、屋上の防水さえきちんと施工されていれば、多少の

雨を撥ね退けてしまう力強さがあるが、木造の場合は、雨水の浸入についてより注意深い設計と施工が要求されるはずだ。

あの薬師寺の再建で有名な、故西岡棟梁の手記に「木造で二階建てを作るのなら、一階と二階の間に庇をぐるりと廻すのが良い」と書かれている。実際にそうしてみたら、若い建築家の人たちには苦笑されるだろうが、木造を知り尽くした人がそう言い残すのだから、一蹴することもできない。屋根の存在を消したカッコよさは、漏水の危険と隣り合わせにある。

傘の方が気持ちイイに決まっている

昔の映画に、よく雨漏れをバケツで受けるシーンが登場するが、あのようにはっきり場所がわかって、次の日に乾いてしまうようならともかく、天井裏や壁の中に沁みて、いつまでも乾かない状況を作ってしまったら建物の寿命は想像以上に短いとされる。あらゆる部分で合板を多用している最近の住宅は特に要注意と言えよう。

私も自邸の設計で、最後まで悩んだ「屋根をどうする」という課題については、夏の暑さ対策に加えて、この雨仕舞のために軒の出や庇を採用すべきか否かの決断に迷いがあったからに他ならない。そもそも、雨の日に傘を差して歩くか、頭からカッパを被って歩くか、どっちが快適なのだろうか。

大学時代、体育会系のワンダーフォーゲル部に所属し、訓練と称してわざと梅雨時に山歩きを決行した頃の記憶が蘇る。映画「銀嶺は招くよ」の主演、竹脇無我に憧れ、「山男は、きっとモテる」と信じ込んで、小雨の中、カッパ姿で野山を駈け廻った。ところが、汗がムレて気持ちが悪いのなんのって。一刻も早く下宿の四畳半に辿り着きたかった。山に居る間は風呂にも入れず、自分でも臭かった。当然、モテた記憶もない。

木造住宅も生き物。建物の気持ちになって考えてみれば、「絶対、傘の方がいい」に決まっている。つまり、短くてもいいから軒の出を確保して屋根をつける。そして、外壁に直接水がかからないようにする。暑さ対策にも瓦屋根が有利だった。しかし、建築家の称号を捨てられないもう一人の私は、結局最後の最後まで結論が出せないでいた。軒の出が不十分な形では、何としても絵にならない。記念の竣工写真なんか撮れるわけがない。機能を取るかデザインを優先させるか。さあ、さあ、さあ。

「外観で悩んでるの？どうせ他の家に囲まれて、周りから見えやしないのに」

まあ、確かに道路面以外は人目には触れない。見栄えは悪いが、屋根を勝たせて雨仕舞を優先させても誰も文句は言うまい。

「でも、ファサード（前面）だけは、せめてフラットにさせてくれよ」

「好きにしたら」

最後はあっけなく決まってもうた。

(二) 外壁は何がいいか

外壁は左官仕上げと相場が決まっている

屋根が決まると、次に外壁の選択となる。外壁には防火性能が義務付けられているので、従来の左官材料か工場で加工されたサイディングが一般的になっている。そこで、最初に左官を考えた。外壁の左官材料の中では、セメント系の無機質なものが主流だが、珪藻土や漆喰なんかは、その後の変化を見ていると、生きている素材の感じがする。年月を経て古びてもそれなりに味が出て、陳腐さを感じさせないからだ。それゆえに木造住宅に最も似合うように思えた。

最近気に入っているケイソーウティカという左官材料がある。珪藻土と呼ばれる土を主体に、ワラやひる石などの異なった骨材を混ぜて、伝統的な落ち着きの中に、ややモダンな感覚が表現できるのが好みでもある。ただし、大手の開発なので、価格が高いのが難。材料自体もさることながら、左官技術にノウハウも必要なのだ。最初に採用した時は驚いた。道路からよく見えるたった一面を塗るのに、なんと八人の職人がやってきた。手際のよい工程を見守りつつ思った。

「ああ、これなら高いのも止むを得ないか」

いいものは、手間暇がかかっている。

しかし、住宅に限らず、近年、左官仕上げが衰退しつつあるという。とかく水を使う点で、現場も汚れ、非効率な工法であることには間違いないし、天候にも左右されやすい。そこで合理化の流れとして、水を使わない乾式工法が主流になってきた。おそらく左官職人も激減しているに違いない。知り合いの大工達に意見を聞いてみると、皆、同じ意見だった。

「先生、塗りものにしましょうや。第一、品格が違いますがね」

結論を出す前に、左官材料の問題点も考えた。小舞と呼ばれる細かな竹組みからはじまる伝統的な左官仕上げは別格として、延焼を免れるために、戦後の復興期に全国的に普及したラスモルタル下地の左官仕上げは、手間を簡略化した結果、性能的に短所も引きずっている。

気温の変化による収縮や地震の衝撃で、壁にクラックが発生し、漏水や剥離の原因となるようだ。軒の出が短いため壁が濡れ、カビや埃で汚れやすい。さらに構造体の柱や梁を外側からスッポリ被ってしまうので、早い話ムレムレの状態を作り出している。それを防ぐため、木組みを外部に露出させて、一枚の壁の面積を少なくする真壁工法という知恵は昔からあるが、防火規制のおかげで、よほど広い敷地が無いと都内では実現が難しい。

ところで、木造の場合、外壁に重いものは避けたいと思うのは、私だけではないだろう。よく言われることだが、木は生き物である。いくら構造計算でＯＫとなっても、人間と同じ生き物に長い間、過分な重量のコートを纏わせるのは酷な気がする。そこで、生き物としての木の骨組みには、石やタイルなどの重いものは避けたいと思った。

それでも、私がタイルの生産地で有名な岐阜県多治見市の高校を卒業している縁から、少しだけ贔屓目に見ると、タイルを貼った場合は外壁の経年変化が極めて小さく、目地の汚れさえ辛抱すれば、三十年くらいはメンテが不要との長所も無いではない。最近では、接着剤が発達し、目地が要らない工法や薄くて軽い素材も開発されている。ともあれ、外壁にタイルを貼る場合は、少なくともデザイン的にレンガ積みの手法をしっかり真似るか、逆に、アントニオ・ガウディの作品に見られるように、堂々と「表面にだけタイルを貼っています」とする潔さなど工夫が欲しい。

一方、最近では、無機質な素材がもてはやされている。特に、凹凸のついた金属の板を張っている写真をよく見かける。アルミスパンドレルとかガリバリウム鋼板とか呼ばれるもので、ここ数年その種類も増えてきた。昨今、公共建築物をはじめ雑誌に掲載される建築の多くが、重厚なスタイルから脱却して、より軽く透明感のあるものへ移行する傾向にある。もはや流行現象ともとれるこのスタイルが、住宅レベルにまで影響し、金属パネルとガラスの多用に拍車をかけている。

金属パネルは、確かに現代的な素材で、ハイセンスさが売りの私も嫌いではないが、コストをかけない安易な施工では、金属の宿命である錆びの発生を避けられない。表面劣化で斑になった十年後の姿が容易に想像できるとなると、ケチケチ自邸では、とても採用出来ないと諦めた。

サイディングに軍配

私の自邸の場合、まず、屋根と同じく、大半の外壁は通りからはまったく見えてこない。道路に面した僅かな西面を除いて、周囲に建物が密集しているからだ。さらに、アパートを内包しているため、外壁の量は半端ではない。こうなると悲しいかな、屋根と同様にコスト面と将来のメンテナンスを最重要ポイントに上げなければならなかった。軒の出も少ないので、雨は容赦なく外壁を叩くことだろう。周囲には民家が建て込んでいるので、風の抜けも悪く、ジメジメして乾きが遅い場所もあるに違いない。

デザインよりも性能本位とコストで外壁材を選ぶとすれば、不本意ながら、左官材がやや不利で、あの味も素っ気も無い新建材の典型であるセメント系サイディングに軍配が上がってしまう。下地作りと仕上げが一回で済む為、その分、手間賃が節約される理屈だ。

「ああ、だんだん理想が遠のいていく」

意気消沈ぎみの私に向かって
「いいじゃないの、中身で勝負よ」

妻が意外に軽く言う。むしろコストが抑えられると聞いて喜んだ。素人は気楽だよね。

腹が決まったものの、さすがの私も建築家としての良心の呵責に耐え切れず、分厚いカタログの中から、何の装飾も無い一番シンプルで、しかも厚めのサイディングを探した。どうせ妥協の産物なのだが、中でも無印良品が欲しかった。しかも工場塗装品がいい。天候が一定しない現場での塗装より、工場で塗布処理されている既製品の方が性能が勝ると考えた。

サイディングの施工方法は、数年前からメーカーが指導する通気工法を採用した。建物本体とサイディングとの間に、二センチ程の隙間を作り、基礎から屋根に向かって空気の対流を促すことで、木造の欠点である湿気を少しでも取り去ろうとする意図がある。その効果は説明書に書いてある程では無いと疑っているものの、サッシの脇あたりから入り込んだ雨水が、内部の柱や梁に到達する前に、その空隙に沿って下に落ちてくれるのであれば、建物を長持ちさせる効果はありそうだ。

サイディングの長所は、工場生産品のため材質が一定していて、まあまあ丈夫なこと。壁全体が細かいパーツで分割されているため、温度変化などによる収縮が吸収されて、ヒビ割れが目立たないこと。弱点としては縦方向に走るジョイント部のシール剤の寿命が短く、定期的なメンテナンスが必要なこと。最大の欠点は、如何せん、どれをとっても何となく、不思議に安っぽい。

実際のところ、建築家の良心は、道路側のよく見える西面の外壁だけは、セメント系サイディングのままで終わらせなかった。敷地は奥に長く、西側の一面は、外壁全体の八分の一にも満たないので、将来の塗り直しのための足場代も捻出できると考えた。不燃の下地を左官仕事で作って、表面にペンキを塗り、五年に一度のペースで塗り直すことに腹を決めた。いきなりペンキとは極端な判断とも思えたが、「これ!」という最適な素材が見つからず、とっさの判断でそう決めてしまった。コストが一番安いこと、次にデザイン的にはそれ自体の存在感が強調されず、すっきり仕上がるシンプルさを狙う意図があった。

ペンキはほんの薄い皮膜で、いくら頼まれても他人の住宅の外壁には決して採用できない薄っぺらな表情ではあるが、比較的安価な材料だから、その分、こまめにメンテをすることを覚悟すれば、表面的には美しい顔が保てるのではないか、との安易な期待があった。

かの伊勢神宮が、「式年遷宮」といって、二十年ごとに神殿を建て替えながら、いつも神聖な美しさを維持していることは知られている。恥ずかしながら、このことを、皇室にあやかって自分の結婚式を伊勢神宮で挙げた時に、私は初めて知った。以来、古人(いにしえびと)の偉大なコンセプトに驚嘆しながら、いつか真似てみたいと考えていた。そのスケールは比較にならないものの、今ようやく自邸でその真似事が出来るとは、なんと神聖なことだろう。五年に一度、いや最低十年に一度は塗り直す覚悟が出来た。

外断熱と内断熱、どちらがいいの？

このところ、住宅建築雑誌に、外断熱の特集が多い。そういえば、私の事務所へ住宅の相談に来られる人達の多くから、断熱についての質問を受けることが多くなった。どうやらこれから家を作る人たちにとって、関心事のトップ3に入るのではないだろうか。となれば、職業的にも「よく知らない」では済まされないので、少し前から関係する書物を購入して密かに勉強を続けている。

外断熱とは外気と最初に出合う場所で建物を断熱してしまう方法で、実際には構造材の外側に板状の断熱材を張り、さらにその外側に保護材を兼ねた防火性能がある外壁材を取り付けるやりかただ。コンクリートとか木材とかの材質の違いはあれ、構造体自体が外気の温度差の影響を受け難い点からすれば、建物本体の耐久性が増すことにもなるので、考え方としては断熱の理想形に違いない。さながら、薄着のマリリンモンローがミンクのコートを一枚羽織って、雪模様のニューヨーク五番街を闊歩している、そんな感じなのだろうか。

北海道などの極寒の地では、コンクリートの住宅で外断熱にした場合、昼間に室内でストーブを焚いていれば、夜になってストーブの火を消しても翌朝まで室内の温度がほとんど下がらないという話をよく聞く。これは、構造体としてのコンクリートが蓄熱体としての役目を果たすらしく、一度温まってしまえば、外の冷気と断熱されている理由で、なかなか冷めにくい理屈だ。これが外断熱工法の優れた長所でもある。

ただ難点もあるという。一つは断熱材の保護や防火のために取り付ける一番外側の壁の選択肢が狭くなること。最近流行のコンクリート打ち放しの場合は無理だし、木造でも左官仕上げを所望されると、それなりの下地を改めて作る必要があり、施工に手間がかかることになる。さらに、完璧を求めれば、屋根や庇、バルコニーや基礎まで外断熱仕様にしたくなり、これまた、ひと騒動となる。凹凸がある部分には、施工が出来ない場所も出たりする。


対照的な内断熱工法は、コンクリートや木材などの構造体の内側に、断熱材を貼り付けたり吹き付けたりする方法で、現在でも鉄筋コンクリート造の建物では圧倒的にこの工法が採用されている。また、木造の軸組み工法では、外壁と内側の壁の間に、ちょうど柱の幅だけ空隙が出来る。その隙間を利用して、そこにグラスウールなどの断熱材を充填する方法を一般に内断熱と呼ぶ。実に合理的な方法で、施工の容易さもあって、全国レベルで普及している。施工が楽ということは工事費も安くなり、当然のことながら工事会社や職人には受けがいいらしい。

施主のいない建売住宅では、もっぱらこの内断熱が標準仕様となり、注文住宅でもこれまでは施主の多くが何の疑問も持たなかった。

「断熱材は入っていますよね」

「はい、勿論、たっぷり」

これで終わっていたようだ。おそらく、ただ暑い寒いの対策ならば、この方法で事足りるのだろう。

ところが、数年前からこの内断熱に黄色信号が点滅し始めた。どこかの学者先生や、熱心な建築家によって、この断熱方法の弱点が指摘され始めたのだ。その弱点とは何か。簡単に説明すれば、充填した綿のようなグラスウールの内部に、水蒸気が溜まる「結露」という自然現象が発生し、この水滴が、肝心な構造体の木材を腐らせてしまうらしいのだ。自分で観察したわけではないので、その信憑性は不明だが、条件が重なればありそうな話でもある。

戦後、木造住宅の多くが、火災の延焼から免れるために、古来からの真壁を諦め、柱や梁をスッポリ包んでしまう大壁工法が一般的になって久しい。熟練の棟梁たちが常々口を揃えて言う

「柱や梁が蒸風呂状態でかわいそう」

の言葉を思い出すと、その惨状は壁を剥がさなくても多少は想像できる。ただし、木材は生き物と言われるように、ある程度呼吸しているので、

「多少の水蒸気なんか吸い取ってしまうはず」

という別の見解もある。相手は自然現象。地域性やその立地する環境にも大きく影響されるので、この内部結露説に手放しで同調できないまでも、注意は必要かも。

「いい家がほしい」という本を買ってみた

最近売れている（らしい）「いい家がほしい」という本を買ってみた。内容は、とにかく外断熱の優位性を主張したものだったが、その第一印象は、あまりの断言口調に少し違和感が伴った。

「それはあなたの勝手な意見でしょ」

作者に大変失礼と思いつつも、同じ技術者として疑問が残る記述も多く、ここまで断言されるとちょっと引いてしまう。

そもそも、「いい家」なんて感ずるのは、個人の主観によるものが多い。どこに満足の尺度があるのかは千差万別と言ってよい。立地条件や建築コストも影響するし、プロから見て「ダメだこりゃ」と思うほどの手抜き住宅であっても、そこに住む人が満面の笑みをたたえていれば、まさしくそれは「いい家」に違いない。（意外とこのパターンは多い）

したがって、外断熱の効果による居心地の良さは、「いい家」の一つの要素に過ぎないのだが、まさにこれから我が家を手に入れようとする人たちにとっては、「いい家」という言葉は見過ごすことができない響きなので、こうしたタイトルの書物が何冊も店頭に並ぶ理由がわかるような気がする。

もちろん、他人事と言ってもおられない。私の自邸の場合も、この外断熱を採用するかどうかで迷うはめになった。最初は、実験も兼ねて、是非やってみようと考えていたが、一通りの設計を終えて見積を取った時点で怪しくなってきた。

住宅を建築する場合、余剰資金がある人はそう多くはない。特に首都圏で、しかも土地も含めて取得しようとする人達にとっての家づくりは、限られた予算の中で、自分の希望がどこまで叶えられるか挑戦なのだ。この私の場合とて例外ではなかった。妻からは

「全体のバランスを考え、予算配分をきっちりしてくださいね。無い袖は振れませんから」

と何度も釘を刺されていた。

私はデザインのセンスとかプランの巧みさにはチト自信があるのだが、予算管理は大の苦手。高層ビルなど、ある程度の規模の仕事になると、予算管理は施工者となるゼネコンが、私に代わって、徹底して管理してくれるので、楽ちんだった。少しでも設計変更をしようものなら、翌朝には追加見積書が届く。

「オイオイ、このくらい予算内でやってよ」

「それはできません。ハイ」

の繰り返し。ある意味明快。

しかし、今回はゼネコンはいない。メーカーや工事会社から見積もりが届くたびに溜息が出る。

「アチャー、そんなにかかるんだ」

外壁の面積が意外に多いことも恐怖だった。ここで、さらに手間のかかる外断熱工法を採用すれば、一巻の終わり。予算オーバーとなるのは確実だった。

そもそも北海道のような極寒地であれば、構造体そのものを保護する意味でも、何にもまして真っ先に外断熱工法を採用しただろう。しかし、比較的温暖なこの関東地方で、最優先で外断熱工法に予算を計上するのはどうしたものかと迷った。

原理としては間違い無いところだが、施工の良し悪しによってもその効果は左右される。また一方では、夏の暑さ対策や屋根の断熱だけ見れば、内断熱の方が優れているとの意見もある。さらに、費用との相対効果を問われると、私自身、盲目的な「外断熱信奉者」にはなれないでいた。

そんなこんなで、踏絵的存在の自邸の設計では、最後の最後まで外断熱仕様にすべきか迷った。まさに、生徒の素朴な質問に答えられないでうろたえているベテラン教師の心境だった。新刊の雑誌の中に「欧米では、コンクリート造の建物までが外断熱だ」との記事を見つけると、「ホントかな」と疑いつつも、ますます頭の中が混乱してくる。果たして、仕上げ材料の質を落としてでも、そうすべきなのか。結局のところは自分で判断するしかなかった。

私なりの最終結論は、「外断熱を止める」だった。理由は予算配分のバランスから考えて、どうしても無理があると判断したからだ。アパートを併設した私の自邸では、外気に面する壁面は半端な量ではない。その費用捻出のために、仕上げ材や設備機器などのグレードを落とすのもイヤだった。私にとって「いい家」とは「全体としてバランスのとれた家」なのだ。

─とある現場で─

工事が終盤にさしかかった頃、現場の左官職人から電話が入った。

「もしもし、先生。外壁の仕上げ材が二十袋ばかり足りません。至急追加してください」

「そんな馬鹿な、ちゃんと計算して発注してあるんだ。どっかに紛れてんじゃないの」

「いや、ちゃんと調べました。下塗材は少し余るぐらいで丁度いいんですが。上塗材だけ足りないんです」

「とにかくメーカーに聞いてみるから、待ってて」

実は、この現場もご多分に洩れず、予算との睨めっこ。すこしでもムダが出ないようにと気を遣いながらも、シラス火山灰の新しい素材と聞くとどうしても使いたくなる私の性分。予算ギリギリで発注した矢先の電話だった。

「もしもし、Sさん、御社のカタログどおり発注したら、上塗材だけずいぶん足りなくて現場が困っちゃってるんだけど。ちょっとおかしいんじゃない？」

「そ、そ、そんな馬鹿な。こんなクレームは初めてですよ。職人さんの腕は確かなんですか。厚く塗りすぎてるとか…」

「私がいつも指名している職人だから間違いはないよ。ちょっと年配だけど…。とにかく仕事が止まっちゃうから至急足りない分送ってよ。アーァ、これでまた予算オーバーだよ」

　それから数日後、現場に行った私は唖然となった。なんと、外壁の周囲に白い粉が降り積もっているではないか。それも大量に。よく見ると、あの追加注文した上塗材だった。すかさず私は職人を捕まえて声を荒げた。

「おい、どうして材料捨ててるんだ」

「え、でも」

「でもも、クソも無いだろう。高いんだょぉ、この材料」

「え、でも先生。仕上げを聞いた時、『カキ落とし』って言いましたよね」

「ムム、確かに言ったよ」

「『カキ落とし』って聞いたんで、カキ落とす分だけ厚く塗ったんですよ。足りない筈ですな」

「あっちゃー、原因はこの俺かい」

　しかもこの左官職人、裏側の人目につかない部分まで丁寧に「カキ落とし」てあった。そんなところ、単に金鏝押さえか刷毛引き程度で十分だったのに…。

常々、「俺の見てないところで手を抜くような職人はいらん」と豪語している私には、二の句が告げず、ただただ建物の周囲に雪のように積もった白い粉が、この上も無く愛おしかった。

古来、立派な和風建築の外壁は、カキ落とし仕上げが定番。一旦厚く塗って、カキ落とすのだから、たしかに重厚な味わいが得られるわけだ。改めて納得したのだが、それにしても高い授業料だった。

第六章　内装について

(一) 内装は何がいいか

石膏ボードで囲まれた部屋

上棟から約一か月が過ぎ、外壁廻りの囲い工事が終わろうとしていた。

「先生、明日から内装の下地を始めますが、天井も壁も図面通りでいいんですかい。全部、石膏ボードですよ」

現場には大量の不燃石膏ボードが届いていた。平積みして地上から天井まで届きそうだ。階上に移動させるだけで三日はかかるだろう。

住宅の設計に限れば、つい最近まで内装制限なんかで悩んだことはなかった。内装制限とは、壁や天井に使う材料が、燃え難いように法的に規制されること。一般の皆さんには、こんなところまで法律が及ぶのかと驚かれるかもしれないが、実は、私の最も得意とするホテルの設計では、いつもこの規制との戦いだった。

規制の緩い外国のインテリアデザイナー達は、無頓着に材質を指定してくる。木もあれば紙もあれば布もある。彼らのデザイン意図を汲みながら、すべて不燃材に置き換え、しかも最終的には、より魅力的な空間に仕上げなければならない。ところが現実は厳しく、簡単には代用品は見つからない。ショールーム巡りが日課になって、いつもヘトヘトになった。私の髪の毛の密度が異常に薄くなったのもこの頃だった。

それに比べれば、住宅は超、楽チン。火気を使うキッチンの壁と天井だけを不燃材としておけばこと足りた。実際、建築確認申請の時点では、具体的な仕上げ材料が決まっていないことが多いので、図面に「不燃材」と書いておけば済んだ。まれに、指導課の担当が女性の場合には、几帳面な方が多いようで、

「ちゃんと材料名と不燃の認定番号を書いてください」

「ハイ、では、なんか適当に」

「適当では困ります（怒）」

「い、いや、それでは適当でなく、適切な書き込みをいたします」

賢者は長いものには巻かれ、女性には逆らわないことになっている。

平成の時代に入り、規制緩和の一環として木造の三階建てが認可され、様子が一変する。専門用語では準耐火建築物と呼ばれ、外部はおろか、家の内部の壁や天井まで不燃性の材料で被覆しなければならなくなった。三階からは避難にも時間がかかるので、万一の場合にも燃え難くするための措置なのだ。

この場合、もちろん、室内で木材を面として現してはいけないので、あの美しいヒノキの柱や力強いケヤキの梁も使用できない。これでは木造で作る価値が半減するが、お上に正論は通用しない。要は、床を除いて、目に付く所は全て、不燃の石膏ボード（石膏を板状にして、両面に紙を貼った物）などで被い尽くした上で、その上にさらに不燃の化粧材を施すことになる。私の自邸も三階建てのため、この規制に該当していた。

ライトの作品を手本にしたい

さて内装を決めるにあたって、何かテーマが無くてはいけない。なにせ建築家の自邸の設計だ。「なんとなく」では許されない。早速、事実上の施主である妻のケイコさんに意見を聞くことにした。新婚当時、自宅をコンクリート打ち放しで作ろうと話した途端、急にオイオイ泣き出したことがある。きっと夢や希望があるに違いない。建築家仲間でもてはやされていたコンクリート打ち放し仕上げが、一般人には

「あんな倉庫のようなもの絶対にイヤ」

と嫌われていることを、あの時初めて自覚したのだった。

ところで返ってきた言葉は

「そげなこと分かるわけないと（長崎弁）。案をいくつか出して頂戴。そしたら意見が言えるから」

やっぱりそうきたか。業界用語では「叩き台を出せ」と言う。この手の施主は意外と多い。自分で発想するのは苦手だが、出てきたものにはアレコレ注文がつけられる。

設計者として最初に浮かんだイメージが、フランク・ロイド・ライトの作風だった。私が建築の道に入った動機は、旧帝国ホテルの設計で知られる、この米国の建築家の代表作を、中学校の図書館で見つけたことだった。今でも私の記憶の中に、近代建築の巨匠と言われるこの人の作品が、深く刻まれている。

「よし、これだ。これで行ってみよう」

そもそもライトの住宅を形作るのは、木と漆喰、それにレンガ積みか石積が加わる。たっぷりした軒の出がある屋根と、横に広がる水平的空間が特徴的でもある。内装という観点では、外部の自然がそのまま内部に入り込んでくる、素材そのものの美しさが追求されている。そこには室内を無意味に飾り立てる「化粧」という考え方はまるで無い。題して有機的建築、またはは草原住宅とも称された。

「ちょっと待てよ。果たしてこの特徴ある空間が私の自宅のテーマになり得るのだろうか」

私は冷静になって考えてみた。

「オイオイ、私の自邸とライトのそれとは、ことごとく逆な方向にあるのでは」

発想は良かったが、すぐに夢から現実に引き戻されるはめになった。

ホテルのような室内を目指す

敷地は狭く、空間は三階建てで、横ではなく縦に伸びている。室内は、不燃ボードで覆われ、木などの燃えやすい材料は一切使えない。窓なんて、隣の視線を気にして全て曇りガラス。隣地は木賃アパートで、周囲の環境など、とても取り込むどころでは無い。むしろ背を向けたいところ。何もかもが逆にある。生まれ故郷の岐阜の田舎であれば、実現可能なライト風の自然派住宅は、この東京の住宅密集地では、きっぱり諦めざるを得なかった。

さて、では自邸のコンセプトはどうしたものか。振り出しに戻ってしまった。いつものことながら、深夜の事務所で夫婦ふたり、熱いお茶をすすりながらアイデアを練った。古家の一階を改装した狭くて息苦しい事務所、晩秋の夜は深々と冷える。

「草原風がダメなら都会的にしたらどう?逆を行くしかないでしょう」

壁のシミを隠すために、これまでの竣工写真が数多く貼ってある。ほとんどが見栄えのするホテル建築の写真だった。妻はそれを眺めていて、突然思いついたに違いない。

「都会的とは、例えばホテルみたいな空間ということ?」。確かにすべて不燃仕上げだもんな」

以前の設計活動の中で、最も多く深く携わってきたのはホテル建築だった。その意味では、得意分野と言ってもよいだろう。何とかなるかもしれない。人間「好きこそものの…」と言うではないか。こうして私の自邸は「ホテルのような住宅」を目指すことになった。

（余談）私とホテルとの出合い

余談だが、私とホテルとの出合いはこうだった。あのトイレットペーパー騒ぎで記憶に残る昭和四十九年のオイルショックの数年後。ロクな就職先も無く、大学院修了と同時に泣く泣く、腰掛の気分で就職したのが、東京都立川市の建て売り会社。社員十五名。社長が地元の名士と聞いて決めた。

やがて入社三年目にして社内に分離独立運動が勃発。私は過激派の営業部長率いる七人と共に、さらなる飛躍を目指して新会社設立の一角を担うことになった。保守派の「ここに残れば充分食っていけるのに…」と言わんばかりの冷ややかな目線を背中に受けながらの旅立ちだった。

しかし、その会社が十年も経たない間に、社員数六百余人の大会社に急成長したのだから人生アンビリーバブル。

とにかく、各自のなけなしの貯金を掻き集めて、若造八人で興したこの会社。手間ヒマがかかる割に収益が少ない個人住宅の供給に見切りをつけ、いち早くマンション事業にシフトして業績を伸ばしていく。そのうち銀行筋から都心の一等地でホテル事業をやらないかと勧められた。慌てたのは設計担当の私だけではない。当時三十歳チョイの千葉社長、頭の回転は驚くほど早く、しかも雄弁。カリスマ性すら漂っていたのだが、北海道から単身上京してから苦労の連続。もちろんホテルを利用する機会など皆無だった。

「よし、一から勉強するぞ。誰か海外に行ったことがある奴はいるか？」

そう言い放った千葉社長、次の週にはニューヨークに飛んでいた。

当時は、まだ海外旅行が普及し始めた頃。私以外、渡航経験者は居なかった。学生時代のケチケチ貧乏旅行が役に立った訳だ。こうして私は、ただ独身生活が長く、他の社員より身軽だったことも手伝って、秘書を兼ねて頻繁に欧米の高級ホテルを泊まり歩く機会に恵まれたのだった。それも決まって一泊数十万円のスウィートルームにである。いつも社長といっしょ、というハンデを差し引いても、実体験をもとに得たホテルの知識は大きな財産となった。人間、何が幸いするか分からない。

「百聞は一見にしかず」

泊まるたびに毎回「目から鱗」だった。何事もそうだが、最高を知れば、下のクラスは概ね察しがつくというもの。ホテルに一度も泊まったことの無かった若い社長とひよっ子設計士は、その後数年間に、なんと十ヶ所以上のホテルを実際に誕生させてしまった。その時の経験と自信は、後日独立してからも、継続してホテル建築に関わってこられた原動力になっている。そんな経緯から、今日では著名な外人デザイナーとも対等で仕事が出来ることを思うと、あの時、世界的レベルで勉強の機会を得た私は、実に運が良かったと言える。

まず天井を高くしましょう

では、ホテルの室内空間にはどんな特徴があるのだろうか。今までそんな事、考えもみなかったが、住宅に最も近いスイートルームを分析してみる。スイートとは寝室と居間が分かれているホテルの部屋の総称。その分広いので室料もお高い。お金持ちか芸能人が利用するものと世間では思われがちだが、案外そうでもないらしい。

最近では結婚式や、誕生パーティーなどで利用するケースも多く、使い道は多彩と聞いている。最近開業する高級ホテルでは、室料に比例して、天井が高くなってきた。著名なホテルが軒並み外国人にインテリアデザインを依頼する風潮にあり、多分その影響で欧米並みの天井高になっている。

我々日本人の多くが、住宅の天井高として馴染んでいる八尺、つまり二メートル四十センチ前後は、欧米人の感覚からするとかなり低いようだ。床に座って生活する我々は気にならないのだが、椅子の生活の彼らからすると、頭を押さえつけられる感じがするらしい。ところがこの天井高、私の経験では、ほんの少し、例えば三十センチ高くするだけで圧迫感から解放されるだけでなく、頭上に空気の塊を感じるほどに印象が変わり、高級感すら漂ってくるから不思議だ。

座る生活習慣から、椅子の生活に移行しつつある今日、ちょうど目線の差が三十センチくらいあるのだから、日本でも天井高の見直しがあってもよいかもしれない。ともあれ、壁紙であれこれ悩んだり、下手な装飾を施すよりは、天井高を少し上げるほうが、ずっと洒落た部屋になることを、私はホテルの仕事から体得していた。

木造建築の場合、一般に柱は十尺、つまり三メートルで作られている。これに横方向に梁が取り付いてくることから、天井を直に貼った場合には最大で二メートル七十センチ程度となる。これでもきっと「高い」と感じるはずだ。高さに制限がされる場合、建築家は、天井を張るのを止めて、二階の床板がそのまま一階の天井になるような大胆な設計をすることもある。それはそれで多少手間が掛かるのだが、面白い試みだと思う。ただし、私の場合は実績が少ない。配線スペースが見つからず、電気配線の職人たちが現場で悩み苦しむことになるのを知っているからだ。

都心の密集地で、一階に直射日光が入らない敷地では、思い切って二階に居間や食堂を持ってくる設計が増えている。三階建てともなれば、いっそ最上階に居間や食堂を造る発想もある。

「階段の昇り降りが大変」

という反論もあろうが、光が燦燦と降り注ぎ、風通しも良い最上階の空間は、夜しか使わない個室にしておくには少々もったいない気もする。天井の上が屋根ならば、天窓を取り付けるという手もある。天窓は、壁の窓の三倍の明るさが得られるとされているし、私の体験では、明るさもさることながら、とにかく風通しが抜群である。夏場はエアコンの代用ともなるのだ。

高い天井を勧めると、

「天井が高い場合、いくら暖房をしても、（暖められた空気が上部に溜まって）部屋中が寒くて仕方がない。どうしてくれるんだ！」

とクレームが来ることが予想される。

この解決策としては、まず断熱材をしっかり施工すること。断熱の性能を高くしておくと、上下の温度差が少なくなる実験結果が報告されている。次に、床暖房をお薦めしたい。高い天井に床暖房と高断熱のセットで、ワンランク上の快適空間が得られること間違い無い。

以上のことから、私の自邸では、食堂と居間、さらに寝室と子供室まで、可能な限り天井高を確保することに決めた。ちなみに、家族が集まる食堂と居間の天井高は、柱を継ぎ足して通常より八十センチ高い三メートル二十センチとなった。完成後に我が家を訪れる客人の最大の感心事は、この天井が高いことにある。この高さになると、天井の仕上げ材料はそれ程気にならなくなる。最も安価な白いペンキ仕上げとしたが、これが自分でも不思議なくらい高級な仕上げに見えてくるから笑える。

「皆さん、これからの住宅作りのポイントは天井高ですぞ」

私は、声を大にして叫んでおきたい。また、寝室と子供部屋は単に屋根なりに斜め天井にした。片方の天井が高いだけで、それなりに個性的で開放感のある部屋になっている。これはどんな家でも可能なので、是非試して欲しい。

(二) 壁材の選択

テーマは「ホテルのような家」

「ホテルのような家」づくりを内装のテーマにしたことから、壁の材料は最初からクロス貼が頭にあった。ホテルの客室では、壁、天井ともクロス貼が採用されるのが一般的である。理由としては、汚れた場合に簡単に貼り替えができ、イメチェンも可能なこと。もちろん、欧米のホテルに倣った結果でもある。ビジネスホテルなどでは、安価なビニールクロスが多用されているが、さすがに一流ホテルともなると、この安っぽさが嫌われ、織物調の布クロスを貼って高級感を出しているところも少なくない。

しかし、ホテルのような家だからといって、最もよく目につき、印象を決める内壁のすべてをクロス貼りとしてよいのだろうか。

「いくら何でも、ちょっと安易じゃない?」

妻が横目でたしなめる。

確かにホテルだからと言って、ただクロス貼りでは、コスト優先の建売住宅と大差がなくなってしまう。まず、住宅を大きく二つに分ける。一つは家族みんなで使用するパブリックスペース。次に、個人で使用する個室群。これを仮にプライベートスペースとしておこう。そこで、個室だけ、つまり寝室や子供室、母親の部屋といったプライベートスペースだけをクロス貼りとすることに決めた。

クロス貼りの弱点は出隅にある。角に何か物をぶつけたり、いつも手で触ったりしている間に汚れたり擦り切れてくるからだ。そこだけの補修が効かないのがクロス貼りの宿命だが、四角い部屋だから出隅が少ないことで弱点のカバーができる。個室のクロス貼りは、コスト面からも妥当な判断のはずだ。

私の事務所には、厚さ三十センチもある壁紙の見本帳が、何冊も山積みとなっている。急いでいる時に、よくつまずいて転びそうになる厄介者だが、大金をつぎ込んで作っているメーカーに悪い気がして捨てられず、ついつい床の上に積み重ねてある。今回もあの重い見本帳を床に並べて、パラパラとページをめくってみるが、いつものことながら、ため息が出る。どれもこれも冴えないからだ。各メーカーどこと言って特徴がなく、似たり寄ったり。ここだけの話、これまでの仕事の中で、クロスの品番を「絶対にこれしかない」と自信をもって指定したことはほとんど無い。施主さん達、ゴメンナサイ。

それに引き換え、外国人デザイナーが日本のホテルのためにプレゼン段階で持ってくる壁紙のサンプルは、

「ウーン、お主、なかなかやるのう」

と唸りたくなる程、毎回イカした色合いのものが数多くある。しかし、こうした壁紙のほとんどは防炎加工が施されていないので、どれも日本のホテルでそのまま採用することは難しい。結局のところ妥協して、似たもので代用することになってしまう。立派な見本帳もいいが、一層のセンスアップと、簡単な防炎加工技術の開発を期待したいものだ。

具体的には、私達の寝室のクロスはベージュの布っぽいものにして、天井はホワイトのペンキ風とした。ホテルの客室の典型的な仕様だ。子供室には、蓄光クロス。夜に電気を消した瞬間、蛍光色の模様が浮き出るもので、子供達のウケを狙った（当初は喜んだが、そのうち中学生に成長した娘に、「ウザイ！」と不評を買った）。

母親の部屋は、やはりベージュの麻クロスとし、天井も同じもので貼り上げた。こうすると、ちょっと和風の匂いが漂い落ち着きが出る。麻クロスとは、細いマニラ麻を横方向に織り込んだもので、その風合いがアジアンテイストで唯一気に入っている。最近ではパークハイアット東京をはじめ、名だたるホテルにこの種の麻クロスが貼られているようだ。

クロス貼りの糊がシックハウスの原因か

ところで、クロス貼りを多用した場合、心配なのはシックハウス対策にどう影響するかだ。一時期、新築の家では、吐き気や目まいなどが起こり易いとマスコミに取沙汰された際、現場で職人たちに聞いてみた。私は、クロスそのものは当然のこと、接着のための「のり」の成分も怪しいと推測したのだ。

「主成分はデンプンなんだから大丈夫じゃないの」

職人たちからは、そんな程度の答えしか返ってこなかった。その「のり」を触ったり、匂いを嗅いでみたが、確かにデンプンらしい優しげな表情も手伝って、その時、私としては無罪放免としてしまった。メーカーに問い合わせてみても、

「大丈夫です」

との返答だった。

しかし、ここにきてようやく真相が見えてきた。最近仕事で知り合った表具師の岩井さんの言によれば、これまで「のり」では、防腐剤や安定剤としてホルマリンが混入されていたという。メーカー側としては、すぐに腐ってしまっては困るという理由も分からないではないが、その含有量次第では、人体への影響が心配される。このほど国土交通省が新しくホルムアルデヒド放散等級の認定を設けたことにより、各社とも改良を加えているようなので、以前のように異常なほど神経質になることも無いのではないか。

余談になるが、木造建築の場合、基礎から一メートルぐらいの高さまで、外壁に白蟻の防蟻剤を塗布することになっている。以前は、これがすごい刺激臭で、完全防備した専門の職人がいた。ヒ素が入っていると聞いたこともある。「白蟻に効くのだから、きっと人間にも毒に違いない」。色白の私は、当然皮膚も弱いので、塗付した後は、しばらく現場には近寄らない事にしている。最近は、ヒ素入りカレー事件もあってか、随時改善されて刺激臭の少ないものになってきているようだ。

先日、大工が「人体に無害」という塗布剤を探してきた。ホウ酸が主原料だとか。

「おう、それそれ。それにしようよ」

申し訳なさそうに「かなり高い」と言う。こうなったら高いのなんのって言っていられない。工事を担当する職人も、そこに住む人達も健康な体あってのモノダネだ。

昔から壁は漆喰と相場が決まっているものの

次に、出隅のオンパレードとなる廊下や階段、居間やダイニングといった家族共用のパブリックスペースの壁は何が良いのだろうか。実験でいろいろ試してみるのも有りと考えたが、きっともう一人の施主に「落ち着かないわ」と却下されるに決まっている。

そもそも出隅に強い材料なんて、そんなに有る訳も無いので、残るは木か左官材となる。内装制限の関係で、木は面として使用できないので、左官職人による塗り壁が候補に踊り出た。そういえば最近、「呼吸する壁」とか言って、漆喰や珪藻土が何かと話題になっている。とすれば、筆頭はもちろん漆喰だろう。下塗りに中塗りそして上塗りと結構手間がかかることから、近年、お目にかかる機会が減ったが、湿度調整までこなし、しかも人体に無害な内装材としてはこれ以上のものは少ないのではないかと思われた。

石灰を主成分に、固まりやすくする為のノリと割れを防ぐスサが入った漆喰は、仕上がったばかりの純白の、やや押さえ気味の光沢がなんとも凛々しく、奥ゆかしい。つい、あの博多人形を連想してしまう。確かに本物を感じさせる漆喰は、年を経るごとに味が出てくる材料のひとつでもあるが、難を言えば、手垢などの汚れがつき易いことだ（これは女性も同じか。いつまでも純白の美しさは…）。

それはともかく、不燃材のプラスターボードでは十分な下地が作れるわけは無く、将来のひび割れも心配だ。またまたここで迷いが生じた。漆喰がいいことは十分承知の上でも、すぐに採用するのは躊躇された。

「たかが自邸、されど自邸」

　理由は簡単。建築家の自邸ともなると、何か新しい挑戦が無くては始まらない。古き良きものばかりを集めても進歩がないからだ。建築家は辛いのです。いつの時代でも、挑戦者であらねばならない悲しい性（サガ）を持っている。

強くて汚れにくい壁を探せ

「塗装でも左官でも何でもいいけれど、触ったらポロポロ落ちるようなものや、汚れやすいものはイヤよ」

　おっしゃることは、ごもっとも。でも

「言うのは簡単、探すのは大変」

　嫌味のひとつも言わせて頂きながら、この一言を振り出しに、新しい材料探しが始まった。一般的にジョリパットが普及しているが、手垢もつくし、塗った時の質感に乏しい。次に珪藻土はどうか。なるほど手触りも「人に優しい」感じがあるが、比較的白っぽいものが多く、やはり汚れは避けられそうにない。それと、最近ちょっとブームのようになっていて、斬新さに欠ける。石膏ボードのジョイントのひび割れも避けられそうにない。

　他には、火山灰のシラスを原料とした薩摩中霧島壁も候補に入れてみた。表情は珪藻土に近いが、手に白く粉が付くこともあって、今ひとつ決定打とならない。困った。現場はどんどん進んで、山と積まれた石膏ボードがほとんどなくなっている。

これだけ勉強家で経験豊かな私（？）だ。新たに都内のショールームを駆け廻るより、過去の仕事の中で候補は見つからないだろうか。ふと、そんな勘が働いた。主にホテルの仕事を中心に遡ってみる。

答えはごく身近にあった。「灯台下暗し」と言うべきか。株式会社フッコーのシッタという左官材料だ。この材料、実は以前、同級生で親友の田代君から教えてもらった。彼は、郵政省関連の設計事務所に勤めたのち、思うところあって独立し、現在は住宅の設計を主体に活躍する一方、二十名ほどの建築家で構成される「家づくりの会」の会長を務めるなど多忙だが、こと住宅建築については精通しているので、困ったときの私の知恵袋となっている。

もともと彼は、出身校の明治大学建築学科の中で、卒業設計競技第一位を獲得した秀才だ。当時のエピソードをひとつ紹介してみたい。

文系の卒論に対して、我々工学部では自由なテーマで、新聞紙を広げたくらいの大きなケント紙数枚に設計図を描いて提出する。私の場合、

「あなた、何でも背中で閉まる感じね」

と妻に呆れられるほど、締め切りギリギリにならないと集中できない体質が生まれつき備わっているため、あの時も期限間際になって焦っていた。

当時から仲が良かったこともあり、彼の実家の近くに下宿していた私は、卒業設計の締め切りが迫ったある日、彼の家に偵察に向かった。あと期限まで二日しかない。

ところが、予想に反して彼のケント紙はどれも手つかずの白紙だった。

「あれ、まだ一枚も書いてないの？　間に合わないよ、君」

優越感に浸って帰った私は、そのまま徹夜の作業に突入したが、案の定、提出時刻に三時間遅れた。何とか受付を済ませてから展示会場に行き、彼の作品を見つけてア然。超たまげた。五枚のケント紙が見事に埋まって、既に壁に堂々と張り出されているではないか。よく見ると模型写真まである。ムム、いつの間に。

「可児ちゃん、切り貼りという手法があるのよね」

前もって比較的小さな紙に設計図を何枚も描いておき、最後に大きなケント紙にバランスよく配置しながら糊で貼って即時完成。面食らったのは私だけではなかったが、内容も優れていたので審査の結果、名誉ある堀口捨巳賞を受賞した。

小学校から神童と呼ばれ、生徒会長を歴任してきたこの私が、初めて劣等感を感じた瞬間だった。以来、仕事も趣味も何かと一歩先行く田代君。未だに彼の足跡を追いかける私の人生が続いている。断っておくが、これがかなりの高尚レベル。車だってアストンマーチンなんだもの。

ちなみにこの私、一応、賞の候補となった上位五人の入賞者の中には、運よく紛れ込んでいたことを子供たちには伝えておきたい。

シッタとはイタリア語で都市という意味の商品名で、正式には合成樹脂左官材となる。細かく砕いた大理石に樹脂を混和させて左官仕上げにするものだ。自然の大理石を使用しているため、経年変化に強く、紫外線などに当たっても色が褪せにくいため、最初は外壁材として開発されたようだ。私も以前、積極的に採用した。しかし、外壁としては遠く離れて見た場合、悲しいかな、ただの安価な吹き付け塗装に見えてしまい、評判は今ひとつ。

　ところが、これを室内に塗ってみると、なんとまあ、その大理石の粒が質感を出し、実に深みと存在感のある仕上げに見えたのだ。このシッタを内装材として使用する最初の実験は、妻の兄の自宅だった。尾道の私立病院の一角を改装して作られたこの住宅は、私が住宅の設計を本格的に始めて間もない頃の習作と言ったら、時効だからとお許しいただけようか。それまで、市内の古い一戸建てから通勤を余儀なくされていた義兄は、老朽化を理由に、入院患者のために深夜でも駆けつけられるよう、病院の一角を自宅用にリフォームすることを決めたのだった。

　さて、その一部に作られた娯楽室とは、医者である義兄が、気の置けない仲間達との談笑に使う場である。盆と正月以外、夜間も緊急患者の対応で、

「ちょっとそこいらのスナックで一杯」

さえも許されない立場にあって、唯一の気分転換の場であった。今では珍しくも無い大型テレビの置き場所を考えながら、世の医者達も芸能人に似て、所得は羨ましいほどとしても、自由の利かない誠に窮屈な人種なのだと、つくづく実感したのだった。その点、研究開発の名目で、ありとあらゆるものに興味を示し、スナックはもちろん、キャンパスクラブやガールズバーまで大いに見聞を広められる建築家とは、なんと自由で愉快な職業なんだろうか。これで、収入さえ伴ってくれれば…。やはり、世の中平等なのである。

外装材を内部に使うという発想

　そんな訳で、この娯楽室の設計には力が入った。頼まれもしないのに、暖炉型のガスストーブもつけておいた。そして、この暖炉に似合う内装という視点から、普段は外装材として使用経験があったシッタという左官材を塗ってみた。これが予想に反して、なかなか評判が良いではないか。色彩もオレンジ色に近く、暖か味が出て、しかも斬新だった。夕方には西日を浴びて黄金色に輝き、夜は間接照明でリゾートホテルの空間に変身するのだ。この時、シッタは外装材より内装の方が効果的だと確信をもった。

　ところで、この暖炉式ストーブ、後で聞いた話だが、

「病院が丸焼けになるのは困る」

という理由で、クリスマスイブ以外はまったく利用されていないらしい。

「これは大変、失礼いたしやした」

　それからというもの、私の設計した建物の中に、このシッタが度々登場し始めた。白、オレンジ、グリーンと色彩を変えているので、自分では多用している意識は無いが、そういえば最近になって、この材料メーカーから、きまってお歳暮が届くようになっていた。

「よし、この際、このシッタで勝負だ」

　問題はコスト。使うとなると、その数量は半端ではない。早速、価格の交渉に入った。この材料、イタリアからの輸入品のため、決して安くはない。値段では左官材としては最高峰に位置している。このままでは当然予算オーバー必至となる。一方、左官の手間も馬鹿に出来ない。天井も高いし、

階段は吹き抜けている。時間差によっては、塗り継ぐ境目にケロイド状の継ぎ目が出来る。人手をかけて一気にやるしかない。馴染みの左官職人、緑川さんに協力を仰いだ。

色はもちろんあのオレンジに。これは義兄の娯楽室と同じだ。あの時の感動にも似た体験を思い出していた。

「物を作るのなら、まず自分が感動するものでなくてはダメだ」

いつしかこれが私の信条になっている。

シッタ以外の材料としては、居間の一部にリブ状になったアルミパネルを張って、現在の流行である無機質でシャープな感じを付加してみた。所々に、マッカーサーエボニー（アフリカ産の黒檀）の練り付け板を貼って空間を引き締める。もちろん、不燃加工したものだ。全体的にはオレンジ色の壁面が一階の玄関から三階の居間まで延々と続くことになったが、天井を白に統一したため、思ったより重苦しさは感じない。

凶器になった壁

ところでこのシッタという材料、思わぬ欠点が見つかった。暮らし始めて数ヶ月、最初の犠牲者は長男のケイスケだった。ワンパク盛りの六歳、無理も無いのだが、とにかく廊下を走り廻る（走れるほど長い廊下があるのは、少々自慢話に聞こえるかも知れないが、そこは借地ということで勘弁していただくことにして）。あげくは階段がカーペット仕上げになったのをいいことに、頭から直滑降。

さてこの元気印の長男、住み始めてまもなく
「ギャオー」

と悲鳴をあげた。二階の事務所にいた私が「何事か」と駆けつけた時、彼は肘を抱えて廊下でのたうち廻っていた。いつもの事ながら、全力疾走で走り抜けたケイスケは、勢い余って壁に激突したようだ。

その時、大理石を細かく砕いて樹脂で固めた左官材料は、スピードが加わった瞬間、なんと「紙やすり」と化していたのだった。肘から二の腕にかけて筋状のすり傷は見る見るうちに血が滲んで、ミミズ腫れとなっていく。

「バカヤロウ！神様の罰だぞ、廊下は走るなと何度も言ってあるだろう」

叱りつけながらも、心では
「すまん、設計したパパも悪かった」

一方、壁材のシックタの方はいつものように質感のある面が、左官の腕を誇示するように均一に広がり、痛手を負わせた痕跡すら全く見当たらなかった。

確かにこの材料、樹脂が混入されているためクラックは皆無だし、汚れもまったく付着しない。もちろん、妻の要望の、角も欠け難い。サインペンのキャップを力いっぱい擦り付けてみても、驚くことに壁ではなく、このキャップが無残に磨り減ってしまうほど固いのだ。ところが逆に、このハードな仕上げは、生身の人間にとっては凶器となる。

その後も何度となく彼の悲鳴を聞いた。さすがに三年も経つと、条件反射で、壁に接触しないで走り抜ける、摺り足の術を会得したようだったが。

しかし、なんと最近になって、今度は五歳の長女が同じ運命を辿ることになった。これには私も参った。私に似て色白のタカコは、近所の商店街でも評判のアイドル的存在（らしい）。その娘を傷つけるとは…。我慢にも限度がある。遂にメーカーの所長に抗議の電話をかけてしまった。当惑気味の所長、長い付き合いでもあるのだが、申し訳なさげに
「粒子の細かいSタイプもありますので」

と、後日その見本を届けに来た。なるほど凶器としての粗さは改善されているものの、少し離れて観察すると、表情に深みが欠けている。やはり、世の中完璧なものなどないのかもしれない。万物、長所もあれば短所もあるものだ。

竣工後、私の自邸をご覧になった多くのクライアントの皆さんの希望で、このシッタを内壁に採用することも少なくない。しかし、小さなお子さんが居る施主さんには、

「くれぐれも、ホントに、よろしいのですね。『傷だらけの天使』になりますよ」

「いいですか。本当にファイナルアンサー？」

と必ず二回は念を押すことにしている。

(三)　床材の選択

「全部畳敷きにしたらどうかしら」

　ヨーロッパ諸国を旅して帰国すると、しばらく首が痛むことがある。きっと、狭い機内での寝違いかと思っていたが、最近になってその原因が分かってきた。あちらでは、古い美術館や教会を訪れることが多く、その度に天井を見上げて「スゲェー」と感心させられる。きっと、これが原因で首筋に炎症が起こるのだ。

　西欧の立派な建物を見て廻ると、昔の賢人たちは最初に天井を考えたのではなかろうかと思えてくる。余りにも意匠を凝らせているからである。それに比較して、我が国の寺院などは、確かに天井画も存在するが、壁面の襖などに意匠が凝らされ、更に、それらの建具が取り払われると、まばらな柱に支えられた板敷や畳敷きの床が一面に広がる清貧な空間が現れる。床に直接座ったり寝転んだりする我が国の建築では、きっと昔の賢人たちは、床を最初に考えていたのではなかろうか。「ところ変われば」である。

　大方の建築士は床と壁の材料をほぼ同時に頭の中に思い浮かべて、バランスをとるものだ。最初の間はその組み合わせは無限でも、あれこれ思案している間に絞られてくる。また、色彩も材料の選定に大きく影響してくる。私は機能性を重視して材料を決めているが、その時ほぼ同時に色彩も見えている。

私の自邸の場合、床と壁の仕上げを決める段階で、こんな会話があった。

「全部畳敷きというのはどうかしら」

どちらかというと和風好みの妻の提案だった。

「おいおい、それはまた大胆な」

と、小声で否定しつつも、内心「有かもね」と思っていた。

床を畳にした場合どんな壁が似合うのか考えてみた。過去に行ったことのある温泉旅館のロビーあたりを思い起こしながら、全体が京じゅらく壁というのも一般的で能が無いし、イタリアからの輸入材料であるシッタや麻のクロスなどの壁材が日本建築の伝統の代表格でもある畳との組み合わせで、果たしてまとまるものなのか。出来上がった空間をあれこれ脳裏に映し出してみる。

「このミスマッチ、意外におもしろいかも」

ある機会があって京都のお茶屋さんに招待された時のこと。二次会で連れて行かれた高級クラブは、畳敷きのお座敷にジュータンが敷かれ、その上にデンと西洋風のソファーが配置してあった。各国の大使館にも和洋折衷のインテリアがよく見られるが、それによく似た雰囲気があり、それはそれで妙に落着く洒落た空間だった。

しかし、ちょっと待てよ、わが自邸のコンセプトは「ホテルのような」ではなかったのか。全部畳もユニークだが、そうした場合当初のイメージが根本から覆って、ホテルでなく、「旅館のような」になってしまうではないか。それはそれで悪くはないが、既にホテルで走っているので他に影響が大きい。我に返って妻のアイデアはやんわり見送ることにした。

床はフローリングが一番。それホント？

最初の床材の候補は、やはりフローリングだった。このところ、住宅の設計を依頼されて、床は何がご希望ですかと聞いてみると、第一声は決まって

「フローリングでお願いします」

となる。今や畳に代わる床材の代表格とも言うべきこのフローリング信奉はいつの頃から始まったのだろうか。

思えば、今から四十年も前に建てられた私の実家も、廊下は確かにヒノキの無垢板張りになっていた。新築当時、小学生の私は毎日のように米ぬか入りの枕のような袋を雑巾代わりに、この廊下を何回も往復させられた。昨今では、児童虐待と見なされるこの行為、その甲斐あって、鏡のように顔が写るまでになった。

毎年、里帰りの際、光沢さえ残る立派な廊下にご対面できるのは感慨深いものがあったが、我々兄弟がそろって東京の大学に進学したのを機に、両親が代用品として飼いはじめた座敷犬が誤算だった。私の汗の結晶であるヒノキの廊下は、このバカ犬のトイレとなり、たった一年でマダラ模様の無残な姿に変貌してしまった。

さて、そんなことを思い起こすと、住宅での板張り、つまりフローリングの歴史は以外に古いのだが、どうも最近のフローリングは、美しい木目の薄くスライスした紙のような木の薄板が、何層にも重なった合板に貼り付けてあるものが主流となってきた。家具や壁に使用するのなら我

慢できようが、これを床板に使うとなると、どうしても

「おっと大丈夫かい」

と心配になる。

この表面材は厚いものでも一ミリ、平均〇・五ミリという事実を建て主さん達は知っているのだろうか。乾燥すると、反りや収縮が見られる無垢のフローリングの欠点をカバーする長所があるとしても、これではベニヤに紙が貼ってあるのも同然だ。しかもこの紙を補強する為に「傷がつきにくい」という実にもっともらしい理由をつけて、カチカチの被膜塗装を施してあるものが多いから、これでは板の上で生活しているというより、化学塗料の上を歩いている事になりはしないか。

効率性と経済性を重んじるばかり、どうも陳腐な文化に慣れ親しんでいく我国の現状に失望しながらも、孤軍奮闘中の私。間違っても、自邸にはこの普及版のフローリングを採用するわけにはいかない。

欧州のフローリングに惚れた。でもね、

同じフローリングでも、欧州からの輸入品の中には、惚れ惚れするものがある。特にイタリアとドイツからのものは、合板に貼られている表面の美しい木目が平均四ミリもある。欧州のフローリングが厚いのは、土足で使用するためだ。リフォームの際、全体を削ってきれいにする必要があり、この厚みが無いとすぐに下地の合板ベニヤが顔を出してしまう。我が国では、そんなこと

が起こる前に、つまり三十年も経たない間に、家ごと解体されてしまうから、これでよいのだと聞いたことがあるが何とも淋しい話ではないか。

こうした欧州からの輸入品を知ってしまうと、とても国産のフローリングを採用する気持ちにはなれない。イタリアンノーチェ（欧州産ウォールナット）の幅広フローリングの上を歩いている自分を想像するだけで幸せな気持ちになれる。「人生、知ったらおしまい」なのである。

しかし、これらの輸入品は、中間マージンと国内で在庫しておく経費が上積みされて、すこぶる割高である。

「そんなに好きなら、自分で直接輸入すれば？」

妻がこともなげに言う。素人は気楽でいいよね。リスクだってあるんだよ。

以前、仕事でミラノに行った時、すばらしい家具を見つけて、設計中だった施主に提案したことがある。国内でも入手可能だが、価格は二倍である。施主の「おまかせします」の一言に反応して、即日ミラノの家具屋にＦＡＸを入れた。船便で運ばれてくるのを待つこと三ヶ月。受取の税関の書類がさっぱりわからず、とうとう音を上げて業者に代行を頼んだ。予定外の出費がン万円。ところが、組立の段階になって部品の一部が不足していた。さんざんＦＡＸで不備を訴え、部品を待つこと更に一か月。相手の不備なのに、なぜか税関で払った追加がン万円。むろん施主から預かったお金では足りなくなった。

「イタ公のやつ…」

ふと以前に手掛けたホテルアーサー札幌のロビーに敷いたタイル状のフローリングを思い出した。アフリカ産の黒檀に似た固い木を三センチ角のサイコロ状にして床に敷き並べるユニークなものだった。フランス人デザイナーが提案してきたものだが、私にはとても新鮮な素材に見えた。今回も、候補のひとつとして、当時の輸入業者に連絡を取った。もしかして、まだ扱っているのでは。在庫があれば最高なんだが。

期待を込めて、古い名刺と記憶を頼りに問い合わせてみると、案の定、廃番になっていた。この国では、それがどんなに良いものでも、手間のかかるものや、発注が少ないものは次々に消えていく。

我が家では、天井が高いこともあって、床暖房を採用することに決めていた。この場合、ムク材のフローリングや、複合でもムクの部分が厚い輸入品は避けた方が無難というメーカーの説明もふまえ、フローリング以外の床材を選択することになった。

思わぬ伏兵現わる

住宅の設計を始めて間もない頃、コルクタイルに興味をもって、業界最大手の千代田コルクを訪れたことがある。東京駅に程近く、大通りに面してはいるものの、古い雑居ビルの一階に会社はあった。それまで、建築雑誌の広告から想像していた会社とは別物の、妙に質素な事務所兼ショールームだった。

この会社では、全国からカタログの請求があって、その後はサンプルによって発注される場合

が多く、わざわざショールームまで来る客はほとんどいないらしい。どおりでカタログが立派なわけだ。奥からすぐに白髪の小柄な紳士が現れた。矢下社長だった。名刺交換のあと、コルクタイルの特徴を詳しく聞くことが出来た。

「浴室用コルクが特にお勧めだ」

「二流品が出回って困っている」

この二つの言葉は今でも記憶に残っている。直接販売はしないとのことで、比較的安く施工するために、スミノエという代理店を紹介してもらった。

「先生、床はどうされますか。そろそろ下地を決めにかかりますから」

清水棟梁が工程表を気にしながら聞いてきた。仮止めの掃出しサッシも、そろそろ本締めしないと、外のサイディング工事が始められない。

さて、具体的に、いや最終的に、床を何にするか、待ったなしの時期に来た。最初に決断したのは子供部屋の床だった。子供は床にペタンと座る。その様子を思い浮かべていると、フローリングだと固くて痛そうな感じがした。それに冬場はすこしばかり冷たそうだ。カーペットは衛生上相応しくないことから、ここで柔らかく暖かいコルクタイルが脚光を浴び始めた。これなら子供部屋としての機能はほぼ満足できる。

実際、子供部屋に貼られたコルクはそのまま廊下に出て、隣の我々の寝室に延びてきた。寝室の機能から考えてもこれを否定する要素は見つからない。親子四人が川の字で眠るスタイルは当分続きそうなので、ベッドがふたつ並べば床はほとんど見えなくなる。意匠的にもそれほどこだわる場所でもなかった。

こうして確固たる陣地を確保したコルクタイルは、長い廊下を這いながら途中のトイレをも侵略する。コルクの特徴の一つは、水に強いこと。もし、子供のオシッコで汚れれば、沁みこまないのですぐに拭き取れる。もしもの時は一枚だけ貼り替えがきく。もしかしたら住宅には理想的な素材のひとつかもしれない。ついでに、隣の洗面室も同じ水に強いという機能が求められることから文句無く右に習えとなった。

有頂天になったコルクタイルは、遂に我が家のメイン会場たるリビング、ダイニングにまで押し寄せてきた。さあ、ここで、さすがに迷うことになる。このまま進めて「ホテルのような家」になるのだろうか。ここは、さしずめホテルで言うパブリック空間。このあと様々な人が訪れるだろう開かれた場だ。したがって、安易な妥協は出来ない。誰から問われても毅然として理論武装をしていないと建築家の自邸としては許されない。

掃除が楽なコルクタイルに軍配

リビング、ダイニングの床材として、最後の候補には畳とフローリングが残っていたが、ここだけ材料を変えることにやや抵抗も感じ始めていた。機能性ばかりに気をとられ、いくつもの材料を床に使用するのは、かえって野暮な感じもする。

「全部コルクタイルという安易さも、考えによっては逆に潔よいではないか」

　そんな気がしていた時である。

「コルクって掃除が楽そう。それがイイ。それでイイ」

　妻の同意でついに最終決定が下された。家づくりの主体はやはり主婦なのだ。「あっ、そう。じゃあそれでいいか」

　こんな経緯で我が家の主要な床材は厚さ五ミリのコルクタイルに決まった。なぜメーカーが推奨する厚さ七ミリではないのか。理由は簡単。予算が許さなかったからだ。そのかわり、表面仕上げは、ワックス焼きこみより、少し高価な強化ウレタン仕上げにした。前者の方がマットな風合はよいのだが、表面に蝋が塗られているため滑り易いのが欠点。これに比べ、後者は、表面にツヤがありすぎる感は否めないが、断然滑り難い。ツヤは徐々に落ちていくだろう。

「先生、もう変更はできませんよ。床にできるわずかな段差は、年を取った時危険ですから」

　清水棟梁に念を押され、腹が決まった。

　時間が前後するが、その後、コルクタイルの床で生活して実感したことを先に報告しておきたい。
まず、予想どおりに
「掃除は楽になった」
と妻でなく、婆ちゃん（私の母親）は言っている。コルクの表情にムラがあるせいか汚れも目立ちにくい。表面が平滑なのでスッと拭けて清潔感もある。柔らかいので足さわりもよく、冬暖かく感じ、逆に夏はひんやりして、特に素足が心地よい。

難点と言えば、すぐに日に焼けて、色が薄くなっていくことである。直射日光に当たる所は、特に顕著のようだ。「クリ色がミカン色に、さらに梨色なっていく」と説明したら分かり易いだろうか。見本帳のサンプルで見る限り、一般的に、濃い色の方が高級感があり、単価も高い。しかし、僅かな間にその色が飛んでしまうのはいただけない。

我が家の場合、ほんの数年で、なんとも情けない色になってきている。きっとこのままでは、あと数年でワインの栓の色に戻ってしまうだろう。聞くに、このコルクタイルはポルトガル産だという。市場に出て何十年も経つのに着色技術は一向に進歩していないようだ。これもお国柄か。最大手の千代田コルクあたりで技術革新をして、是非この弱点を克服してもらいたいものだ。「矢沢、いや矢下社長、そこんとこ、よろしく」

大理石の床はダメよ、ダメ、ダメ

廊下からリビングに入るワンクッションの意味で、四帖程度のホールを作った。最初はリビングに続く和室の予定だったが、平面図で見るとこの家のほぼ中心で、階段を上りきって「ちょっと一息」の位置にあるので、とくに意味のない、フッと気が抜けるあいまいな空間にしてみた。主な機能は、渋谷駅前のスクランブル交差点のようなものなので、ここだけアクセントのつもりで大理石を敷いてみた。最近流行のライムストーンである。オフホワイトの色調で、控えめなのが気に入った。

結果的には予想以上の効果をもたらした。竣工後は季節感のある飾りつけの場として、和室の

「床の間」に近い機能も果たしている。トップライトからの光が燦燦と降り注ぎ、天井が高いことを生かして、巨大な観葉植物が鎮座する我が家の癒しの場所となった。ここに、床のライムストーンがよく似合っている。

しかし、冬場は、そこを素足で通ると、飛び上がらんばかりに冷たい。その昔、お金持ちの家の床は大理石と相場が決まっていたが、実際は、お金持ちの皆さん達が、我慢してまでこんな体験をされていたのかと想像すると、幸せはお金ではないことが分かる。

ところで、最近、婆ちゃんがこのホールでよく這い蹲っている光景を目にする。床を雑巾で拭いているのだ。時々観葉植物に水をやると、こぼれた水がすぐにシミになって床に残る。これがなかなか消えないらしい。そのシミを歯ブラシの要領でせっせと磨いているのだ。これでは確かに大理石は、お金持ちの家の床にしか使えないはずだと実感した。這い蹲った婆ちゃんの脇を、長男のケイスケがジュースを入れたコップを持ってすり抜ける。

「ケイちゃん、走ったらあかんでねえ…」

岐阜弁でたしなめる婆ちゃんの膝元には、すでに点々と果汁の跡が…。あの時の実家のバカ犬を思い出した。

㈣　木との共生

内装に木が使えないもどかしさ

私の自邸は木造三階建てのため、準耐火建築物としての規制があり、仕上げ材としては内にも外にも、木が使えないことは前にもお話しした。しかし、住まいの中での木の素材が持つ優しさ、柔らかさ、ぬくもり感は、なんとも捨てがたい。

「元来、日本民族の木材に対してもつ愛着の深さと、感受性の鋭さは、他の民族とは比較にならないほど強いものがある」

以前、誰か偉い先生の本で読んだことがある。この日本人特有の感性を防火規制の下に丸めて捨て去るのも惜しい気がする。

これまで幾度となく繰り返してきた、建築指導課の係員とのせめぎ合いから判断するに、「木は面としては使用できないが、線的にはある程度許される」らしい。そこで私は、建具や窓枠だけは、内装材としてなるべく木の味わいを出す設計に努めてきた。

一方、最近の流行なのだろう、若い建築家の作品の中で、木の色をすべて消し去り、白一色に統一された住宅をよく見かけるようになってきた。たしかに一見「カッコいい」印象はあるが、長くホテルの設計に携わってきた私には、あまりに無機質な空間は、どうも貧相に見えてしまう。

英語では「シンプルイズプアー」とでも訳されようか。この真っ白な空間は、本来、住宅に求めたい「暖かく安らぎに包まれる場」という視点からは、なんとなく距離があるように思える。「古い奴だとお思いでしょうが、古い奴には、古い奴の…」

いつしか、私も鶴田浩二の心意気が分かる歳になってしまった。

木の効果的な使い方を学ぶ

海外の話題のリゾートホテルのパンフレットを手にすると、決まってどの写真も全体的にオレンジ系で、暖かい高級感が漂う。その理由を探ってみると、それは内装に木が多用され、そこに蛍光灯ではなく白熱灯の間接光が当たっているためと解釈される。やや強引な理由づけかもしれないが、確かにそのシーンが多いのだ。

反面、国内の都市ホテルのパンフレットは、写されている空間のどれもが、なんとなく白っぽい印象。無難な明るい色の大理石のインテリアが多いからだろうか。このことを日頃から強く感じている私には、どうしても木を生かした内装が捨てきれないでいた。

かなり個人的な意見だが、木は扱い方によっては民芸調になったりする。つまり、使い方によっては野暮ったくもなるのだ。その顕著な例は、一つの空間の中に、いろんな種類の木を無造作に使用している場合に多い。逆に、限られた種類の木で構成された空間は、たいてい美しい。まあ、許されても二種類までかと思われる。

また、木自身も女性に似て、美しい木と、そうでない木がある（おっと少々失礼か）。よく構造体の柱や梁をそのまま表しにして、内装に取り込んだ住宅を見かけるが、ひと時代前の、厳選された素材ならいざ知らず、今日の流通材では乾燥が未熟で、後に割れが生じたり、構造計算では大丈夫とされていても、貧弱な細い柱や梁は、不安感や安っぽさを感じてしまうことがある。構造体としての木と、内装としての木は、はっきり分けて使用したほうが無難だと思うがどうだろう。

ところで、こう見えて私は

「木についてはチョットうるさい奴」

と仲間の設計者達から囁かれる存在である。その所以は、まず大学を卒業して社会に出たての頃、注文住宅を供給する会社に就職した際、

「大卒の青二才は現場の何も知らない」

と大工達に笑われる前に、五感を駆使して懸命に樹木の種類を覚えた経験から始まる。この頃、主に構造材として使用されていた国産の針葉樹はもちろん、造作材として使用される南洋系の輸入材も自分の手で直接触れ、さらに香りを嗅いでその特徴を体に覚え込ませた事が懐かしく思い出される。

木工職人、戸澤さんとの出会い

これに加え、決定的に私を木の世界に目覚めさせてくれたのは、現在も我が国の木工の重鎮であるヒノキ工芸の戸澤代表との出会いである。不幸にも建築の世界で師を持てなかった私だが、この人に限ってはそれに近い存在と言ってよい。

ホテルの内装の仕事が最初の出会いで、初対面の印象は、「なにせ大きな目がキラキラ輝いている人」だった。縁あって私の設計した家具の製作を担当してもらったのだが、驚いたのはその出来栄えだった。

設計者の立場から言わせてもらえば、建築でも家具でも概ね自分が想像したものより良くは仕上がらない。ところがである。氏が製作した家具は、設計者の意図をはるかに超えて色気さえ漂っているのだ。その後も、機会ある度に戸澤さんに家具を依頼することになるのだが、そのいずれもが感動に値するものだった。「こんな職人、ちょっといない」と今でも確信している。

では、具体的に一般の家具とどこが違ったのか。思い出してみるに、確かに曲面の仕事や塗装も見事だったが、何より自然の木目が生きていた。関係者に聞くと、家具に使用するための木の単板（表面に貼る厚さ一ミリほどの薄い板、ツキ板とも言う）のストックは国内でも屈指の質と量らしい。つまり第一級の素材を見る目を持ち、それを見事に生かしきっているのだ。人間いくら意気込んでも、自然の造形美にはかなわない。

ところで、彼の仕事を何回も眺めているうちに、私の図面とはところどころ違っていることに気付いた。最初は「実にけしからん」と正直思ったものの、口に出せないでいた。いつも「気に入らなければ、持って帰ります」と言わんばかりの気骨な雰囲気が漂っていたからだ。「設計図どおり作るだけなら至極簡単。設計者の意図を汲んだ上で自分の職人としての知恵を作品に投入する。その結果多少図面と異なっていても理解してくれる人と仕事をしたい」そんな無言の気概が溢れていた。うーむ、これぞ本物。この人と仕事の話をしていると自然に木のことに詳しくなった。机上の議論ではなく、木の粉が舞う工場の中で、実物に触れながらの会話である。建築と違い、家具の場合、使用される木の種類も多種多様。産地は世界各地になる。世の中には､何と美しい木肌を持つものが多いのかと驚かされた。いくら樹木に恵まれた日本でも、やはり世界は広い。そして木は生き物。よくよく眺めているとその木肌や木目の形が少しずつ変わっていることに気付く。

いつだったか

「この面白い木目、イイですね」

私の言葉に、彼の目がいっそう輝いたことがある。

「建築家の先生たちは、ほとんど均一で欠点のない材料を選ぶ。こんな個性的なものを認める可児さんとはいい仕事ができそうだ」

思えばあの時から本当の信頼関係が築けたのかも知れない。

もちろん、今でもこの関係は続いている。私は設計を依頼された住宅では、何とか一品でもいいから、予算の許す限り、氏の作品を採用するように心がけている。ホテルやビルともなれば、設計の構想段階から戸澤さんの登場となる。結果は言うに及ばない。

内装では、集成材が無垢を超える

さて、ご存知のように充分乾燥されていない無垢の木では、割れが入ったり反ったりして内装材としてはすこぶる具合が悪い。そこで、集成材の表面に美しい木目を薄くスライスした単板を貼る「練り付け」という技術が、家具を中心に発達している。こうすることで、普段は高価な銘木なども、普及品のように使用できるようになった。

私は、江東区木場の木材問屋から、建具の枠や窓枠を専門に、この練り付け作業を行っている工場を紹介してもらった。この集成材工場、千葉県柏市の工場団地の中にあった。実際に行ってみると、若い社員数十人がフル操業中。以前はマドンナと呼ばれたであろう経理担当の女性をはじめ、皆さん明るく親切だった。こうした会社では社長の人柄が表れる。

社長の今西さんから聞くに、

「昨今のマンション建設ブームで、高級仕様の内装として、木肌が美しい練り付け材の需要が高まってきている」

塩ビのシートで包まれた新建材の加工品が氾濫するご時世、差別化を計るため、内装の見映えを上げようとすれば、大手のデベロッパーもこの練り付けの手法に行き着くらしい。

「安かろう悪かろう」が横行する今日の建売住宅やマンション建設業界。そんな折、こうしたひと手間かけた工場が忙しいのはとても喜ばしい。当然のこと、わが自邸でも採用することにした。

図面から数量を拾って、実際に発注をしてから納品までに、約一ヶ月を要する。

では、樹種を何にするか。一般的には、ナラやサクラなどの広葉樹が大半を占めるという。一方、和風住宅では事情はまったく異なり、そのほとんどが針葉樹の材で構成されているのがおもしろい。

木肌が細かく白木のままでも美しいヒノキや杉が、木と紙と畳で構成された日本の伝統建築の主役となったのも自然の成り行きだったのだろう。そもそも木材は輸入するものではなかった。反対に、細胞組織が複雑で、色や木目も変化に富んだ広葉樹は、削ったままの肌はパッとしないが、一旦化粧をすると、がぜんその木肌が蘇る。最近、洋風の部屋で内装材として求められるのは、主に輸入材の広葉樹なんだそうだ。

工場で加工技術を確認

柏市の練り付け工場の材料倉庫を一巡してみた。巾二十センチ、長さ三メートルほどの薄くスライスされた単板が山と積まれている。これを集成材やベニヤ合板に巧みに貼っていく。その中で最初に目にとまったのがメープルと呼ばれるカエデとサクラだった。

塗装され仕上がった状態を見るには、この単板を濡れタオルで拭いてみるとよい。湿ったこの色がクリアラッカーで仕上がった状態にほぼ近い。木肌に着色する場合があるが、どうも嘘っぽくて私は好まない。やはり自然の色合いにはかなわない。

結論として、今回は、やや色の濃いサクラの木肌を選ぶことにした。理由は、主な壁の内装に決定した左官材シッタの色に似ていたことだ。窓枠や建具枠、それに建具自体の色が全て統一され、しかも壁の色に対して主張するより溶け込んだ方がよいと思ったからだ。

出来上がった造作材は、文句なく美しいものだった。材の中身は暴れん坊の木片達を接着して作った集成材だとしても、表面は優等生のサクラ材だ。しかも貼る技術が高く、どこから見ても、手にとって触ってみても、まったく無垢材そのものだった。ここまで来ると偽物の域を越えている。

水に濡らしたり、乱暴に踏んづけない限り、狂いの少ない優等生であり続けるだろう。

名古屋のホテルで

そうこうしているうちに、私の本業であるホテルの内装監理の仕事が佳境に入っていた。場所は生まれ故郷に近い愛知県名古屋市。金山駅隣接に建設中の地上三十階建の全日空系ホテルだ。この現場では、インテリアデザイナーは米国人を起用。私の仕事は、彼らのデザインを理解して、わが国の様々な法規制の下、コスト的にも帳尻を合わせるコーディネートの役目。聞こえは簡単だが、これが誠に難しい。この時の奮闘記は別の機会に譲るとして、内装材としての木について語れば、新しい発見がいくつかあった。

デザイナーから提案された木のサンプルの中に、私の感性を揺り動かしたマッカーサーエボニーという名の木があった。仏壇に使用される黒檀ほど黒くなく、今では伐採禁止になっているローズウッドより渋く濃淡が強い。どうしてもこのホテルで採用してみたかったが、調達が無理と分かった。つまり国内に在庫がまったく無いのだ。

それに加えて、このホテルのイメージを決定的にするであろう、大量に使用されるホワイトシカモアという材が、非常に高価で、とても予算内に納まらないことが判明した。金額的には材料費だけで億に近い。もちろん、国内在庫は限られる。ところがデザイナーは一歩も引かない。私の流暢な？英語をもってしても説得が効かない。さりとて、工事を担当するゼネコンも、簡単にはＯＫできない額である。押し問答が何日も続いた。

ダンディ上村とミラノに乗り込む

最終的には、折衷案の提案が私に求められた。はて困ったあげく、私は戸澤さんに相談した。

「似たものでホワイトアッシュがあるが、いいものはイタリアに行かないとね」

提言を受けて、当時の設計監理チームのトップだった日本設計の上村主幹と私は、さっそくゼネコンに掛け合ったのだが埒があかない。

「何とか日本で調達できる範囲でお願いしますよ」

相手は業界でも有名なケチゼネコン「S」だった。しかも名古屋支店。そもそもこの地域は節約志向の強いトヨタのお膝元。

「トータルで黒字になれば」

なんて粋な計らいが許される土台が会社に存在しない（らしい）。

「郷土に錦を飾る」そんな意識も手伝ってこの仕事に携わっていた私と、風貌も言動もダンディな上村氏は、このまま黙って引き下がるわけにはいかない。ゴールデンウイーク間近の、とある昼食時、どちらとも無く吐き出した言葉は
「かくなるうえは、自腹を切ってイタリアに飛び、予算内でいいモノ探してやろうじゃないの」

その一週間後、熱く燃える二人はミラノの街角に立っていた。いや、正確には二人ではなく四人。他の二人とは、私の妻とその妹。どちらも近々自分がマイホームを作るための参考になればとの名目で半ば強引に参画。資産家の御曹司らしい上村先輩はともかく、この私が気前良く自腹が切れたのは、結婚後初めての「女房孝行」という隠された理由があったからだった。

イタ公、恐るべし

　ミラノ市街から北に車で二時間。世界でも三指に入るらしい巨大なツキ板工場を見学し圧倒された。多少の例外を除き、木目の美しい貴重な木材は、世界各地の産地から、ここイタリアに集められ、そしてまた世界各地の家具や建材メーカーに出荷されるらしい。大理石なども同様なルートを辿るようだが、さすがにそのストックの量は想像をはるかに越えていた。世界は、大きくて広い。

「おっしゃっていただければ、どんな種類でもお見せできます」

と言っていると通訳は言った。メイドインジャパンが最高と疑わなかった私には、目から鱗だった。イタ公、恐るべしなのだ。

　ダンディ上村と私は、早速ホテルグランコート名古屋の内装に使用するホワイトシカモアの代用品を探した。束になったツキ板の梱包を開けてもらい、特に木目の美しいものだけを選んで廻る。

「あるある、あるではないの」

　二人とも思わず頬が緩む。自腹で来た甲斐があるというもの。

「ついでに、マッカーサーエボニーはないの？」

　あるに決まっていた。それも掃いて捨てるほど。

「シー、グラッチェ」

　ついでに買わされた。但し、値段は国内の半額。大手ケチゼネコン「S」が喜んだのは言うまでもない。

木は生き物。同じ種類でも一梱包ずつ開けてみるとその色合いや木目の表情は少しずつ違う。濡れタオルで拭いてみて、仕上がりの見当をつけながら、日本に送るものに印をつけて廻った。その数、百束以上。イタリアの昼下がりは暑い。いつしか、首筋から汗が滴り落ちる。こんな涙ぐましい美談があってこそ、ホテルグランコート名古屋の内装は、実に品のある暖かい表情となり、今でも好評を得ていることを、誰も知る由もない。

余りものには福がある

さて、このホテルが竣工を迎える頃、わが自邸の工事も始まっていた。

「そうだ、あの時の国内在庫が多少あるはずだ」

私は三年の間、毎週名古屋に新幹線で通った思い出も込めて、ミラノで選んだ材料を自邸のどこかに使用したいと願った。あのケチゼネコンの担当者に問い合わせると、

「余り物でよろしければどうぞ。ただし、有料ですよ」

まあ、世の中そんなもの。「タダ」でとは言わないものの、感謝の心が感じられなかったのが哀しい。こんな時も、旅費や滞在費の話を持ち出さないで、スマートに振る舞う覚悟がなければ、東京人の資格はない。岐阜の田舎から上京し苦節三十年。どうやら名古屋の商慣習だけには染まらずに済んだ。


白木のホワイトアッシュは収納家具の扉に、濃い赤茶のマッカーサーエボニーは壁面収納の引

き戸と居間の壁の一部に、さらに天井まである大きな下足入れの扉にも使用した。どれもワンポイントの使い方だが、他の壁のほとんどがオレンジ色の左官仕上げなので、そのどれもがアクセントとなって、「ホテルらしい家」に大きく貢献することになった。まあ、残り物に福があったわけだ。

こうして、わが自邸では、木の量は決して多くはないが、使用している木肌はすべて吟味されているので、どれもが存在感を放っている。

「いい木を使っていますね。何の木ですか」

後日、自宅を訪れた人々から、賛辞をいただくことも少なくない。

ところで、同行したわが妻とその妹。予想通りツキ板工場なんぞまったく興味がない。幼な子、合わせて四人を両親に押し付けて、毎日、観光ざんまいの日々が続く。

「あれ、確か、研修じゃなかったの、君達」

「まあ、ここのところは、奥さん孝行と割り切って許してあげなさいよ。夫婦そろっての海外旅行は初めてなんでしょ」

それを言われると返す言葉がない。ダンディ上村の寛大なお言葉に黙って納得。無事にボランティア的な仕事を終えた我々一行は、多少の意地も手伝って、その後、イタリアでも有数のホテルをいくつか視察する計画を立てた。

ミラノではエ デ ミランとフォーシーズンズ。フィレンツェではサンミケーレ。中でも、ベニスのチプリアーニと地中海に面したポルトフィーノのスプレンディッドは「一日セレブ」の疑似体験ができて、心に残る旅となった。

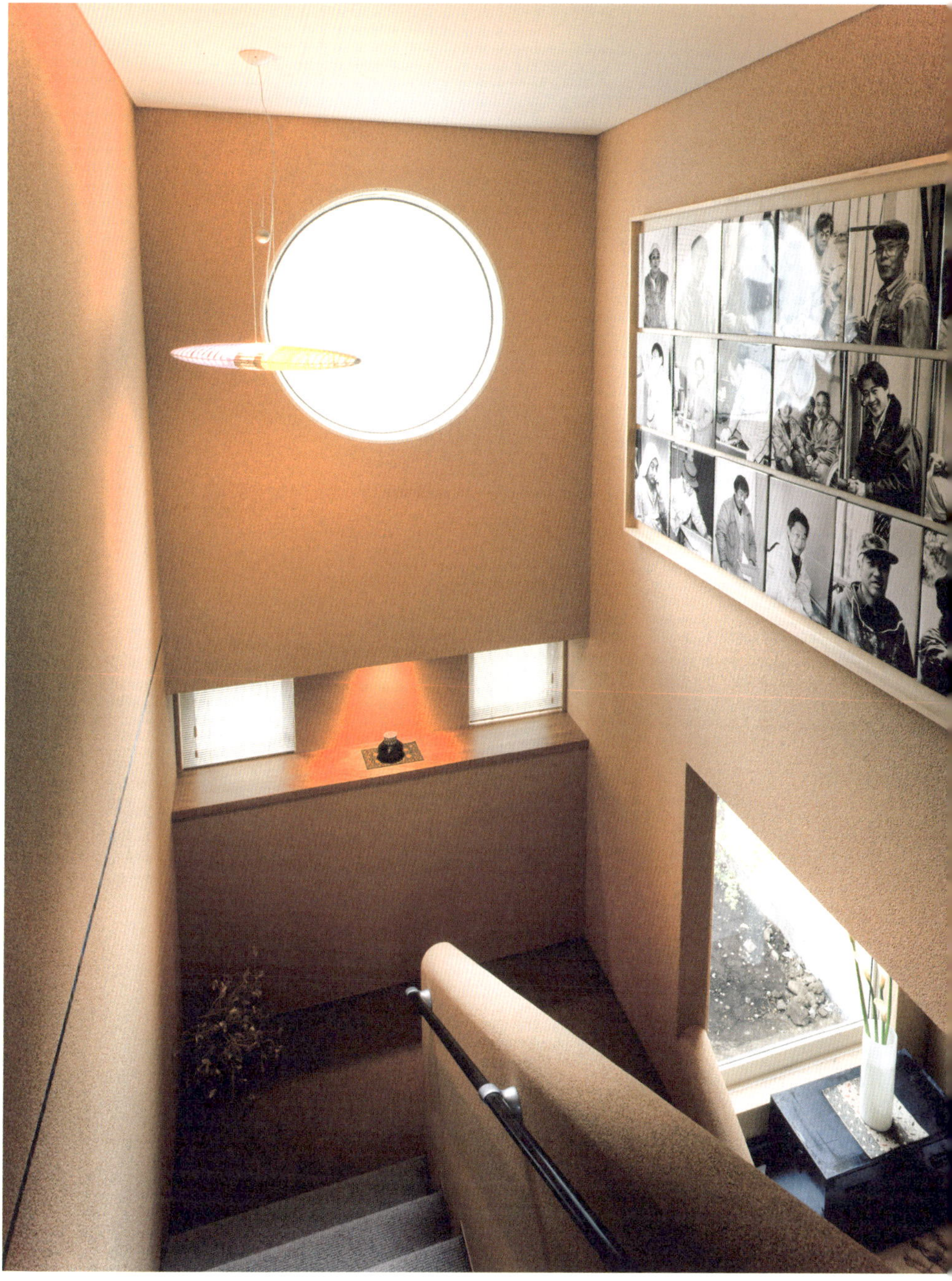

第七章　電気と水と

㈠　人間の体に例えると、電気は神経や血管

電気屋さんからイエローカードが

上棟式から一ヶ月半が過ぎた。いよいよ真冬に突入だ。もう午後四時には暗くなる。ほぼ屋根と外壁が完了し、大工たちは内部の間仕切りに取りかかっていた。この頃から電気工事が始まる。仮に建物を人間の体に例えるならば、電気設備は体の動きをつかさどる神経や血管組織のようなもの。たとえ異常が発生しても、骨や肉ならば外科の手術で何とかなるが、この神経や血管などは後から簡単に切ったり繋いだりは難しい。

確かに竣工後の建物で、クレームの対象となる頻度は、雨漏れ、建具の不具合に次いで、この電気設備の手直しが多いようだ。内装工事が始まると中に隠れてしまい、簡単に引っ張り出せないだけに、最初の計画段階から気が抜けない重要な工事となる。

今回は、自邸という甘えもあり、またコンセントや照明器具の位置までは、確認申請には関係ないので、ついつい後回しになっていた。いざ工事が始まると何かと忙しく、正式に設計図として完成していなかったので、案の定、この時期になって慌てることになった。

電気の工事会社からは、毎日催促の電話が入るようになった。清水棟梁から早く現場に入るよう指示があるらしい。

「あのう、先生。電気の施工図は、いついただけるんでしょうか」

本業のビルの設計も急がねばならない。三年間続いた名古屋のホテルの仕事の残務処理も残っている。私は気持ちが焦り始め、ついつい現場に顔を出しづらくなっていた。とにかく一日も早く電気設備を決めなければならない。

もちろん、ホテルの設計を得意分野としている私は、照明計画がその後のインテリアの雰囲気を大きく左右することを知っている。中途半端な図面は出せない。毎日の恒例となった夫婦の深夜会議で、照明の分野は私がすべて担当し、コンセント類の位置は、妻に図面の書き方を伝授して、後は任せることになった。

「使い勝手は、私の方がよく分かるわよ」

妻に任せて本当に大丈夫だろうか？本来は、空間全体を把握している建築士が先に作図して、出来上がった図面をひとつひとつチェックしていったほうが無難だし、後悔も少ないと思われた。しかし、不思議に、重なるときは重なる。他の仕事も待ったなしだった。

コンセントは多めに、変更は少なめに

さて、妻に任せたコンセントの位置図を見てたまげた。まあ、あるある。ここぞと思われる場所には、ためらいなくコンセントの記号が書き込んである。大手ハウスメーカーの標準仕様書に明記されている「各部屋の対角線上に2箇所」という常識は、彼女にはまったく通用しない。

「だって、一箇所は必ず家具でふさがれてしまうでしょ」

現実味を帯びた意見に押された。部屋以外では、（長男のケイスケが全速力で走ることになった）長い廊下に、三・六メートル毎にコンセントが設置されている。掃除機のコードが容易に届く距離らしい。さらに、カーペット敷きの階段の踊り場にも掃除用コンセントが忘れられていないのはさすが。建築士のレベルを超えていた。

「なるほど主婦感覚。恐れ入ります」

平面的に照明やコンセントの位置図が完成すると、次にそれを取り付ける高さを書き込んでおかなければならない。この高さが重要。特に、壁に取り付ける照明器具は、数センチ単位でその印象がまったく変わってくるから要注意だ。

また、家電機器が置かれる場所では、コンセントの位置が遠く離れていると、コードがまる見えとなってしまい見苦しい。つまり、この配線が行われる時点では、ほぼ完成し家具などが置かれた状況が見えていないといけないのだ。木造の場合は、配線が終わった後でも、仕上げ工事の前なら多少の位置の変更は可能だが、コンクリート造ともなると事実上無理と言うことになる。実際のところ、私は設計監理を担当するどの現場にもこの時期に頻繁に足を運んで、自分の目で確かめた上で、位置の微調整を行っているほどだ。

しかし、一度配線した箇所の変更ともなると、職人にとっては意外と面倒な作業となる。「えー、ったく。もっと早く言ってくれなくちゃ、先生」

この時の職人のこわばった横顔が私はいつも怖いのだが、心を鬼にして、このひと手間を遂行する勇気が、後で泣かない秘訣なのだ。

回路をケチってはいけない

　コンセントに関しての注意点として、エアコンは勿論、ドライヤーとかトースターなどの熱を発する器具を使用する場所に限っては、ブレーカーから直接、独立の回路で配線しておかないと後で泣きを見る。これを見逃すと、頻繁に停電してしまい、その度にブレーカーの位置まで、暗闇の中を手探りでたどり着かねばならなくなる。

　たとえば、風呂から上がって、ドライヤーのスイッチを入れた瞬間にヒューズが飛ぶ。

「どうして？」

　隣の洗面所で洗濯物の乾燥機が廻っていたりする。バスタオルを腰に巻きながら、暗闇の中を、キッチンの隅にあるブレーカーまで辿り着かねばならない。時々テーブルの角で腰を強打したりして
「エイッ、クソッ、痛テテ」

　私はこうした腹立たしい体験を、これまで住んでいた古家で何度か味わっている。回路をケチらないことは、建築家としてではなく、ひとりの生活者として、身を犠牲にして会得したノウハウである。

　ところで、こんなにたくさんのコンセントを取り付けて工事費は大丈夫なのか。心配になって、電気工事会社の社長に聞いてみた。相田社長曰く
「コンセントの機器自体は安いものだから、一度に工事が出来るのなら、たいしたことはありませんよ。まあ、先生のお宅でもあるし、ハハハ」

「ただし、後での追加や変更は、たっぷり経費をいただきますよ」

　まあ一安心だが、念を押されたように追加や変更は、施主と施工者の双方にとって得なことではないようだ。心得た工事会社に先手を打たれ、後から変更工事として多額の費用を請求される施主も少なくないらしい。大手ハウスメーカーでも、内部の人間に、「実は、変更工事がおいしい収入源」と聞いたことがある。

BGMのあるお洒落な生活が待っていた

　二階の私の事務所ではBGMを流すために、アンプからスピーカーまでの配線を壁の中に隠蔽することにした。この工事の途中に職人から
「ご自宅の方は必要ないんですか」

と何気なく聞かれ、お言葉に甘えて、食堂の部分にも同様の配線を追加してもらった。この時気付かせてもらって良かったと思っている。

　そもそも、これまでの古家では、食事の時間に音楽を聞くなんて洒落たことは想像することすら出来なかった。なにしろ応接間兼居間兼食堂兼子供部屋だ。雑多な物があふれ、仮にスピーカーのコードなんかが露出していても全く気にもならなかった。

　ところがである。新築後の我が家ではどうだろう。窓辺に花が飾られ、食堂には観葉植物以外余計なものは何ひとつない。そして、テーブルの上には布のランチョンマット。食事タイムには必ずBGMが流れる夢のような生活が待っていた。ここでは電線コードの一本も野暮に見える。

人間、変われば変わるものだ。

光で壁を洗う手法

さて、もう二十年以上も前のこと、私が建築家故白井晟一の建築作品に傾倒していた頃、氏の「光で壁を洗う」という手法に感銘して、「これはイタダキ」とばかりに自分の仕事に盛んに取り入れてきた。それは自然光や照明の光を使い、ある一面の壁だけを明るく照らし出すことである。この単純な方法の何が良いかと言って、実はこれほど空間をドラマチックに演出できる技法は他にないのだ。

さらにその後、ホテルの建築に携わるようになって、この「光で壁を洗う」手法は、ますます必須アイテムとなってきた。というのも、ホテル建設の仕事で関わる外人のインテリアデザイナーのほとんどが、この手法を使いたがるのだった。

そもそもホテル建築では、照明計画が最重要ポイントのひとつだと断言できる。その証拠に、昼間のホテルのなんと味気ないことか。勿論、ホテルの設計では、人や物の動線、バックヤードの合理性など重要なポイントは山ほどある。しかし、機能的にいかに優れた設計がされていても、出来上がったホテルが、利用者の気持ちを高揚しない空間では価値が半減してしまう。それどころか、やがて経営的にも苦しくなっていくことを多くの事例から学ぶことが出来た。

では、どうしたらいつまでも人気が失せず、品格や華やかさを保ち続けられるホテルとなるのだろうか。答えは簡単ではないだろうが、内装に限って敢えて断言すれば、成功しているホテルのどれもが、施設内の照明効果が憎いほど上手く仕上がっている。高価な材料を使用しなくても、明かりのコントラストで奥行き感のあるドラマチックな空間に変身させるテクニックが確かに存在する。

大きな蛍光灯は控えよう

さて、具体的に住宅の場合、魅力的な空間を作るためには、どうしたらよいのだろか。話は簡単。まず、安易に部屋の真中に、アクリルで覆われた大きな蛍光灯の照明器具を取り付けないことだ。これをしたら最後、外人デザイナーが「オオ、マイゴッド」と顔を覆ってしまうように、味も素っ気もない乾いた空間の誕生となる。

「でも先生、この天井からの光がないと、薄暗い室内になってしまいますよ」

ご心配はごもっとも。そんな時は、天井にダウンライトを控えめに配置する。そのあと、壁面にブラケットと呼ばれる照明器具を取り付ける。この場合、多少光が透過しても良いが、直接目に飛び込んでこないものがよい。このブラケットは背後の壁と天井を照らすことになり、柔らかい光が室内全体に広がっていく。

欧米のホテルや住宅によく見られる花瓶に傘を被せたようなスタンド型の照明器具も、光を背後の壁や天井に反射させて柔らかい光に変えている点で、ブラケットと同じ効果が期待できる。

更に、理想を追求するには、壁と天井、または壁と壁との間に隙間を作って、そこに光源が見えないように豆電球を仕込み、あたかも光が差し込んできているような印象を演出する間接照明が「光で壁を洗う」本命だ。最近では、ショールームや飲食店のような演出された空間には、無くてはならないテクニックとなっている。実際、青山や原宿辺りの洒落たお店を覗いてみてほしい。この間接照明が無い店舗を探す方が難しいはずだ。

ところが、この優れた照明方法にも弱点がある。センスのない人達には、はっきり言って無用の長物なのだ。

「なにも住宅でそこまで」

「電気代がもったいない」

と言われたら元も子もない。まあ、そう思う人も少なくないだろう。私は「それを言っちゃあおしまいよ」と開き直ることにしているが、確かに人それぞれ。強制はできない。

「いいじゃないの、幸せならば」

佐良直美の歌が思い出される。

自邸の場合は居間やダイニング、皆が通る廊下などにこの方法を取り入れた。また天井照明だけでなく、壁にブラケットを取り付けたのは、寝室、子供部屋、洗面室、さらに浴室、トイレにも及んだ。果たしてその結果は。後述するので、ご期待あれ。

㈡　給排水管は食道や腸などの消化器官

排水対策は、我が家の生命線

電気設備を人間の身体にたとえると、神経や血管だった。次に、給排水設備は、食道や腸などの消化器官とみなすことができる。人間でも、この経路に異常が起きれば、手術となり、ガン細胞の発見が遅れれば、死に至ることもある。同じように、周囲が腐って、住宅そのものに大打撃を与えることになる給水管や排水管は、なんとしても点検が可能なようにしておきたい。

具体的には、床下に侵入できるよう、大きめの点検口を取り付ける。また、配管は基礎のコンクリートに埋め込まないことだ。ドブの匂いが気になる頃には、手遅れの時もある。今回の自邸では、この給排水設備が必要な場所、つまりキッチンや洗面室、浴室、それにトイレ、これらはほぼ同じ所にまとめて配置している。これはプロを自称する建築士とすれば常識の中の常識。配管の距離が少なければ、施工のコストが下がるし、将来のトラブルも少ない。万一の場合にも、故障箇所の特定が容易になるメリットがある。

一般的に、給排水設備で完成後よく問題となるのが排水音。シャーとかゴボゴボというトイレの流れる音が聞こえるようでは実に不愉快だ。シャビシャビという雑排水の流れる音さえも気になりだしたらアウト。神経に障り、イラつく人もいるだろう。私は長くホテルの設計に携わってきたので、この排水音にはほとほと悩まされたひとり。ホテルの場合、後で支配人に

「参ったなぁ、どうにかしてください」

と懇願されても配管スペースが狭いため、簡単には改善が難しいのが現実だ。

私の自邸では水廻りのエリアが集まった場所の直下が、賃貸用のアパートとなっているため、特にこの排水音には気を使わねばならない。こんなことで解約が相次いだら、私たち一家は路頭に迷うハメになる。三階の私たちの生活の排水管は、二重床として、出来るだけ早く外壁から外に突き出すことにした。多少、外からの見栄えは悪いが、万人の目に触れることはない。

一度床を作って配管をした上に、もう一度浮かせて床を作っておけば、階下に足音や排水音が伝わりにくい。万一、その間で漏れたとしても、床を剥いで自分のエリア内で補修が可能になる。この方法を二重床あるいは浮き床と称し、最近の分譲マンションでは常識的な施工方法となっている。

「先生、念のため、排水管に鉛のシートを巻きつけますか?」

水道工事担当の岩澤さんが気を効かせてこう言った。長さが短いので、いくらでもない。即座にOKしておいた。

「ついでに、余った断熱材のグラスウール、あれも巻いといて」

グラスウールは、綿のような材料なので、吸音材として多少の遮音効果が期待できる。ここまでしても木造の宿命として、壁や床の遮音効果は低く、深夜の排水音が完全に遮断できるかどうかは天のみぞ知る。

最新鋭の便器を発注

「お尻だって、洗ってほしい」

最近、トイレのコマーシャルを度々見かける。便器もここまで進化したのかと感慨深い。その昔、ホテルの設計を担当して思ったのは、国産の便器のなんとダサイこと。不満を抱えながら、少なくともデラックスルームには、決まって輸入製品を採用してきた。それが、洗浄便座が普及し始めた頃から逆転し始める。ホテルでもこの洗浄便座付きの国産の便器が採用されるようになったからだ。

ホテルで採用する以上、多少なりとも洗練された形が求められる。メーカー側でもその必要性を感じたのだろう。ここ数年でデザインの改良が一気に進んだ。特に背中のタンクが目立たなくなってきたことで、ずいぶんスマートになったと思う。

この進化は数年前から家庭用の便器にも波及し、最近では、タンクの目立たないものがカタログに載り始めている。そして、ついにテレビCMの登場である。値段はまだ高めだが、ホテルの設計を得意とする建築士としては、無視できない。

「ここはひとつ奮発して、最先端の便器を購入しよう」

「いいわよ、ホテルではたくさん入れたんでしょ。TOTOさん、ひとつくらいくれないかしら」

町場の水道屋ならいざ知らず、天下のTOTOからでは無理があろう。ダメもとで代理店にオネダリしてみたら、あっさり掛け率を下げてくれたので、予算内で収まった。

「だから言ったでしょ。これからもママちゃんの言うこと聞いてね」

「承知しました」

タンクレスの便器にはタンクの蓋がないの?

　さて、奮発したお陰で、お客様を「どうぞ、どうぞ」と、トイレに案内したくなるのが人情。しかし、世の中すべて良いということはない。ある時、妻がホームセンターでトイレ用の洗浄剤を大量に買ってきた。流す水がブルーになるやつだ。本日の特別奉仕品とかで、かなり安かったらしい。

「後はよろしくね」

とは言われたものの、さて困った。理由は、この最新式便器のタンクの蓋が見当たらないのだ。以前は、その原始的なタンクの蓋をちょいと持ち上げてドボンと投げ込むだけで済んだのに。そんな馬鹿な。タンクレスといえど、どこかにタンクの蓋は絶対在るはずだ。

　トイレの床に這いつくばること十分。やっと見つけたタンクの蓋は、なんとタンク全体を被っていたのだ。脇腹のビスをはずして、実際持ち上げてみるとずっしり重い。きっと試行錯誤の結果、美しく見せるためにはこの方法しかなかったのだろう。

　それはそうと、バーゲンで購入した大量の洗浄剤はどうするの。開発担当者たちも、洗浄剤の挿入方法までは頭が廻らなかったらしい。この在庫の数だけ、一人でこのメチャ重い蓋を毎回取り外すのかと考えたら、すぐには立ち上がれなかった。

夢が叶ったダブルシンク

洗面室は、ホテルらしく大理石のカウンターにしようと最初から決めていた。ホテルの仕事で度々訪れる岐阜県関ヶ原市の石材会社で、安く加工してもらう約束が出来ていたからだ。端材置き場をうろついて、高級感のある黒御影石に決めた。これに真っ白な洗面器を組み合わせれば、都市型ホテルのひとつの定番となる。この場合の洗面器は、カウンターに開けた大きな穴の下にあてがうアンダーシンクと呼ばれるものから選定することになる。

広さにやや余裕があったので、洗面器はふたつ同じ物を並べることにした。実際、家族六人に洗面器ひとつでは、使用時間が重なってブーイングが目に見えていた。それに、ホテルのスイートルームや高級なリゾートでは、ダブルシンクは常識なので、庶民特有の変な憧れがあった。ここで、やっとその夢が叶う。

ふたつの洗面器は同じ物を発注したが、水栓も同じでは遊び心に欠ける。ひとつは、お湯と水が別々な握り玉となっている水栓を、もう片方は、レバーハンドルの混合水栓となった。実はこれ、以前にホテルを建設する際、モデルルームで試験的に取り寄せた試供品だ。つまりデザインの検討用で、実際に水を出したものではないので新古品だった。

これらの品物、いつもは産業廃棄物となる運命にあるのだが、自邸の着工も迫っていたので、現場事務所にそっと保管しておいた。どちらもドイツ製のグローエで高品質。この程度の役得でもなければ、激務の設計監理の仕事は割が合わないというもの。

㈢　床暖房

嫌われた石油ストーブ

現在住んでいる古家は、築三十年以上なので、電気のコンセントやガスカラン（ガス栓）などの設備がまったく不十分で、暖房はもっぱら石油ストーブに頼っている。その灯油の補給には、あのドクター中松氏が発明したらしい大きなスポイトのようなものを使用するわけだが、これが意外と中途半端にできている。どんなに注意を払っても手は汚れ、床にも灯油がこぼれ出す始末。

部屋の隅に置かれた石油ストーブから「ピーピー」と灯油の補給を催促するブザーが流れると、テレビを見ながらくつろいでいる夫婦に一瞬、緊張感が走る。

「今日は誰が補給するの…」

この日常には、ほとほと手を焼いていたので、新居になったら、絶対石油ストーブは使わないと心に決めていた。

これまでの古家では、一階が主な生活エリアだからよかったものの、今度は三階が住居部分になるので、とうてい灯油タンクを運び上げることはできない。かと言って、エアコンの生暖かい風に頬を撫ぜられる気持ち悪さだけは、ホテルの設計を長年続けている私にとってはトラウマ状態にある。空気の乾燥を和らげようと、熱湯にバスタオルを浸し、それを吊す場所を探し廻る光景は、ホテルの一室では許されても、新居では想像したくもない。そんな理由から、暖房の理想形として、まず床暖房が候補に上ったのは自然の成り行きでもあった。

（余談）お手伝いさんが頑張るわけ

ちょうど自邸の工事が始まる頃、私の事務所に、妻の妹の英子が頻繁に出入りしていた。アルバイトと言うよりは、お手伝いさんを頼んだ感じ。不思議なことに、仕事の依頼は意外と重なるもの。当時、名古屋の大きなホテルの仕事の他に、数件のビルの設計を抱え、それに自邸の工事がいよいよ始まる。だからとて、先の見えない設計事務所で、新たに社員を募集する余裕もない。そこで、ほんの数年間の助っ人として白羽の矢が立った。

この妹、現在は私の古家から歩いてすぐの所に住んでいる。私の妻の佳子とは幼い頃から仲のよい姉妹で、会う度に

「私、いつの日か姉ちゃんの隣に住んで、洋服ダンスを共有するの」

が口癖だった。それが数年前、旦那の勤務先の仙台から、本当に私達の近所に引っ越してきたのだから驚いた。同じ町内に古家の売り物が出たのもタイミングが良かった。私の家がボロの古家として、さらにボロボロの古家を想像してほしい。が、それを予算内で購入する手口は実に見事だった。買い手として二番手だったにもかかわらず、売主の所に直談判に行って、泣き落としの術で見事に先約者を押し退け、物件を手中にしてしまうなんぞ、姉妹そろって九州女の底力を垣間見た気がした。まあ、売主も人の子。懇願された方に心が動くのも分からなくもない。

　さてさて、縁もゆかりも無い場所に突然連れてこられた義妹のご主人。実は夜討ち朝駆けが日課のエリート政治記者だった。当然、私的な事情には関わっている余裕はなかった。久々に顔を見た時も、

「お兄さん、僕はただ寝る場所さえあればいいんです」

　そう言い放った彼は、業界では「総理番」と呼ばれ、時の総理大臣（確か橋本首相だった）に四六時中ピッタリ寄り添って、その言動を大手新聞社や各報道機関に伝達する超ハードな要職にあった。毎日、夜討ち朝駆けで、時々ニュース番組で、総理の脇を歩く彼の姿を目撃するだけだった。そんな彼は、水泳と合気道で鍛えた堂々たる体格を誇る。

「総理のボディーガードを兼ねているんじゃないの」

と妻の英子に冗談を言ってみるのだが、そのうち町内の早起き婆さん達の間で
「この辺りに青年実業家が住んでいる」

とのうわさが広まった。早朝の裏通りに、毎日、黒塗りのハイヤーが止まっているのが目撃されるからだ。「午前さま」で帰宅した彼は、数時間の睡眠のあと、再びダークスーツに身を包み、運転手と軽く挨拶を交わすと、おもむろに総理官邸に向かうのだった。確かまだ彼は三十代。ちょっとカッコよ過ぎはしないか。

「待てよ。以前にも、この辺りに同じような青年がいたよね」

　あの時も青年実業家に間違われていたはずだ。ただし、当時は、タクシーだったから、今回のハイヤーの方が、はるかに格が上である。ともかく、それにしては、傾きかけた古家がそぐわない。もちろん妻の英子は、この古家を私の設計で建て替えるつもりでいた。

「十年間我慢して、せっせと貯金するの」

人間、誰しも、目標があると仕事も励みになるもの。きっと自分が家を建てる時の参考になれば一石二鳥と考えたのだろう。私の事務所に参加してから、彼女は実によく働いてくれて助かった。当社の実質的な社長は私の妻であることは前述したとおりだが、その実の妹なのだから「あ、うん」の呼吸は見事だった。

東京ガスの床暖房に軍配

「先生、確かに床暖房は快適ですよ」

以前に注文住宅を依頼された施主さんから聞いていたこともあり、自邸でも床暖房の採用は設計の最初から決めていた。ある日、その英子君に最近話題の床暖房を調査してくれるよう頼んでおいた。もちろん、自らの関心事でもあるので、彼女の動きは素早かった。

「床暖の面積が多い場合は、やっぱりガスが良さそうよ。設置費は少し高いけど、燃費がよく、毎月のコストが電気よりずいぶん安いみたい」

最初は、東京ガスの営業マンかと疑った。

「床暖パネル自体は枚数が増えても意外と安い。ガスの場合、お風呂や台所の給湯機と兼ねて、熱源機は一台でよく、その能力を少しアップするだけで経済的なのよ」

住居部分に限らず、事務所の応接室と作業場にも床暖を施工しようと考えていた私は、彼女の明快な理論に少しずつ傾いた。おりしもテレビでは東京ガスの床暖房のＣＭが流されていた。

「やっぱりガスですね」

あの田村正和の鼻に抜ける甘い声は、中年の女性ならずとも、中年のおじさんの心をも溶かす効果があり、駄目押しだった。

それにしても、これまで設計した住宅の中には、給湯器の異常や水漏れなどが意外と多かった。引渡し後も、全てのお客さんと懇意にしていることもあって、不具合は直接私に連絡がある。その度に施工した工事会社に出動を要請するのだが、この対応が意外と遅いことがある。しばらく仕事上での接触が無い工事会社ともなれば、職人の都合を理由に、なかなか修理に出向いてくれず困り果てることもしばしば。

住宅の設計の仕事を始めた頃は、とにかく小さなクレームにも思い悩んだ。すぐに対応できれば何の問題もないのだが、時間が空くと、この私が怠慢なような印象を与えてしまう。現在の私の薄毛の原因は、あながち遺伝だけでも無さそうだ。

それでも真面目に働く者を神は見捨てない。給湯器を直接東京ガスから購入することになって、かなり楽になった。さすがに大手。こうした故障にも二十四時間体制で対応してくれるのだ。このことも、都市ガスを熱源とする床暖房に決定した大きな理由だった。ただし、価格的には一般のメーカーのそれと比較して相当割高なのは否めない。大手の安心料と言えなくもないが、本音を言えば、手放しでお勧めするわけにはいかないかな。

下地の施工が面倒な床暖房

床暖房の熱を発生する床パネルは通常十二ミリの厚さで、これを床の仕上げ材のすぐ下に敷き込むことになるので、工事の早い時期に床暖を施工する範囲と床の材質を決める必要がある。床の下地を調整しないと、段差が生じるからだ。また、床材はそれ自体が暖められるので、熱伝導率がまあまあ良くて、変形し難い物が望ましい。石やタイルなどは問題ないが、フローリングの場合は、やや注意を要する。特に無垢のフローリングは、熱によって反りやヒビ割れが発生したり、乾燥で隙間が大きくなるなどの不具合も報告されている。床暖用として売り出されているフローリングの大半が、合板の上に薄くスライスした単板を貼ったものであるのは、こうしたクレームを避ける為の対策なのだ。

しかし、私の施主の中には、それを承知で床暖パネルの上に、無垢のフローリングを敢えて希望された人もいて、その後「やり直したい」との依頼はないので、どの程度無垢材が暴れるのか、その真相の程は判らない。意外と乾燥した良質な無垢のフローリングは、リスクが少ないのかもしれない。これこそ程度問題で、私はコルクタイルにしてしまったからこの選択について悩むことはなかったが、今になって考えれば、多少の不具合は覚悟で、無垢のフローリングを実験的に採用しても良かった。

自邸では、竣工が春先だったので、床暖房の運転を開始したのは、引っ越しから半年ほど経ってからだった。ガスによる床暖房では、熱源機が給湯機を兼ねる場合が多い。私の場合、自宅の他に階下の事務所にも床暖房を導入していたので容量的に無理があり、給湯機との兼用は出来なかったが、試運転の後、半年間休んでいた床暖専用の熱源機は、秋口には特に支障もなく動き始めた。

熱源機の設置場所は他に適当な場所が見当たらず、とりあえず婆ちゃん（私の実母）の部屋に面するバルコニーになっていた。床暖房パネルを敷き込んだエリアのほぼ中心で、一番効率がよいとの判断だが、内心心配が一つだけあった。給湯器の騒音と振動だ。年寄りは、小さな物音にも敏感で、普段から、

「一度目が覚めるとなかなか寝付けやへんで」

と愚痴を聞いていた。せっかく南向きの一番いい部屋をプレゼントしたのに、騒音付では台無しだ。しかし結果は以外な程静かで、孝行息子の座は守られることになった。

知ったらおしまい。床暖房の効果

もちろん、床暖房の効果は言うに及ばない。自邸の間取りは、今日では一般的なLDKスタイルで、居間、食堂、キッチンが空間的に一つに繋がっていて、まったく間仕切りがない。合計すると三十帖近くなる広さだが、この床暖房のお陰なのだろう、真冬でも場所によってヒヤリとする寒さを感じない。ただし、真冬の暖房は、この床暖だけでは不十分で、ガスのファンヒーターが、一台置かれている。それでも、この一台で十分なのだから、床暖の効果は大きい。

「なぜかチョット寒くない？」

家族の誰かが気づく時は、決まって床暖のスイッチを忘れている。あるいは、階段に続くこの広い空間への入り口のドアが、わずかに開いているかのどちらかである。

一戸建ての住宅の場合、経験から察するに、外断熱工法の有無に関わらず、マンションなどの共同住宅よりは、年間を通して、寒暖の差が大きい。よく言えば、季節の変化を楽しめる訳だが、真夏の暑さや真冬の寒さは、やはり厳しい。最初に社宅やマンションに住んで、一戸建てに移転した場合、引越し後に「先生、戸建てはやっぱり寒いですね」との連絡が入る。決まって口調は、やや冷ややかだ。

特に、一階を居間や台所にしているお宅では、朝方、二階の寝室から階下に降りる時にはゾクっとするらしい。この私も、三階で寝起きして、朝に「今日もイイ天気だ」と張り切って出勤すると（たった十四段の階段を下るだけだが）二階の事務所は別世界のごとく冷え冷えとしている。すかさず、ファンヒーターと床暖のスイッチを入れるのだが、メールのチェックや電話連絡が続く三十分間はブルブル震えている有様だ。反対に、真夏には階下の空間は暑さが和らぎ、凌ぎやすい場となるのだが。

追伸。このメルマガを読んで妻が言った。

「いやだぁ、早く言えばいいのに」

今日から床暖のタイマーがセットされることになった。明日からは、出勤の一時間前に床暖のスイッチが自動で作動し、私の到着時刻には「ほんのり暖かい」状態が保たれているらしい。この数年間の身震いは何だったのだろうか。

㈣　天窓の効用

「やってみなはれ、やらな分からしまへんで」

これまで住んでいた古家には、まったく日光が届かなかった。洗濯物も生渇きで、洗ったばかりの下着が異様な臭いを発することが何度もあった。その反動から、私達は、とにかく明るい家にあこがれていた。直射日光に飢えていたわけだ。今回の自邸は三階建てで、その最上階が住居部分になると分かった時、反射的に天窓を取り付けることを思いついた。

天窓の取り付けは、屋根工事の前となる。つまり上棟式の翌週には、現場に品物が届いていなくてはならない。熟練した設計者により制作された特注品の天窓は例外として、かなりの確率で雨漏れの危険が伴う。下手に現場加工するより、市販の既製品が無難と考えた。既製品でも屋根の材料によって使用する水切り板の形状が違うので、相当前から製品を発注しておかないと、現場で急に設置を決めても間に合わない場合が多い。

「トップライトは、北側の屋根につけるのが常識ですよ」

と多くの本に書いてある。理由は、

「直射日光が入ると、部屋の中が紫外線で焼けるし、夏場は暑くてしかたがない」

という訳だ。もっともな話である。しかし、反骨精神でもないのだが、ちょっと冒険をしてみたかった。実際、特に冬場は直射日光が部屋の隅々まで駆け回らないようでは面白くないではないか。

確か、あのサントリーの創業者、鳥井信治郎も言っている。
「やってみなはれ、やらな分からしまへんで」

今回、天窓は南傾斜の屋根にふたつ、北側の屋根にふたつ、計四台奮発することにした。奮発と書いた理由は、意外とコストが掛かったからだ。製品代の他に電気工事費が加算され、取り付費と屋根の板金工事の手間も見込まなければならない。取り付けた場所は、居間と食堂、それにキッチンと廊下の真ん中である。

南傾斜の天窓からは、夏はもちろん、冬場でも室内に光の帯が現れる。どうかすると、床や壁にプリズムの虹模様が現れることもあり、娘の貴子がその都度、二階の私の事務所まで大声で知らせに来る時は目尻が下がる。心配した夏の暑さは、天井が高いことと、大きなバルコニーに面して電動のブラインドをオプションとして取り付けたことで、特に問題はない。こうしてみると、専門家の意見を鵜呑みにするのも時に損をすることがある。かく言うこの私のメルマガも、かなり自分勝手な内容なので、全部真（ま）に受けると…。

久しぶりだね、月見るなんて

ところで、考えてみれば、屋根に窓を付けるなんて無茶な話でもある。しかも電動で開閉までするのだから驚きだ。一見無謀なこの試みを最初に挑戦した人は、実にエライと思う。日本でも、古い民家の小屋裏に一筋の光が差している写真をよく見かけるし、京の町家にも同様の光景が見られるから、特定の誰かの発明ということでもなさそうだ。既製品に限ればその実績と信頼性でデンマーク生まれのベルックス社のそれが安心感を誘う。既製品として、この会社が世界で最初かどうかは定かでないが、その普及度と品揃えを評価して、四台ともこの会社のものにした。

本体はほぼ完成品になっていて、外側はアルミ製、内部は松材で組まれている。しかし、ここ数年で日本の風土に合わせてずいぶん改良され、内部は樹脂製、網戸も標準装備されているらしい。ガラスは数種類の中から選べるので、どうせなら室内から雲の動きや星空が見える方が面白いと、網入りの透明ガラスを選択した。

ブラインドを内蔵した南側の天窓から空をゆっくり眺めることはないが、そのブラインドの隙間から満月が真上に大きく見えて、家族中で「おおっ」と時々歓声を上げることもある。また、ブラインドの無い北側の天窓からは、時々雲の動きに天候を判断できるし、東京の空のハンデはあるが、星の輝きを発見できたりする楽しさが味わえる。

この天窓のおかげで、とにかく我が家は一日中異様に明るい。朝起きて寝室を出た瞬間、今日の天気が手に取るように判るのがうれしい。自然と共に生きている実感がある。以前の古家とは月とスッポンの違いだ。こんな世界が、こんな暮らしがあったのだ。

「求めよ、さらば与えられん」

天窓を採用した理由は、窓から入る光の三倍に匹敵すると言われる天井からの光の確保だった。ところが、実際に生活をしてみて気づいたことは、明るさもさることながら、室内の風通しの良さだ。これが思わぬ収穫だった。この天窓をほんの少し開放するだけで、部屋のよどんだ空気が一気に上昇して抜けていくのが分かる。

　五月のとある日曜の昼下り、この空気の流れを肌で感じると、加山雄三のセリフのように
「ぼくぁ、しあわせだなぁ」

と、妙にリゾート気分に浸ってしまう。しかし、この感覚はどうやら私だけでもないらしい。日頃から、長男のケイスケの蛮行に怒り心頭の妻のケイコも、

「ああ、イライラする。ちょっと、そこの天窓あけてくんない」

と度々、おっしゃる。よどんだ空気、いや、よどんだ自分の気持ちを、天窓が空高く開放してくれるらしい。

天窓は自然の換気扇

　天窓の思わぬ効果はこんなところにもあった。ある夕食の出来事。久々に爺ちゃんが三階まで上がっての夕食だった。メニューは焼肉である。大きなテーブルの真中に卓上コンロをデンと置いて、最初にカルビを焼きだしたところ、肉に火が付いた。

「アカン、火事になるで」

　親父が真っ先に叫んだ。慌てて火は止めたものの、白い煙がモウモウと立ち昇り、またたく間にその煙はＬＤＫの空間はおろか、廊下まで充満してしまった。

「ケイスケ、窓をあけろ！」

　皆で、窓という窓の全てを開けて煙を追い出そうとしたのだが、これがなかなか出て行かない。

もちろん爺ちゃんを招いての焼肉パーティは一時中断。しかし、ここで冷静な妻の佳子さん。
「あなた、ついでに天窓も空けておいてよ」
　私が
「何もそこまでしなくても」
と呟きながら、渋々電動スイッチのボタンを押すと果たしてどうだろう。見る見るうちに白い煙が空に消えていく。
「アラ、すごかー」（これは妻の九州弁）
「まあ、どえりゃあ勢いで、煙、のうなっとるわ」（これは婆ちゃんの岐阜弁）
　合計四ヶ所の天窓を全開して、空の暗闇に吸い込まれていく白煙を家族全員で見送った。その後、もちろん焼肉パーティは再開された。天窓を開け放したから、もう心配は無い。
「ケイスケちゃん、カルビをどんどんのせてちょうだいね」
と、久々に爺ちゃんも上機嫌だった。

　それからというもの、我が家では焼肉も網焼きも何も怖くなくなった。
「料理はグリルが一番旨い」（ただし、お鮨は例外）
　これが私の持論だが、この天窓のおかげで、我が家の夕食がバージョンアップしたことは確かだ。
以来、私は
「天窓とは光を単に導き入れるものではなく、普段の生活をもっと楽しくするもの」
との位置づけをしている。たしかに天窓そのものの耐久性は定かではなく、将来のメンテナンスに一抹の不安は残るが、四方を隣家に囲まれた都会での住宅事情を考慮すれば、天窓は有効な快適化装置ではないだろうか。

このように専門知識だけではなく、実際に生活を営んでみて初めて会得できる住宅の設計ノウハウも少なくはないのだから、私の設計で既に竣工した住宅の家族の皆さんとの交流は、建築士として欠かせない研鑽の場に違いない。

ところで、我が家の煙幕騒動は確か新居に越して間もない、ちょっと汗ばむ季節だった。この頃、予想通り爺ちゃんはアイスクリームを箱ごと買い込んで、学校帰りの孫を玄関で待ち伏せしては

「ケイスケちゃん、ちょっと寄ってかない?」

と声を掛ける。それに加え、毎日、決まって午後五時きっかりに始まる晩酌にも誘い、酒の肴を分け与えることで、母親の佳子さんのヒンシュクを買っていた。

「あなた、いい加減にしてもらって。この子たちが最近夕食を食べないと思ったら、お爺ちゃんトコのつまみ喰いのせいよ」

板ばさみの私が「我が家のルール作りと和解の場を」と企画したこの日の焼肉パーティーは、白煙騒動でその目的こそ達することはなかったが、思えばこの親父が自由気ままな隠居生活を謳歌しながら天国へ旅立った、ちょうど一年前の出来事だった。

㈤　心地よい浴室を造る

ユニットバスを嫌う理由

自邸では、三階に浴室を置くことになるので、もちろん最初はユニットバスが本命だった。現場で防水をして壁にタイルを貼る在来工法の浴室も作れる。しかし、木造ゆえに、柱や梁の乾燥、地震などで将来骨組みが歪む可能性がある。それが原因で防水層が切れて、漏水するリスクを考えれば、単体としてパッケージされたユニットバスの方が安全に決まっている。三階で漏水すれば、被害は甚大だ。

ここはひとつユニットバスを前提に、市販のものをどこまで改良できるか追求してみようと考えた。私はこれまでのホテルの仕事で、何度となく大手衛生器具メーカーとこの分野で改良を重ねてきた実績があるからだ。

元来、高級なホテルではユニットバスの工業製品らしさを嫌う傾向がある。されど、漏水のリスクは避けたい。そこで、本体はユニット化するが、洗面カウンターに大理石を使ったり、壁に大判タイルを貼ったりして、見た目には現場で作る在来工法と何ら変わらないように工夫を凝らしている。一般の利用者は、そこまで気が付かないだろうが、私は職業柄、ホテルを利用する度に、ＦＲＰ製の防水パンをいかに隠しているかで、そのホテルの設計者の技量が判る。この辺りがうまく処理されていれば、きっと他の部分もよく考えてあるからだ。

しかしながら、漏水の危険が少ないユニットバスは、その宿命として、大量生産を前提としているので、個別の対応にはあらゆる面で適さない。つまり、個人の住宅での勝手な寸法やデザイン面での要望には適応できないことになる。したがって、一般的な住宅では、誰もが仕方なく複数のユニットバスメーカーのカタログの中から適当な機種を選び出し、床、壁、天井などを選択する。さらに値段と相談しながらカタログ後部のオプションページから、多少の仕様を追加することで個性を獲得した気分になって「ハイ、発注」となるのが実情だ。

たしかに最近の住宅用ユニットバスは、性能面ではよくできている。作る側に立てば、全国津々浦々、老若男女の万人に快適且つ安全なものでなくてはならない。各メーカーの開発チームは、このことを念頭に日々奮闘を続けているのだろうが、如何せん大量生産による合理化を優先する姿勢に変わりなく、どうしても工業製品らしい無機質な意匠が私には馴染めない。

たとえばバリアフリーの名目で、バスタブに妙な曲線を付けてみたり、偽りの大理石風壁パネルを採用したりと、他社との差別化のために「これでもか」という意図が見えすぎる。どうしてもっと自然でシンプルな形に落ち着かないのだろうかと素朴な疑問が湧いてくる。一言で表すと「大人のデザイン」とでも言えようか。

水漏れ覚悟の在来工法

そんな理由から、悩んだ結果、私はユニットバスを諦めて、一品生産品、つまり在来工法による浴室作りに再度挑戦することにした。まず最初のポイントは、防水層をどう作るかだ。その真下は貴重な収入源のアパートになっている。万一漏水でもしたら、さあ大変。損害賠償まで覚悟せねばならない。この「万一」が発生した場合、多額のローンを抱えた我が家は、経済的損失が大きい。家計を切り盛りする妻は、きっと吐き捨てるように言い放つに違いない。

「一級建築士もなんもあるもんね。いったい、どうしてくれるのよ」

私は、今更ながら、防水関係の専門書を買いあさり、研究を重ねた。そして、結論としてはFRP防水を採用することにした。分かりやすい例としては、小型ヨットの船体がこれで出来ている。つまり、ヨットの中にお風呂を作ろうという具合だ。船体の中に海水が入り込んでも、排水口から出て行くという理屈だ。一般には、屋外のバルコニーの床にこれを採用することが多いが、この場合は七、八年でメンテナンスが必要になる。しかし、今回は温度変化や紫外線による影響が少ない分、長期的に安全だと判断したのだった。

次に湿気対策を考える。木造はとにかく水や湿気に弱い。しかし、逆にこれさえ注意すれば、法隆寺のように鉄筋コンクリートより長持ちするのだから、念には念を入れることにした。資料を取り寄せてみると、浴室用の防水シートなるものが、ちゃんと市販されていた。日本人は実にエライ。細部に至るまで、誰かが極めている。感激ついでに「ここは大事」と奮発して、最上級の厚さ二ミリの防水シートを注文したが、後で送られた請求書を見て目が点になった。予定の金額の四倍もしたからだ。

「保険代と思えば安いもんよ」

妙な言い訳を準備したことを覚えている。

生産中止は秒読み、重すぎる鋳物ホーローバス

さて、この後はモルタルで下地を作って、タイルを貼る工程となる。この現場ではタイル職人の藤成さんが腰を痛めたらしい。理由（わけ）を聞くと、彼は壁のタイル貼りの前に浴槽を設置することになっていた。そこで、現場に届いた浴槽の梱包を三階まで運び上げねばならない。ここ数年で主役に踊り出た人工大理石の浴槽ならば、職人二人で楽々移動できる。ところが今回の鋳物ホーロー製は想像を絶する重量らしい。二人ではビクともしない。見かねた清水棟梁が職人衆全員に声を掛けた。一層ごとに梯子をかけて、引っ張り上げる者と押し上げる者が配置についた。自重が百キロを超えると、半端な重さではない。七人の職人を動員し、一時間かけて、やっと三階までずり上げた。

「ったく、先生は、いつもすごいモンを発注するからな。搬入方法も考えといてもらわないと」

藤成さんがボヤいた。まったくその通り。すぐにお茶菓子を買いに走った私。

小錦二人分のお風呂、床が抜けないのか？

浴槽を固定するためと、タイル貼りの下地を作ること、さらに洗い場の床を仕上げるために、今後相当量のモルタルを使う。そもそもタイル職人の藤成さんの経験によれば、本来、お風呂は

一階の土間の上に作られる。二階の場合には、ほとんどユニットバスになるので、出番はないらしい。それが今回は何と木造の三階である。彼は、浴槽自体の重さに驚いて心配になった。

「先生、これだけ浴槽が重くては、水が入ったら床が抜けやしませんか。これにモルタルと壁と床のタイルの重さが加わるわけでしょ。下地には、なるべく軽いモルタルを使いましょうよ」

なるほどと思われる的を得た助言だった。

木の柱は、垂直荷重には想像以上に強いことを私は知っている。しかも今回は木造の三階建てのため、確認申請時に構造計算を義務付けられている。計算値では浴槽にいっぱいお湯を貯めても床が抜けることは無い。だが、実際あの鋳物ホーロー製の浴槽の重さは半端ではなかった。調べてみると、なんと百四〇kgもある。さらにそこに三〇〇リットルのお湯が加わる。

腰を痛めながらも、責任感から何とか運び込んだ浴槽を前に、彼は、きっと本音で思ったに違いない。

「この先、どうなってもオラ知らねえから」

荷重計算を頼りに、断言はしたものの、ある日突然床が抜けないとも…。

次の日私は念を押しておいた。

「なるべく軽いモルタルを使ってね。頼むよ」

タイル貼り、ピンクの目地が赤信号

在来工法、つまり現場作りの浴室だから、内装としてはタイルが最も無難に思えた。もちろん、左官やヒノキ板など、その他のおもしろい素材も考えつくが、常に水が掛かり、湿気も多いことから、敢えて冒険するのも躊躇された。

数日後、タイルを選定する為に、新宿のショールームに出かた。実はこのショールーム、訪問はこれが初めてではない。それどころか、むしろ常連の域に達っしている。カタログでは微妙な色合いや素材感が掴めないし、私が好む品番が何故かすぐに廃番になっていく傾向にある。結局は、プロジェクトごとに出向いて、現物を見た上で、在庫を確認してその場で決定する方が効率が良いからだ。

これまでのホテル建築の経験からは、浴室の壁には二〇〇角のタイルが優等生と言える。施工の効率もさることながら、貼り終わった時、そのタイルの大きさが高級感を醸しだす。これが一〇〇角や一五〇角だとやはり日常的すぎる。二十五角のモザイクタイルも面白いと思ったが、その分目地が増えて、後日、カビと格闘することになるだろう。

余談だが、浴室のカビは最初、かわいいピンク色で登場するらしい。この段階ですぐに拭い取れば楽なのだが、そのまま気付かずに放置しておくと、少しずつ黒ずんで洗剤でも落ちなくなるという。なんとなく人間様にも通じるような。あんなにカワイイ、ピンクのイメージの娘さんが、いつの間にか…。あぁ、この先の想像は止めておこう。

翌日、イナックスの担当営業マンから突然電話があった。

「先生のご自宅ですって。じゃあ精一杯勉強します。お好きなものを選んでください」これまたうれしい役得である。さすがに「エッ、タダじゃないの」（タダほど高いものはない事は知っている）とは言わなかったが、お言葉に甘えて、私が選んだのは三〇〇角の御影石風のアガチスという最も高品質なタイルだった。

浴室に潜む危険の数々

床は実験的にコルクタイルとした。このいきさつは以前、床の項で書いたが、これは確かに大正解だった。滑らず冷たくないので、家族にもすこぶる好評である。引っ越した当時、長男のケイスケが浴槽の中でふざけて、何回も洗い場の床に頭から転げ落ちた。その度に「ああ、コルクで良かった」と安堵した。勧めてくれた千代田コルクの社長に感謝したものだった。

長男のケイスケといえば、もうひとつ冷や汗をかいた事がある。ホテルらしさを狙って、浴室のドアを枠の無い一枚の強化ガラスとした。このドアは専用のガラス丁番を使用する。実はこれを開いた時、吊元の側に僅かな隙間ができる。出入り口の反対側だから気にもしなかったが、何と面白がって、わざとここに手を突っ込むのだ。そのままドアが閉まれば、テコの原理で指が折れる程の力で圧迫される。

想像したら背筋が凍った。慌てて隙間をふさぐ部品を捜し求めたら、ちゃんと東急ハンズに売っていた。黒いブチルゴムがくっついたビニール製のジャバラで、デザイン的には台無しになったが、ムスコの指が無くなることを考えれば神からの贈り物だった。

住宅では、床の段差は重要な課題。自邸では、極力と言うか、まったく段差を無くす設計としたが、水が流れる浴室と脱衣室との差をどれだけ確保するかは迷った。ホテルでは、バリアフリーの考え方が浸透し、ここもほとんど段差をつけないことが多い。ヨーロッパを旅して分かるが、西欧ではバスタブの外で体を洗う習慣が無いようで、ましてホテルでは床にザアザアお湯を流したりすることは無く、したがって、出入り口の扉の下にも段差がまったく無いのが当たり前。

しかしここは日本、しかも我が家には野蛮なケイスケがいる。満杯の浴槽にわざと頭から飛び込むことは目に見えていた。一度に大量のお湯が洗い場の床に広がるに違いない。脱衣室との間に段差が無いと大変なことになる。十センチも確保すれば安心なのだが、それでは床の段差を無くすコンセプトが崩れる。

敢えて断言すると

「建築家はコンセプトにこだわり続ける人種なのだ」

何とアホな人種と我ながら苦笑もするが、ここで安易な妥協もしたくない。かと言って、微妙な段差はつまずきの原因になる。悩んだ結果、段差を二十ミリとした。これは、今までの経験から、万一お湯があふれて浴室の床に広がっても、脱衣室まで到達しないギリギリの限界値だった。

お湯があふれる贅沢感がいいのだ

「これでもか」と改良が続く日本で、お風呂について言えば、追い炊き機能が常識になってきている。浴槽に穴を開け、給湯器とパイプで結んで、冷めたお湯を再加熱して戻す便利な仕組みだ。こんな装置が普及するのは、きっと日本だけだろうとマジで思うが、最近では、必ずと言ってよいほど施主からの要望事項に書き添えてある。

ところが我が自邸では、この私の頑固なまでの執着で、これを拒否したのだった。理由は単純。その昔、生まれ育った実家で、この循環パイプから黒いワカメのような代物がよく排出された記憶があるからだ。それにいくら家族であっても、何人もが同じお湯に浸かるわけで、その汚れたお湯を循環してまで使用するというのは、どうも納得がいかない。

「お湯は足そうよ。日本では水道代そんなに高くないし、コンセプトはホテルのような家づくりだから」

なんとしても妻を説得しなければならない。

「温泉だって、掛け流しが一番。熱いお湯を足せばいい。追い炊きだってガスを燃やすんだよ」

「そこまで言うなら、好きにしたら。でも、水道代、余分に働いて頂戴ね」

しかし、今にして思えば、最近の追い炊き付き給湯器は性能も向上し、当然ワカメ対策もしてあるのだろうから、そんなにムキになって拒否する必要も無かった。

㈥　トイレ考

トイレの位置取りに苦心する

我が家は、爺ちゃん婆ちゃんも含めて家族六人なので、トイレは二ヶ所必要だと直感していた。古家の場合は、一階が十坪ほどで、真中に急な階段があり、その段板の下の斜めの空間を利用してトイレがあった。その為、家のどこにいても、常にジャージャーと水洗音が聞こえていた。トイレのドアを開ければ、目の前はキッチンだし、その隣はダイニング兼リビング兼子供部屋だったから、今になって振り返ると新婚時代の妻にはずいぶん気の毒なことをしたものだ。そんな懺悔の思いもあって、新居ではトイレの位置を最優先して配置する設計になった。

限られたスペースの中で、効率のよい間取りを追求すると、廊下の少ないプランになる。最近の建築雑誌には、この廊下がまったく無い間取りも少なくない。しかし、トイレの位置を真剣に考えていくと、どうしても居間や食堂など家族がいつも集まる場所から少し離れた位置が理想だし、ドアが開いた時、内部が直接見えないようにしたいものだ。

さらに音の問題を考慮すると、どうやら廊下を作らないとうまく配置できないと分かってきた。こうして個室群を貫く長めの廊下を作ることが確定し、そこに面してトイレの位置も自然に定まっていった。

さて、次にもう一つのトイレをどこに作るのか。生活の主体となる三階のすぐ階下に私の事務所がある。そこにもトイレが必要だったから、これを兼用することになった。階が違えば音の問題もないし、予備としてのものだから結果的にこれでよかったと思っている。

昔からトイレの広さは畳一帖と相場が決まっている。最近のマンションではその三分の二まで縮まっているようで、大抵どのお宅に伺ってもその程度の広さであることが多い。ところが以前の我が家では、その一帖の広さに問題があった。古家があまりにボロだったせいで、妻も私も新婚時代から「友達は呼ばない（呼べない）」という暗黙の了解ができていた。

そのせいか、トイレの中の仮設の棚に単行本や雑誌が山と積まれ、時々それらが音をたてて床に転げ落ちるアクシデントが続いた。妻のケイコは無類の読書好き。私は、無類の雑誌好きだから、自然に書籍は増えていく。

この私は昔から、何もしないでジッとしていることに絶えられない変な癖がある。電車の中でもそうなのだが、ただ黙って座っていると、だんだん「無駄に時間を使っている」という罪悪感が増幅し、自分がさらに馬鹿になっていく強迫観念に襲われる。そんな時は、すかさず途中下車してキオスクで適当な雑誌を購入してしまうのだが、衝動的に買ったものにロクなものはない。一通り目を通した後に必ず後悔するハメになるのだが、次も、ついつい買ってしまうのは悲しい性（サガ）と言うほかない。

そんな理由から、新しいトイレでは、来客時にも恥をかかないように雑誌類が整頓できる、作りつけの棚板を最初から取りつけることにした。その分、畳半分だけ床面積が増えたわけだ。しかし、たった半帖広がっただけだが、その効果は絶大だった。

「トイレは狭くていい」なんて誰が言った？

「わぁ、このトイレ広い」

と家族の誰もが驚いた。たとえば寝室が八帖から七・五帖になろうと、六帖の子供室が五・五帖になろうと、あまり意識の上で大差はないが、もともと狭いという観念に捉われている場所が、ほんの少し広がるだけで感動に値するのだから人間の心理はおもしろい。

さて、トイレを廊下に面して配置したまではよかったが、洗面室と浴室などの水廻りをまとめることにしたので、優先順位としてどうしてもこのトイレが外壁に面しない。つまり、トイレに窓が確保できなかった。

たしかに戸建て住宅のトイレには窓がつきもののようだが、最近続々と建設されるマンションではほとんどトイレに窓がない。隣の住戸と壁でくっついて、外気と面する部分が限られるマンションでは、居室以外は物理的に窓が確保できないのが現実だ。

それでも、換気を窓に頼っていた頃はともかく、照明のスイッチと同時に換気扇が廻り、スイッチを消してもその後数分間、換気扇が作動し続けるという優れものの遅れスイッチが普及した現在では、機能的にはそこに窓が必要ではなくなっている。

我が家のトイレには、マンションのそれに習った訳ではないが、事務所のものを含め、いずれも窓がない。普段は真っ暗なので、使用する時はかならず照明のスイッチを入れることになるが、同時に換気扇も廻るので、たしかに機能的には何の問題もない。

ただ近い将来、私が夜中に何度もトイレに立つ羽目になった時のために、照明は極力暗めに設定したので、窓がないことも手伝って、やや閉鎖的な感があるのは否めない。風景画でも掛けて、奥行き感を演出する方法もあるだろうが、今改めて「どっち」と問われれば、

「機能は別として、可能であれば窓は欲しいなぁ」

と呟いてしまうかも知れない。

（余談）ある深夜番組で

ところで、トイレと言えばふと思い出す秘話がある。

私は学生の頃、ある旅行会社を通して、留学を兼ねた欧州旅行をしたことがある。もう三十数年も前のことで、まだその当時は海外旅行も盛んではなかった時代である。

無事帰国したあと、その旅行会社の担当から懇願されて、あるラジオ番組にゲストとして出演することとなった。早い話、その会社のピーアールなのだが。

「可児君、声がとても素敵だから」

と女性担当者におだてられ、芸能人気分で港区の「ラジオ関東」のあるビルに向かった。もちろん生放送だから、出演は午前零時を過ぎていた。番組名は『男たちの夜…かな⁉』だったと記憶している。

本番直前になって、司会の広川太一郎氏から
「深夜だからオモシロイ話にしてね」

と耳打ちされ、急に旅の途中のエピソードを披露したのが命取りだった。緊張から頭の中がまと

まらないまま番組が始まり、ふと我に帰るとモロッコでのトイレの話になっていた。

「ホテルのトイレに入ったら紙がないんですよ」

「ほう、それでどうしたの、君」

「代わりに水の入った壷が置いてありまして、迷った結果その水で洗いました」

「それは右手、それとも左」

「そこまで覚えていませんが、多分左手で」

「あらダメだよ、君。右手でなくちゃ。イスラムでは左は聖なる手で、汚いものに触っちゃいけないんだよ。最近の学生はそんなことも知らないの」

「アレ、済みません。理科系なもんで」


「ところで、日本でも平安時代の貴族は手で洗っていたんだよねェ」

「ソレ知っています。厠の下に小川が流れていたりして。聞くところ、縄にまたいで拭いていたとか」

「アレ君、なかなか博学じゃないの」

「ハァ、建築学科の学生なんで、建物のことは少々、ハイ」

とまあ、こんなやり取りが三十分も続き、今で思えば赤面する内容ばかりだった。

　帰り際、司会の広川さんに「お疲れ」と肩をポンと叩かれ、意気揚々と帰宅したまではよかったが、翌日、その担当者の女性から電話があり
「人選を間違えました」

と言われた時はさすがにショックだった。

今にして思えば、このモロッコで世界的に著名になった建築家の安藤忠雄氏と偶然出会い、一週間いっしょに寝食を供にしたことでも番組で話せば良かったが、当時安藤さんはほとんど無名で、建築科の私でさえ、顔と名前が一致しなかった。

モロッコでの移動はもっぱらバスとタクシー。タンジールからフェズまで、砂漠が何時間も延々と続く。途中、居眠り中の安藤さんの頭がカクンカクンと傾く度に、体育会系の私は齢が先輩というだけで、あの大きな頭を後ろから支え続けていた。

「ウー、腕がしびれる。だがここで放せば首が折れるかも」

現在彼が世界的に活躍できるのは、何を隠そう、この私があの時、身を呈してムチ打ち症を防いだからに他ならない。

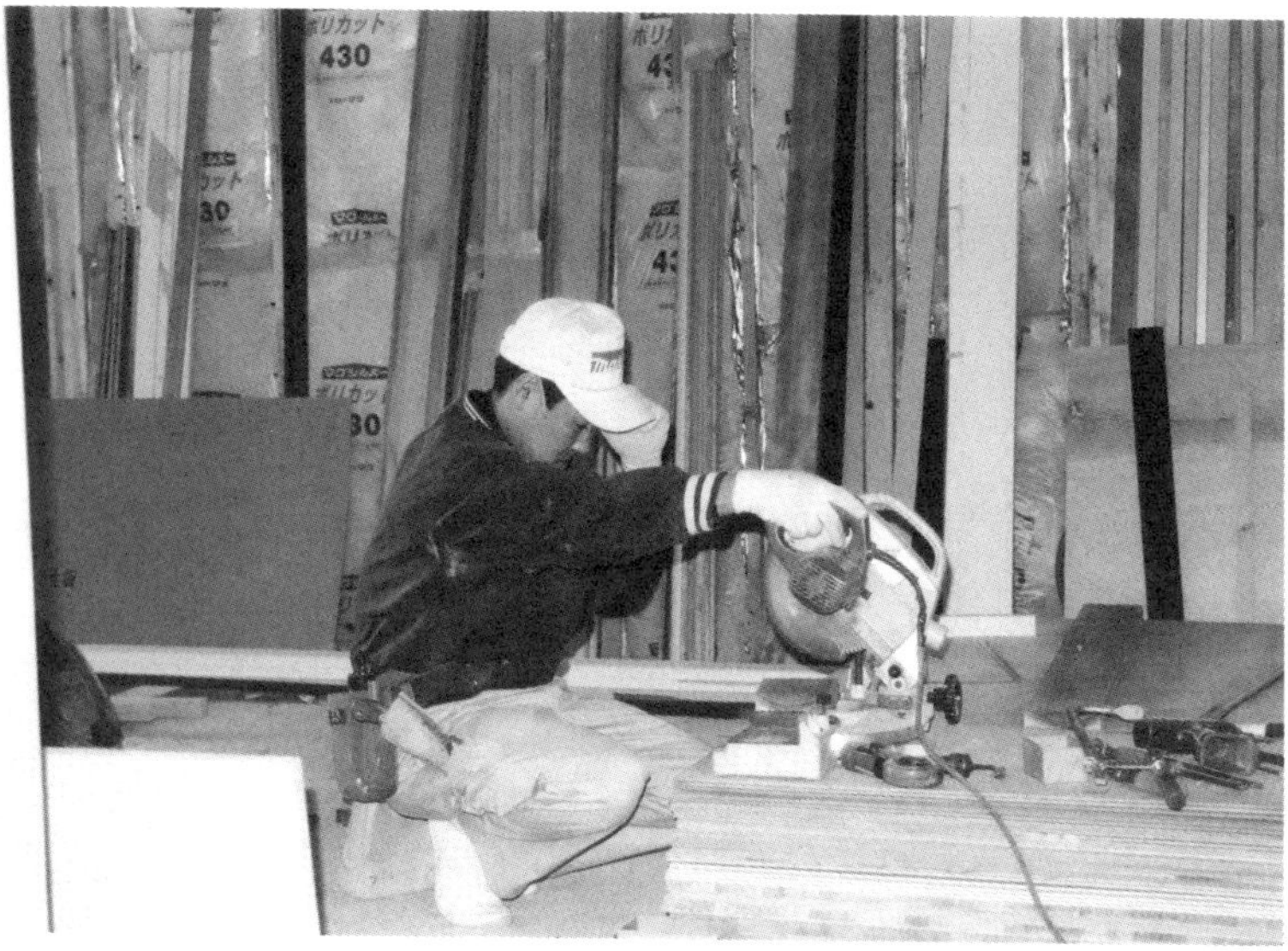
ポリカット
430

第八章　窓と建具

㈠　アルミサッシの実情

サッシの色にこだわる

屋根工事が終わると、大工達は、外壁を囲む構造用合板の取り付けに入った。ＳＥ構法では、在来工法のように、筋違い（壁の中の斜めの支え棒）がない代わりに、外壁にベニヤ板を張り巡らせて強度を増している。今日も薄曇りの下、冷たい風が容赦なく吹き抜けていく。冬の到来がすぐそこに迫っていた。外周りの壁ができてしまえば、北風小僧から少しは身を守れる。一日も早く外壁を囲ってしまいたい。

大工六人で手分けして施工した結果、四日目にはほぼ形がついた。次は一刻も早く窓を取り付けて、完全に外からの風雨を遮断してしまいたい。

「先生、サッシはいつ届きますかねぇ」

アルミサッシの納品が遅れていた。何を隠そう、これまた私のせいだった。清水棟梁に謝らねばならない。

今から一か月前の基礎工事の頃、サッシの発注を目前に、私は色決めに悩んでいた。概ね建築家が関与している住宅では、サッシの色はシルバー色と相場が決まっている。

「やっぱり、クセの無いシルバーがいいよな」

「どうでもいいけど、カッコよくしてよね」

もう一人の施主の了解を得て、さっそくシルバー色を指定したところ、サッシ屋からその日のうちに返事がきた。

「先生、既製品の場合、シルバーはどのメーカーにもありませんよ」

血相を変えた私は文句を垂れた。

「最近の建築雑誌を見てよ。ちゃんとあるじゃないの」

反論したが、すぐに反論された。

「じゃあ特注にしますか。高いですよ。いいんですか？」

ハハンなるほど。活躍中の先生方は、このあたりに余分なコストを費やして、見栄えをよくしているのか。世の中の実態がまた一つ見えてきた。

直感で決めたホワイトのサッシ

具体的なサッシメーカーとしては、アルミの肉厚が他社より少し厚いと聞いて、ＹＫＫを指定した。その真相は不明だが、多少センスも良さそうに見えた。しかし、シルバー色が無いのなら背に腹は代えられない。他のメーカーも調べてもらったが、当時は、どのメーカーにもシルバーの既製品は存在しなかった。

ただし、この原稿を書いている数年後の昨今では、こうした切なる設計士の声に答えて、各メーカーがこぞってシルバー色、またはステンカラー色を登場させているので、ちょうど転換期だったように思う。とにかくこの時点では、白、黒、茶から選択するしかなかった。

「どうせどの色も建売住宅っぽくて大差ないや」

投げやりな境地になっていた時、そこはそれ、得意な直感が働いた。ふとニューヨーク五番街のオフィスや店舗などで白いサッシが多用されていた風景を思い起こして、衝動的にホワイトに決めた。思えば自分でも呆れるほどイイ加減な理由だったが、建築家の端くれとしてのプライドも多少あって、ガラスを抑えるコーナービートと呼ばれるゴムの色を、あえてブラックに指定した。白いサッシにメリハリが効いて洒落た印象を醸し出すはずだった。ところが、その目論見は見事にはずれることとなる。

ご存知のように、私の自邸は周囲のほとんどが建物に囲まれていて、近くでサッシを見ることはまったくできない。さらに、内部からは網戸の枠で隠れてしまい、黒のコーナービートなんかほとんど見えてこなかった。アララ

「先生、サッシはまだですかい」

清水棟梁から、毎日催促され、頭が痛かった。効率的な設計施工を歌い文句にしている当社だが、時々、工務店の機能が十分に果たされていない。建物を少しでも良くしたいと考え悩む優柔不断さが、工事を遅らせる原因だった。

なんとか、サッシの色が決まった。次に急いで型式、つまり引き違いとか、ハメ殺しとかの形状を確定しなければならない。日本の気候を考えれば、やはり大きな開口部は引き違いが一般的である。建築家の設計では、ハメ殺しのガラス窓が多用されているが、デザイン的には優れているものの、ガラス拭きが困難だったり、風通しの悪さを考えると、美しさばかりを優先すること

はできない。結果的には、防犯を意識して、一階の玄関にある大きな窓と、階段を上がった三階のホールの窓だけをハメ殺し窓とした。どちらも裏表から手が届くので、清掃は楽だと考えた。

一階では、ドロボウ君が侵入しようとした場合、ハメ殺しだと自分の体全体が通過できる穴を開ける必要があるので、よほど綺麗に破壊しないと、彼は血だらけで逃走しなくてはならない。竣工すると、多分にカッコいい建物に見えるはずだが、体が血まみれになる危険を冒してまで侵入したくなるほど金持ちの家には見えないだろう、と読んだ。

木製サッシのトラウマ

最近の自然回帰への傾向も手伝って、木製サッシが採用されている作品が時々見受けられる。当然のこと、私もカタログを取り寄せて検討したが、どれも思ったより高価だった。更に現在の木製サッシはペアガラスが入ったものが多く、とても重いもので搬入費が余分にかかる。とても全箇所に採用する予算は無いのだから、一点豪華主義で、どこか一箇所に採用してみようかとウジウジ思案しているうちに、またまた時間が経っていった。

その昔、岐阜県可児市の私の実家では、建設当初（昭和三十五年頃）、まだ住宅用アルミサッシは普及しておらず、全て手作りの木製だった。帰省の折、よくよく観察してみると、それはそれは美しく加工され、職人の技量が見て取れる立派な建具ばかりだった。しかし、如何せん気密の度合いは緩く、隙間風が防げない構造になっていた。

息子二人を東京の大学に入学させ、田舎に残された両親は、身も心も、さらに懐具合も寒かったが、しばらくして遂に窓のすべてをアルミサッシに入れ替えた。母親は貯金がなくなったと嘆いていた。このトラウマも手伝って、

「ここは一発、奮発して木製サッシを入れよう」

との意気込みにブレーキがかかっていた。最近の木製サッシは改良がされて、隙間風の心配はいらないと聞くが、今回は縁がないと考えた。価格も含め、現在の私達には木製サッシで得られる情緒を楽しむゆとりはなかった。

木肌の美しさに魅了される

住宅の設計を始めた頃、最初に協力を得たのが家具職人の戸澤さんだった。この人、只者ではない。専門誌にも取り上げられる優れた技術者であるどころか、その発想力も豊かで、出来あがった作品はどれも思わず見入ってしまう程に美しい。

以前、ある仕事で初めて会ってから、年甲斐もなくファンになった。だが、このことが私にとっては不幸の始まりだったかもしれない。いわゆる「知ったらおしまい」というやつだ。私のように、特に向上心が強い人間は、知ってしまった以上、それより低いレベルの仕事が許せなくなる。

すべての仕事で、この戸澤さんと組めれば最高だが、そうばかりとは限らない。その後、利益至上主義の工務店と何度も衝突を繰り返すことになり、疲れ果てた結果の結論は、施工も自分で担当することだった。職人を自分で選べば、少しはストレスが減る。やがて住宅規模の工事に関しては、自社で職人を手配する体制を整え、設計施工としての礎を築くことになっていった。

当時多くのホテル建築に携わっていた私は、この人から、装飾としての木材について広く知識を得ることになり、だんだんと木の温かい表情を生かしたインテリアデザインに傾倒していった。この頃、ホテル業界では、従来の大理石一辺倒から、外人デザイナーを登用しながら、美しい木肌に間接照明を当てる温かみのある空間づくりが脚光を浴びていた。記憶では香港のグランドハイアットあたりがその火付け役ではなかったろうか。

国内の伝統では、木を構造体として捉えて、しかも木肌そのままの美しさを尊ぶ気風が残っているようで、この路線を推し進めようとすれば、どうしてもホテルオークラに代表される和風空間になってしまう。確かに気品は保たれようが、世の女性達の気持ちをくすぐる新鮮さや優美さに乏しくなりはしないか。有閑マダムたちを主役に、今やホテルの重要な顧客となりつつある女性の感性にマッチする空間づくりが求められていた。

こうした時代の流れの中、恥ずかしながら私が提案する木の表情を生かしたデザインは概ね評価され、その後も設計業界で生きていく自信につながった。独立したての小さな設計事務所の経営者としては、バブル崩壊後で仕事が少なく苦しい時期でもあったので、本当に運が良かったと思う。

㈡　いいものほど早く消えていく

建具業界に物申す

建具は「動く」という意味でも、建築の重要な部分。戸澤さんは建具についても豊富な知識を持っていた。自分の設計で、内装や建具を全てここに依頼することができれば苦労はないが、ゼネコンの都合や予算の関係で、いつもそうする訳にもいかない。

仕方なく、建具表にこと細かく仕様を書き添えるのだが、これまで、他社から納品されるもので納得できるものはほとんどなかった。決まってこんな時は、工事会社の現場主任に苦言を呈するわけだが、

「先生、どこでもこの程度で十分通用しますよ。どの設計士の先生からも一度もクレームをつけられたことはありません」

と開き直られる始末。最初は腹立たしくもあったが、他のどの現場でも同じ解答が続くと、いつしか諦めの境地が芽生えてくる。

「作らせてもこの程度ならば、いっそ既製品でいってみるか」

そう考えて、建具メーカーにカタログを請求したところ、毎年、分厚いカタログが何冊も届き、置き場に困ることになってしまった。そして、巧みな写真とキャッチフレーズに惑わされて、時々採用してみるものの、やっぱり後悔の連続であった。

では何がそんなに違うのだろうか。あえて分析を試みると、まず表面材の陳腐さと頑丈さに欠ける。どれも建て付けた後に揺すってみると、ボヨヨンと気持ちの悪いブレを感じて実に情けない造りだ。骨になっている芯材の量が少ないか、ドアの厚みが薄いことにも関係しているのだろうが、大量生産によるコストダウン一辺倒主義が、諸悪の根源と思われる。

職人不在の物つくりが横行

「本来はこうあるべき」という職人の声を掻き消してしまっているのだろうか。建具に限らず、概して日本の物作りの現状が似た状況にある。それを良しとしてしまう消費者の側にも責任はあるのだが。これを作っているメーカーの人達はきっと十年後のメンテナンスは考えていない。既製品の建具の主流で表面に木目調のビニールシートが貼ってあるものは、特に補修が効かないから厄介だ。

建具で大きく差が出るのが、一般に木口と呼んでいる厚みの部分。木製建具のほとんどは通常フラッシユと呼ばれ、中が空洞の構造となっている。引戸でもドアでも、厚みを感じる縁の部分には必ずしっかりした無垢材を使いたい。角が本物の材であれば仮に欠けても補修が効くというもの。

フラッシュ戸でも、ここが良質の無垢材であれば角に丸みをつけることも可能で、建具は家具の域に達する。このワザを戸澤さんから教わった。彼の仕事には何か色気のようなものを感じるのは、こうした細部への気配りがあるためだ。このように、どの分野でも一流の職人には必ず共通するセンスを感じる。そして、目に見えない一手間、いや、惜しまない無数の手間が必ず存在している。

カタログで選ぶ既製品の建具で気に入らない所がまだある。建具の命とも言える金具の貧弱さだ。おまけにどのメーカーも何故か似ている。どこかの同じ工場で作っているのではないだろうかと疑いたくもなる。それが、色、形、素材の全てが野暮ったく、安物だからたまらない。それに気づかない経営者は、経営センスはあっても、もの作りのセンスはないのだろう。

さらに言及すると、ここ数年の間にも、私が採用していた建築金物のメーカーのいくつかが第一線から消えている。例を挙げれば、ヨットの金具から始まったオーシマの建具用金物は、規模が縮小され資本も変わってしまった。特にハンドルを動かした時の感触が気に入っていた。価格はやや高めだったが、手に直に触れ、一生使うものだからケチってはいけないのに。建具だけの問題ではなく、概ね日本の建築分野は退化の一途を辿っているに違いない。

大手メーカーの創業社長が、美術館を創設して、何十億円の絵画を購入したというニュースを聞いた。この文化活動自体に異論はないが、その購入費用の半分でも製品の質の向上に当ててくれた方が、将来的には日本の為になると思うのだが。

やっと見つけた建具職人集団

批判ばかりでも前に進めない。納得の価格で、家具レベルの建具を造れないか。江東区は木場の材木商社の紹介で、複数の建具工場の作業場を見学して廻った。

どこも小規模で、機械も古い。いつまで仕事が継続できるのか、余計な心配をしてしまう。

「先生、そんなに探さなくても、いい建具屋ありますよ。ちょっと高そうだけど」

清水棟梁は、以前から時々、三星百貨店の建装部関連のレベルの高い仕事を受けていて、その中で知り合ったらしい。

「何だ、そうか、早く教えてよ」

灯台下暗しだった。早速、池袋の会社を訪ねて、加藤社長と意気投合。なんとハーレーに乗っている。このあたりの粋さが気に入った。職人さんたちの動きもいい。物は試しと希望を伝えて数日後に答えが出た。もちろん、製品は合格。即刻、私が組織する職人集団の一員になってもらった。うまくいく時は、うまくいく。

加藤建具の強みは、製作そのものより、取り付け調整の機敏さにあった。工場そのものは小規模で、内容によっては、それぞれ得意な協力会社へ製作を依頼する。たとえば、塗装職人を専属で抱えるには、相当の量を営業で拾う必要があるからだ。

そうか、動く建具は、製品そのものよりスムーズに機能するかがカギとなる。加藤さん達は、それを支える体制を整えていた。常に経験を積んだ腕の利く職人たちを稼働させねばならない。

「既製品に比べて、どうしても割高につく。だんだん離れていくゼネコンも多いけれど、半分は戻ってきてくれる。我々の存在価値がそこにあるんです」

いつ連絡しても、知識豊富な加藤社長が事務所に鎮座し、電話応対してくれることが安心感を呼ぶ。メンテナンスの体制を整えて、しっかりした一品生産の建具を現場毎に吊り込んでいく。量は多くないだろうが、確実な仕事を求める私のような発注者がまだまだ少なからずいる証拠だ。そんな気がしている。

カッシーナとの出合い

時折、埼玉県岩槻市の戸澤さんの工場に出向き、更に木への造詣を深めるにつれて、私の関心は建築から家具や建具にも広がっていった。製作家具や内装に関しては、戸澤さんの真骨頂だが、当時親交のあったカッシーナジャパン社長の武藤さんからもイタリアやデンマークなどの優れた輸入家具の存在を知らされた。

私のホテル設計第一号は八王子市にあるが、当時はまだ珍しかったキャブと呼ばれる総皮張りの椅子を、そのデザインの独創性から採用した。カッシーナといえば、今や全世界で最も人気が高い家具のトップ企業だが、当時まだ日本支社としては創業期だった。八王子のホテルの開業前に、武藤社長自ら額に汗して椅子を運び入れる姿を今も思い出す。

私が社会人になって間もない頃、ヤングエグゼクティブとは、きっとこんな人を言うのだと憧れるほど彼はカッコよかった。長身で物静か、聞くところ育ちもよく、甘いマスクにＢＭＷの７シリーズが似合っていた。納品を終わると、

「それじゃ、また、可児さん。どうも」

と言い残し、ボン（ドアの閉まる音）、シャー（発車音）。それをボウ然と見送る私がいた。

数年後に、別の仕事でミラノに同行する機会があり、その堪能なイタリア語を耳にしたあたりでは、ほとんどノックアウトされていた。悔しいかな、天は二物を与えることがある。加山雄三を筆頭に、世の中には生まれつき、こうした魅力と才能を備えた人間が存在する。

家具については戸澤さんからその本質を、デザインでは世界をリードし続けるイタリアの最新情報を武藤さんから教わった。当時の私は、とにかく

「おや、まあ、そうですか」

と、どんどん知識を吸収できる幸運に恵まれた。

その後、この戸澤さん。周りの優れた家具職人たちは、バブルの崩壊などが響いて、ほとんど廃業してしまった。手仕事が欠かせない高品質な家具や建具工事は、絶滅危惧種と言う人もいる。そんな中で、数十人の若手職人を率いて、エネルギッシュに活躍する姿は貴重な存在となっている。

現在も、一流の仕事を求める注文者から引っ張りだこで、「断れない」と嘆きながら、国宝級の修理なども手掛ける一方、一流ホテルの内装、国内を代表する高級旅館から話題の豪華列車まで、いいものは何でもこなす。当然といえば当然だが、紛れもない大御所になってしまった。

一方の武藤さん。カッシーナジャパンを軌道に乗せ、国内でその基盤を築いた直後に、突然、病魔に倒れた。数年後、友人代表の北山孝雄さん（総合プロデューサー。建築家の安藤忠雄氏は実兄）から訃報が届いた。佳人薄命。感謝の言葉とともに冥福を祈りたい。

第九章　演出装置として

(一) 飾りも適当に必要

三階に住む大胆かつ無謀な設計

我が自邸の上下の関係を少し説明したい。まず玄関を入って靴を脱ぎ、階段を十四段上って二階に至る。ここには私の事務所へ入るドアがあるだけで、家族が暮らす三階へは、この後七段上って踊り場で「フゥ」と一息ついてから、更にもう七段上ってやっとたどり着く。

玄関を入ってから、階段を二度上るのは、さぞしんどいように思われるが、階段一段分の高さを二十センチ以下に抑えたことと、カーペット敷きなので意外と疲れを感じないと思われた。

最近の都心部では、三階建ての住宅が多くなっているが、この場合、決まって居間や食堂のようなパブリックスペースは二階にある。日当たりや通風を考慮すれば、当然の結果であろう。しかし、玄関から二層分の階段を一気に上って、三階の居住部分にたどり着く大胆かつ冒険的な設計は、稀な存在だろうと思われた。

私もいつの間にか、そう若くはなくなってきている。いつかは階段の上り下りが、きつくなるだろうと予想はつく。

「まあ、もしそんな歳まで長生きができたら儲けもの」

と笑い飛ばしているが、その時がきたら家庭用エレベーターを増設することで妻とは意見が一致した。一抹の不安も抱えつつ、その代償として得られる眺望、日照、通風などを人一倍享受できる三階居住案に踏み切った。

退屈で長い階段に一工夫

いくら緩い階段でも、二回も連続して続けば、その往復は単調で退屈な時間となるに違いない。そこで、途中の踊り場あたりに何か楽しげな装置を設けたいと考えた。建ぺい率に余裕が無いので、これ以上床面積を広げることは許されない。しぶしぶ建ぺい率にも容積率にもカウントされない出窓を作ることにした。大工仕事の手間賃だけ覚悟すれば、ちょっとした演出空間が簡単に出来上がる。

出窓は部屋を広く見せるための姑息な常套手段だが、今回は退屈しのぎの演出として活躍させたかった。ここで忘れてはいけないのは、照明効果。ここを生かすも殺すも、この照明で決まってしまう。間接照明を仕込むことにした。

出窓には彫刻と大きな書を入れた額を飾ることにしたが、後日、これが予想以上に我が家の個性作りに貢献しているようだ。二か所ある踊り場の出窓コーナーでは毎日これらのアートが嫌でも目に入る。ここに照明が当たると演出効果が高まり、本当に高価な美術品に見えてくるから笑える。

上の出窓に掛けた額縁入りの書は、あのバブル時代に、見栄と成り行きで購入してしまった高価な一品だ。その直後にバブルがはじけて、後悔しきり。

「なんて無駄な買い物をしたのだろうか。バカ、バカ」

思い出すたびに腹が立つので、古い毛布に包んで妻にも内緒にしていたが、十年後にやっと日の目を見ることになった。

下の出窓に置いた彫刻は、「タバコと塩の博物館」でインド物産展があった時、片言の英語を駆使しながら値切り倒して買った馬の置物。冷静になって観察すると、現地では道端に転がっているような偽物かもしれないが、手作業による苦労の跡が感じられるので捨てがたく、これまた押入れの隅に眠っていたものだ。

和室の玄関も悪くないが

最初の案では、階段を上りきった正面は、妻の達っての願いで、床の間を兼ねた和室になる予定だった。ここから居住スペースが始まる第二の玄関。箱根の旅館のように、畳敷きの玄関から始まる住まいもなかなか粋かと考えた。

やっと夢が叶い、かつての美貌を取り戻した着物姿の妻が、

「今日もお疲れ様」

と三つ指ついて私を出迎える。その舞台としても最適な場所と思われた。だが、そんな冗談が災いしたのか、工事途中になって妻が悩み始めた。

「ほんとに和室でいいの？おかしくない？」

出来てしまえば案外馴染むものだが、ほとんど通路になる運命を持った和室である。落ち着かないといったらそれはそう。工事中の騒音の中で、二人で腕組みをしながら考えた。この程度の

変更は、竣工検査の審査対象にはならないが、床のレベルが問題だ。

「とにかく早く決めてくんな」

大工の土屋さんが笑う。

畳の厚みは六十ミリある。他の仕上げは二十ミリ程度。床の下地のレベルを早めに決めておかないと、後にわずかな段差が問題となる。早めのファイナルアンサーが必要だった。

二層の階段を一気に駆け上がると、きっと家族の皆が一息つきたくなるだろう。和室もいいが、何でもない廊下の続きのような、うつろでフレキシブルな空間にしておくことも有りだった。名づければアルコーブまたは多目的ホールとでも呼べるのか。

「和室だったら、床を少し上げた方が価値が上がるわね」

「だったら後で畳を敷いてもいいし、どうにでもなる」

とりあえず、ホール案に変更することで落ち着いた。

とにかく光ものに弱い女性たち

廊下の床はコルクタイルにする予定だったので、段差はつけないで、代わりの素材を探すことにした。そもそも妻が夢にまで見た床の間付きの和室をあえて変更した貴重なスペース。多少値が張っても存在感のある素材が欲しい。「ホテルのような家」がテーマだったことから自然に答が出た。石の床だった。

しかし、素足で歩く所に、大理石のようなピカピカを敷き詰めるほど悪趣味ではない。とにかく見た目に清潔感があり、温かさを感じるものが良い。そこで砂岩のライムストーンが候補にあがった。色合いはオフホワイト。一応大理石の中に分類されてはいるが、堆積岩なので冷たさを感じない。産地はヨーロッパ辺りで、比較的柔らかくて加工しやすいため、たとえばパリの街並みの大半はこれで出来ている。

ここに更に遊びを加え、ガラスのモザイクタイルで縁取りをしてみた。専門的には「ボーダーをとる」と言うが、ホテルでは外人デザイナーがよく使う手法で決して珍しくはない。もしこの自邸が建築雑誌に載ったら、誰かに少女趣味と嘲笑されるかもしれないが、三歳になったタカコがここで遊ぶ姿を思い浮かべて、「少し、かわいいアクセントを」との親心が勝った。

「その結果は？」と言えば、やはり女性陣にすこぶる好評となった。色とりどりのガラスモザイクが日光に乱反射して渋めの光沢を発し、硬い石の床に華やかな印象を与えている。やはり、本能的に女性は光ものに弱いようだ。

床の間代わりの大きな丸窓

こうして我が家のヘソが誕生した。演出次第では、季節感に満ちた生きた空間となるはずだ。ここには南からの光を求めて、畳二枚分の大きなハメ殺し窓を設けていた。階段を上りきると、最初にこの正面の大きな窓と対面する。ここはひとつ、印象的なデザインが欲しいところだが、余分な予算を認めてくれるほど奥様は甘くない。

ちょうどこの頃、町会の役員を強引に依頼され困っていた。それまで名古屋をはじめ、全国各地への出張をネタに辞退してきたのだが、遂に逃げられなくなった。普段、近所で善良ぶっているることがアダになってしまったようだ。観念して、幼い子供たちのためにも「ここは一肌」と町会の集まりに出向いた折、同じ町内に鉄骨の加工場があると聞いた。知っておいて損はない。

京王線の高架の下にその加工場はあった。ははん、ここなら多少の騒音も気にならないと納得し、作業員に声を掛けた直後、私は凍りついてしまった。作業員は二人だったが、振り向いたどちらもが凄みのある顔つきだったからだ。

「あ、あのう、どちらの組の方で」

とは失礼だが、風貌は江戸っ子そのもので、祭りのハッピが似合いそうなコワモテの二人。緊張してご挨拶をしたことと思うがよく覚えていない。とにかく我に帰った時は、図面を出せば見積りをくれることになっていた。

話を戻すと、階段を上りきった正面の窓の意匠として思いついたのが、よく京都の寺院に見られる丸窓。この円形に切り取られた窓から庭を愛でる伝統的な手法を取り入れてみたいと思った。北鎌倉は明月院の丸窓を通して眺める庭も感動的だった。

具体的には、一旦取り付けた四角の窓はもう変更できないので、手前に大きな円をくり貫いたパネルを貼って丸窓に変装させることにした。そしてこのパネルの素材を鉄板とするアイデアを思いつき、あのコワモテの小俣工業で見積もりを取ることにした。

簡単にスケッチを書いて送った数日後、返送された見積りは意外に納得の金額だった。しかも製作にあたって、詳細な質問があったが、その口調が何と丁寧なことか。そう、人は絶対に見かけで判断してはいけない。以後、細かい仕事ばかりで恐縮だが、当社のご用達とさせていただいている。

ところで、この鉄板、取り付けは自分でしなければならない。もちろん自分では出来っこないので、土屋棟梁にお手伝い願うことにした。丸窓サッシを発注するよりずっと割安だった。

「先生、なかなかいいべぇ。初めて見たよ」

土屋棟梁も感心顔。正統派大工には経験のないユニークな方法だったようだ。この鉄板には予め赤茶の錆止めが塗ってある。このままでは赤みが強すぎるので、自然の錆色にならないかと、日曜大工用のラッカースプレーを購入して自分で吹き付けてみるも、以外に難しい。すっかりムラが出来て失敗こいた。これはヤバイかも。

意気消沈の私を横目に、妻のケイコは

「アラ、風情があって、なかなかイイじゃん」

となる。

「バカ言え、こんなのホテルじゃ許されないぞ」

「バカねえ、このムラがいいじゃないの、自然で。私好きよ」

「バカ」、「バカ」の応酬の末、こうして季節ごとのしつらえが楽しめる、我が家の中心的な空間が完成したのだった。これこそ現代版床の間である。

(二) 障子とすだれ

日本の家から和室が消えていく

これまで東京都内で設計を依頼された住宅では、土地から購入して新築するお客さんが多かったせいか、広さに余裕がなく、和室を設けた家は意外と少ない気がする。最初から、

「和室は、要りません」

とサバサバした人も何人かいて、確かに和室離れが進んでいると感じていたが、半数以上の施主さん達は
「敷地と資金が許せば一部屋は和室が欲しいよね」

とのことだった。そんな施主のために、四畳半程度の畳のスペースを居間の片隅に置いたらどうかと提案して、いくつかは実現した。数年後に住み心地を聞いてみると、子供を寝かしつけるもよし、帰宅後にゴロンと横になるもよし、それはそれで
「とても良かった」

ようだ。

ところで、こんな場合の畳敷きは、いずれも洋風の壁と天井に囲まれた中に置かれるわけで、畳と相性ぴったりの障子までしつらえることは少なかった。障子の効能を以前からよく知っている私は、

「大使館公邸なんかでも障子が好まれ、よく見かけられますよ」

とやや強引に勧めてみるのだが、ほとんどの若い施主さんにはピンと来ないようだ。

伝統の障子をどこかに使いたい

家を新築する時は誰でも大小の夢があり、あれこれ想像が膨らむものだ。今日では、だいたい奥さんの夢が実現することが多い。現代の女性達は得である。そんな時は決まって白い壁の洋風モダンなスタイルが好まれ、障子といえば生まれ故郷の破れかかったあの黄ばんだ紙のイメージしかないのだろうから、最初から却下されてしまうのも無理はない。

しかしながら、我が家では、妻のケイコさんが無類の和風好み。工事を開始する直前まで、廊下や居間の床を全て畳にする案で盛り上がった。

こじんまりした高級和風旅館によく見受けるスタイルである。しかし、

「ホテルのような家」

というコンセプトに決ってから、

「やや無理があるのでは」

ということで、やっと床がコルクタイルなどに落ち着いた経緯がある。どうせ泊まりの来客なんて多くない。もしもの場合、すぐ近くの新宿駅周辺のホテルの方が喜ばれるはず。身内は客じゃないと我々夫婦は最初から冷めていたので、客間としての座敷は不要と考えた。

で結局、畳の部屋は婆ちゃんの個室と、ケイコさんの着物の着替え場所兼物置としての四帖の

予備室のみとなった。さて、ここに障子が必要か、迷ったが、婆ちゃんの部屋については、いちばん日当たりの良い東南に位置させていたため、障子だと朝日が入り、ゆっくり寝ていられないだろうとの孝行息子の判断から、勝手にカーテンにしてしまった。

ところが、後で聞けば、

「朝日の昇る頃には、とっくに目が醒めとるで」

とのことである。

そしてしばらくしての感想は、

「昼間にカーテンを開けておくと畳が焼けてしまうであかん」

らしい。そんなことならカーテンより障子の方がずっと良かった。恥ずかしながら、建築資金の一部を援助してもらった脛かじり息子としては、工事の前に少しは意見を聞いてやればよかったと少々反省ぎみ。

婆ちゃんの部屋にも障子を設けていないので、まして北側の予備室に障子は贅沢だった。したがって、我が家でも危うく障子は無くなる運命にあったのだが、そこにストップがかかった。何としても和風の風情にこだわる妻は、

「どこかに障子のぬくもりが欲しいよね。でも古臭い和風はイヤ。現代風のシンプルなデザインでヨロ」（ヨロシクの略らしい）

と難しい注文が来た。さらに、ジャブが飛んでくる。

「その辺りの難しさを上手く処理するのが建築家でしょ」

それでも我々建築士部族は、こうした施主の嘆願言葉にめっぽう弱い。

「じゃあ、やってやろうじゃないの。任せなさい」

　工事は相当進んで、大工の工事が終わろうとしている。現場でぐるりと見渡しても障子の効果が最も期待できるのは、南面した居間の大きな引き違いサッシと子供部屋の窓くらいしか見当たらない。

　子供部屋には、いくらなんでも障子は不釣合い。残るは居間の大きな開口部のサッシ。このサッシの前には、最初から憧れの大型テレビを置く予定だったので、電源やアンテナ線も床から突き出してある。

　思えばここには明かりは欲しいが、常に目線が向くテレビの背景がアルミサッシというのも無粋なもの。しかも値段をケチったので、大きな窓の割には四枚の引き違いサッシに薄いガラスが入っている。確かに断熱効果がすこぶる悪そうだ。

「そうだ、ここだ」

　ここに障子を入れれば、目の前の高層マンションの住人とも視線が合わず、部屋の断熱効果も期待できる。おまけに洋風のインテリアに障子で、あの大使館風の雰囲気も悪くはない。妻の
「古びた和風にしないでね」

という条件には、組子を大きくすることで見慣れた障子のイメージを払拭することにした。そして、ついでにこの上にある高窓にも障子を取りつけて統一感を出すことにした。この高窓は最初から明かり取りの目的でハメ殺しにしてあるので、障子もケンドン式にして固定してしまった。

障子の効能を確信する

数年経っての感想は「良かった」の一言に尽きる。まず障子の断熱効果はペアガラスの比ではない。夏にこの障子を開けると、サッシとの間のわずかの隙間に溜まった空気は火傷しそうなほど熱い。反面、冬には冷たい空気をここに閉じ込めて結露防止に役立っていることが分かった。それでいて一年中柔らかな光を透過している。伝統的な和紙の威力に頭が下がる思いだった。

「障子の値段は何で決るの？」

建具屋の加藤さんに聞いてみた。するとどうやら組子の骨の材料のようだ。もちろん同じ技量の職人で、同じ大きさの物を作るという条件だが。

「今回の材料は何でいきますかね」

その都度、建具屋の加藤社長から必ず聞かれる質問である。予算がある時は杉、無い時はスプルスと答えることにしているが、当然のことながら我が家はスプルスである。年数が経てば、はっきり差が出るようだが、無い袖は振れない。

障子一本あたりの価格は、カーテンよりは少し高価だが、その技術力と手間のかけ方を比較すると割安感がある。障子紙も改良されて、かなり丈夫になっている。しかし近年、和室の減少と比例して、障子や襖の需要が少なくなり、建具屋や表具屋の数も激減していると聞いている。

確かに、最近の新築されたどの家を見ても、規格品の建具ばかりで、現場に合わせて造作された職人技の建具には、私の設計した家を除いてしばらくお目に掛かったことがない。マンションに至っては、その建設過程から、一度に大量に納品しなければならない宿命にあり、規格品以外は考えられないのだそうだ。しかし、イタリアあたりの優れた規格品を知っている私には、国内の工場完成品が必ずしも全力投球の成果品とは思えないのだが。

第十章　キッチン

(一) システムキッチンを組む

借地権の恩恵、広めのキッチン

これまでの仕事の中で感じるに、施主の意向は、キッチンは単なる作業場から脱して、住宅の中心的存在になっていく傾向にあるようだ。最近では施主としての主導権が、どうも奥さんに移っているようで、女性の最大の関心事であるキッチンに注目が集まるのも当然のことかもしれない。

確かに数年前から、オープンキッチンと呼ばれるスタイルが多く見られるようになった。簡単に言えば、流し台とコンロのあるメインのキッチンセットが壁際から離れ、食卓テーブルの方を向くスタイルのことだ。これまでにも同様な方式はあるにはあった。キッチン側から食卓方向が見える窓のような開口があるもので、カウンターと呼ぶ小さな棚板も備わっている。マンションなどで窓が確保できない場合の明かり取り窓を兼ねたこのスタイルは、手元の乱雑な様子が隠れるので、それはそれで今でも多く支持されている。

ところが最近、キッチンとダイニングテーブルとの間に、まったく壁が無いスタイルが流行り始めている。きれいに片付いている時の写真を見る限り、絵的にとても美しい。しかし、現実の生活の中で、食後の汚れた食器類が無造作に重ねられたワンシーンを思い浮かべると手放しで賛成はできないが、小さな子供が居る家庭では、料理の合間でも見張りが出来て母親としては安心感があり、人気急上昇も納得できる。

　実は我が家もその光景にあこがれていた。ケイスケやタカコが大きなダイニングテーブルで宿題をこなす。それを見守りながらの料理の時間は、母親にとっては至福の時間なのかなと夢を見た。自邸の建設が具体化した頃、インテリアの雑誌を山と買い込み、気に入った写真をカッターで切り取ってスクラップブックに無造作に貼っていく。鼻歌交じりでこの作業を続けていた幸せ絶頂期の彼女を今でも思い出すが、切り取っていた写真のほとんどがキッチン関係のものだった。

「あなた、狭いキッチンは絶対イヤよ」

　結婚してから気づいたことなのだが、私の妻は何につけても大きなものが好きらしい。「チマチマしたものは、どうも好かんとね」

　食事の時間を家族の生活の中心においた我が家は、キッチンのスペースも許す限り広く取ることになった。


　効率的に使いやすいコンパクトなキッチンは好ましいが、経験上本音を言えば、やはりゆとりのある広いキッキンに勝るものはない。ここでも我が家は借地権の恩恵を受ける事になった。土地に対する金銭的負担が少ない分、建物の床面積が多く確保された結果、ほぼ八帖間のスペースがキッチンに充当できた。それでも私が育った岐阜の実家では十帖位あったから、田舎レベルでは自慢できる程のことではないが、こと都心部での平均値からすればかなり広い方だろう。

「一介の建築士の自邸としては、贅沢過ぎるでしょう」

　多々なるご批判もございましょうが、そこはそれ、借地権に甘んじてお許し願いたい。

憧れの対面キッチンが現実に

さてキッチンの配置を具体的にどうするか。もちろんオープンキッチンの対面方式で、シンクのある流し台はテーブルの方を向くことは決まっていた。ではコンロはどうするのか。原理原則に従えば、コンロに付帯する換気扇はダクトで天井裏を経由させて外に放出するシロッコファン方式より、直接外気に接する壁にプロペラ扇を取り付けたもののほうが効率がよいに決っている。それを優先すれば、流し台がダイニングルームに向き、コンロが直接外壁に向くL字プランが適当に思われた。

今にして思えば、いっそ流し台とコンロを分離させたアイランド型にして、コンロと換気扇を背面の壁に取りつける案もあったようだが、いつの間にか加齢とともに革新的や前衛的思考が薄まりつつある私は、妻のリードに従って普通のL字プランで納得してしまった。

「金銭的には、市販品を上手に組み上げるのも懸命かもよ」

システムキッチンの配置がほぼ決定した頃、財布を握る妻に手を引かれて、ショールーム巡りが始まった。サンウェーブ、クリナップ、タカラに松下（現在はパナソニック）。大手メーカーだけでも五、六社はある。これに後発の「こだわり特注ショップ」や輸入品メーカーまで入れると軽く二十社は越える。今後の設計の勉強も兼ねて、ほとんどのショールームを探訪する巡礼の旅が始まった。以前から時々ショールームは覗いていたものの、さすがに自邸に採用するとなると緊張感が増すものだ。今までのように「最終的には施主の好み」と逃げ口上が効かないからだ。

訪れてみると、どのメーカーも展示に工夫を凝らし、女性のコーディネイターの対応も上出来だった。目標の半分も廻ったところで、私達にはひとつの悟りが生まれ始めていた。

「どうやら扉材が違うだけで、どのメーカーもキッチン本体の箱は同じだぞ」

よくよく観察していると、どこかの同じ工場で、今週はK社、来週はS社なんて具合に、箱ものを専門に生産しているのではないかと思えてきた。事実はともかく、そう思える程どのメーカーも似ている。要は本体の箱モノより、扉材と天板の選択ということになるようだ。

同じメーカーにしても、グレードの違いは、箱そのものではなく、扉の意匠によるものがほとんどのようだった。箱の中は主に収納なので、そこがステンレスで覆われていようと、ホーロー製で仕上げられていようと「絶対これしかない」という決定的な要因は見つからなかった。

どのショールームにも、壁一面に扉材だけが貼り付けてあるコーナーがある。白からはじまって色物、次にアルミなどの金属っぽいもの、更に木目調と続くのはどのメーカーも同じ。しかし、妻のケイコの目はいつになく輝いて見える。あれもいい。これも捨てがたい。まるでバーゲン会場でパニクっているオバさん状態と例えるのは失礼か。最近、新妻から母親の顔に移行し、普段は少々怖い存在になりつつあるが、この時の横顔は、嬉しさはちきれんばかりの幸せ女性そのものに見えた。

「人生、苦あれば楽あり」

確かにそうだよね。

新進気鋭のトーヨーキッチン

最終的にはトーヨーキッチンの商品となった。ここに決めた理由はふたつある。まず、流し台の奥行きが通常六十五センチのところ、七十五センチあって一時的にも鍋が置けたりする余裕が感じられること。目新しさも影響したが、これが「何でも大きいものが好き」が信条のケイコさんにウケた。天板のステンレスが顔も写る程の鏡面仕上げで、この光沢も気に入ったようだ。なんせ女性は光モノに弱い。もう一つの理由は、まったく私の個人的な動機からだ。

このメーカー、実は昔から知っている。私が設計士として社会に飛び込んだ頃、どこかの工務店で、この会社のカタログを見た記憶がある。

「何てダサいキッチンなんだ。埼玉あたりの会社じゃないの」（イッツ、ジョーク）

右も左も分からない見習い設計士にも、そのデザインのお粗末さは判別できた。何故覚えているのか。その会社の所在地が生まれ故郷に近い、岐阜県関市にあったからだ。カタログには、公団やアパート向けの普及品の写真が多かった。色は、白とクリーム色。

「やっぱり、東京では岐阜の田舎もんは通用しないのか」

自分とダブらせて自信がなくなった。ところが今や、この会社が大手メーカーにも迫る勢いだから世の中おもしろい。規模はまだ小さいが、カタログや商品のセンスでは群を抜いている。誰か筋の良いアートディレクターでも雇ったに違いないが、故郷のよしみと応援する気持ちが沸いてきた。

天板、つまりカウンタートップは最近、人工大理石が増えてきた。模造品も多いが、オリジナルである米国のデュポン社のコーリアンあたりは、高額だが性能はいいらしい。真っ白な天板なんか挑戦してみる価値もあると思ったが、オープンキッチンと洒落てみても、きっと現実的には流し台廻りが乱雑になる不安があり、目隠しを兼ねて、やや高い位置に無垢の木のカウンターを設置することにしたので、食堂側からは天板そのものは目に入らない。だとすれば、耐久性の高いステンレスの方が現実的と妻のケイコは割り切った。

しかし、逆に私は無垢の木のカウンターにはこだわった。我が家の中心的存在の食の空間。その中でも一番目立つ場所に位置する。食器を出したり下げたりする機能の他に、意匠としても重要である。ただの無垢の木は、そのまま板として使うとしばしば民芸調になってしまう。木の持つ素朴さは出ても、野暮ったさも同居してしまうのだ。「ホテルのような…」にはそぐわない。

穴が開いたキッチンカウンターはいかが

ここは一番、増田会長のところに相談に行ってみることにした。この人、元々はデパートの売り場など、店舗内装を得意とする木工職人を多く抱える会社の代表なのだが、見るところ江戸っ子を絵に描いたような粋な人物。

「日本で一番多く木を持っている人」

との噂に興味があって、知人の紹介で何年か前にお会いした。保有する原木の多さなら、林野庁や住友林業にはかなわないが、家具に使えるように乾燥された材を山のように保持しているという点では、まんざら嘘でもないとその倉庫を見て思った。

　埼玉県の空き地に、トタン板の屋根ではあったが体育館のような巨大な倉庫が二棟並んで、その下には何千枚か数えるのも躊躇されるほどの挽き板が積んである。

「可児さん、好きなだけ持ってっていいよ」

と言われても…。

「何ならまだ数倍、北海道の旭川にストックしてあるから」

と豪語する。聞けば、バブル期の前あたりから、仕事で稼いだ大半の金額をこの原木の購入に費やしたそうな。「ひと山なんぼ」の時代だったらしい。

　会社のショールームに家庭画報が置いてあった。付箋が貼ってある場所を開いてみると、堂々数ページにもわたって特集が組まれていた。タイトルには着道楽ならぬ「木道楽」とある。巨木をくりぬいて作った安楽椅子にあぐらをかいたその姿はまさに木の寵児だった。

　この会長曰く、木を突きつめていく（英語でクウェストと言う）と、埋もれ木に行きつくらしい。その昔、自然災害で生き埋めになった大木が何百年、何千年を経て河川工事などで偶然発見されると、泥を吸って「えも言われぬ」自然の色に染まるらしい。自然が作り出す泥染めというものだ。これが
「実に味があっていい」
のだそうだ。
「埋もれ木に凝っているうちに、この人自身が埋もれちゃったのよ」

肩口で奥さんが苦笑い。ほんの冗談としても、こうした豪快な旦那を支える奥さんには、経営的に他人には分からない苦労があるに違いない。

さて、この会長が言う。

「カウンター選びは自分に任せて」

こうした職人気質の男の申し出には黙って従うのがセオリー（鮨屋もそうよ）。

後日、改めて出かけてみると、厚さ十センチもあろうか、とても一人では持ち上がりそうもない桜の厚い板が用意してあった。しかし、よく見ると真中に腕がスッポリ入る位の穴が開いている。

「いわゆる商品にならないクズに違いない。騙されるもんか」

戸惑う私を前に、会長は真剣そのもの。

「可児さん、これ正直どう思う？」

その目が燃えている。

「君、どんな建築雑誌読んでぇねん」

学生時代、偶然出会ったモロッコ旅行での安藤忠雄の目に似ていた。

木と供に人生を生き抜いた達人が私を試している。もちろんタダではないし、自分としても妥協できるものでもない。私はじっとその節穴を見つめて自分の感性で結論を出した。

「会長、これにしましょう」

無傷の板より、その穴の周囲の年輪に、この木の自然との闘いの痕跡を感じたのだった。すかさず増田会長がニヤリと笑った。

「実は可児さん、ここが木の命なんだよ。分かる人に使ってほしい」

こうして我が家のシンボルとしてのキッチンカウンターが決定したのだった。

(二)　主婦目線に付き合う

食器庫から超高層ビルまでこなす建築家

流し台の高さは、現代人の平均身長の伸びにつれて、どのメーカーとも以前より高くなってきている。最近の標準は八十五センチのところが多い。我が家では、背筋が伸びるように思いきって九十センチにしようかと迷ったが、妻の身長は女性としては平均的。

「高すぎて肩が凝るわ。ああ、しんど」

なんて言われて、毎日料理を手伝うハメになっては大変。無難なところで標準の高さに決めた。妻の意見によれば、あと数センチ高くてもよかったらしい。しかし、この数センチを調整できないのが市販品の不自由なところだ。

ほぼ八帖間の広さのキッチンスペースにL字型にキッチンセットを組んで、残った壁面に収納庫を並べると、物理的に真中にポカンと空きスペースが出来てしまった。そこでここに、四角の配膳台テーブルを置くことにした。廻りをぐるりと空けて適当な通路を確保し、真ん中の残った面積いっぱいの配膳台が理想的だが、何でも特注となれば割高になるのは世の常。出来ることなら既製品を上手く活用したいところだが、そんなものが市販品にあるはずもない。価格を心配しながら、仕方なく家具屋に発注することにした。

「とにかく収納場所をいっぱいお願いよ」

妻の要望に屈服して、大目に予算を割いたため、棚板のいっぱいある壁面収納は十分確保できている。残るはスプーンなどの細かいものの収納が欲しいという。そこで、この配膳台と呼ぶ特注家具の中に、浅い引き出しを可能な限り大量に取り込むことにした。家具の図面を描くのも久しぶりだったが、これはばかりは勘で書くわけにもいかない。慣れない手つきで調理器具の寸法を測りつつ、メモしていく。そんな姿が自分でも滑稽に思えてきた。ついこの間まで超高層ホテルの仕事に従事し、屋上のヘリポートまで設計していたというのに。

「アラ、幅広く活躍できていいじゃない。そんな器用な設計士、なかなか居ないわよ」

あまり嬉しい評価ではなかったが、まあ、建築士の誰もが経験できることでもないと考え、図面化していった。キッチンの全容が見えてきた妻は、嬉しくて、嬉しくて、最近は何事にも寛容に見える。今なら、小使いのベースアップも夢じゃないかもな。

「ところで、配膳台の天板は何にすんの」

「そんなもの自分で決めたら。建築家のする仕事じゃないし」

そう答えると途端に機嫌が悪くなる。細かい事でも、いくつか案を出させておいて、最後は自分で決めたいらしい。ここは家庭円満が一番。建築家の仕事ではないが、付き合うことにした。

自然光が降り注ぐ明るいキッチン

見栄え的には御影石にしたいが、実際、ガラスのコップや陶器類をちょっと乱暴に置くと、パリッと無残な姿になってしまう危険がある。この現象は、ホーロー製のシンクにもよく起こる。とにかく、硬いもの同士がぶつかった場合は危険だ。これはモノに限ったことではなく、人間社会でも…（ここで少し人生論を語りたくなるが堪えて）。

しかしながら、自然の御影石が見た目にも良いので、人工大理石のコーリアンの中から石目調の物を選んで代用する事に妻も同意した。この配膳台、つまりセンターテーブルは使用勝手の点で大正解だった。買い込んできたビニールの袋をまずこの台にドサっと乗せる。キッチンの中心にあるため、最初にここが物で埋まり、他に散乱しないのがいい。もちろん配膳台として機能するが、普段は大きめの花瓶を真ん中に置き、季節の花を愛でる場所となった。私が久々に設計した家具である。浅くて幅の広い引き出しは、ひと目でモノが確認できるので、家族みんなが頻繁に利用するようになった。

朝食の時に、暗いキッチンだけはもうこりごり。最上階の利点を活用して、キッチンの真上にも天窓を取り付けておいた。おかげで夕方になるまで照明を点灯する必要はまったく無い。都心の住宅でここまで明るいキッチンは少ないのではないだろうか。自然光が降りそそぐキッチンは、実に気持ちの良いものだと気付いた。よく台所は、モノが腐るので日光が入らない方が良いと言われるが、食品はほとんど冷蔵庫と食品庫に保管されている現代では、必ずしも、そうではなさそうだ。ただし西日は別として。

天窓の項に書いたので重複するが、天窓の威力は明るさの確保だけではない。風が抜けるのが思わぬ魅力であった。テンプラや焼き魚などの匂いや煙が篭る料理の後は、換気扇をフル回転させるより、この天窓をほんの少し開けてやる方が、より効果があった。数分後にはほとんど新鮮空気と入れ替わる優れものだ。自然の力は実に素晴らしい。

それでも浄水器が欲しい

自邸の設計を始めた数年前は、ちょうど家庭に浄水器が普及し始めた頃だった。当然のこと、妻の佳子は、どうしても取り入れると主張した。そんなもの必要ないといくら諭しても、一度言い出したら一歩も引かない困った性格。概して女性はこうしたチマチマしたものにこだわりが強い傾向にある。

「仮に浄水器を通過させたとしても、東京の水道水なんか絶対飲めないよ」

と論理的に説得するのだが、聞く耳を持ち合わせていない。こうなったらもう誰が何を言っても無駄だった。金額を聞いてさらに驚いたものの、一生ブツブツ言われても困りもの。今回は、私が音をあげた。

「どうぞお好きなように」

しばらくして、シーガルフォーという輸入品の浄水器がどこからか送られてきた。名前だけを聞くと最新式で効果がありそうだが、チョロチョロと少しずつ蛇口からコップに貯めないと効能が半減するという。多額のローンを抱えた私たちは、毎日の生活でとてもそんな悠長な時間は無い。引っ越して間もなく、浄水器は冷蔵庫の製氷器用の水に使用するだけになった。

「ほら言ったとおりじゃないか」

最近、私は何かで妻と意見が食い違うと、必ずこの浄水器を例に挙げ、事あるごとに自分の意見が正しいことを主張するネタにして疎（うと）まれた。

「やぐらしかねー。超すかんと」

そんなある日、二リットル入りのペットボトルが大量に我が家に届いた。このところ、頻繁に感じる地震に備えて、私が「非常時の蓄え」と慣れない通信販売を利用して注文したものだった。が、何を間違ったか、ひとりで抱えきれないほど重い六本入りのダンボール箱がトラックで二十四箱も届いたのだった。五十歳を過ぎて遂に痴呆が始まったのかと我を疑った。冷静に調べると、何故か二十四本を二十四箱と間違って発注していたのだった。すかさず返品を申し出たが、なんと返品代の費用が、届いた半分の十二箱分にも相当することが判明して青ざめた。

「アラッ、困ったわね、置き場所はどうするのかしら」

この日から立場が逆転した。車庫の片隅に山と積まれたミネラルウオーターを眺めながら、つくづく以前の古家でなくてよかったと思った。ペットボトルの水にも賞味期限がある。子供たちには強制的にこの水で氷を作るよう言い聞かせているので、ますます浄水器の水は使われなくなった。

食器まで洗い始めた洗濯機

昔々のその昔、確か私が小学校に入る頃、電気洗濯機なるものが登場した。テレビより少し早かったと思う。ちょうどあの頃を境に、故郷の田舎でも急速に自然が壊れていった。川も汚れ、ホタルも飛ばなくなった。夜道も明るくなり、やがて天の川も見えなくなった。あれから四十年、遂に洗濯機は食器を洗うまでに進化した。正式名称を食器洗い乾燥機と言う。

プロ用は別として、一般に販売が開始された十年ほど前から、浄水器同様その効力には半信半疑だったが、自邸を設計する数年前に手がけた住宅のほとんどの奥さま達から、こぞって食洗機導入の要望があり、生活備品に関しては建築士より施主さんの方がよく研究されていると感心することになった。

それでも、新しいものをすぐに受け容れられない、奥ゆかしく古風な性格の私は、自邸の設計の時も食洗機にはそれほど関心が無かった。言い訳がましいが、この辺りの知識は建築学の範疇を越えるものと考えている。これまた、導入に積極的な妻にも

「食器洗いくらい、カラダ動かせー♪」

彼女が大ファンの、さだまさしの歌をまねて自重を促した。

しばらくして、導入に消極的だった私の意見は無視され、結果ピカピカの食洗機が備わってしまった。

「料理をしない貴方に、何が分かるもんね」

ところで、新居に移転すると同時に、悲願だった亭主との家庭内別居が実現した私の母は、三階で私達長男夫婦と同居することになった。

「何かやることがにゃぁと居りづらいでいかんわ」

ということで、洗濯と食後の後片付けが日課となっていった。こうして役割分担をはっきりさせることが、嫁姑のトラブル回避の秘訣でもある。

「これで私は仕事に専念できる。チョー、ラッキーかも」

涙して喜んだ嫁は、さらに善意で母に依頼した。

「どうせなら料理もお願い」

しかし、こちらはすぐに子供達からブーイングが出た。野菜中心で、バラエティにも欠けている。しかも長年、高血圧の親父に合わせてきたので、料理の味はどれも淡白になっていた。本人は、

「もともと料理は好きやにゃあで」

と開き直った。

だが、飽食の時代で、しかも育ち盛りの子供たちには通用しない。すぐに料理は母親のケイコさんが担当に戻った。

使い出したら止められない食器洗い乾燥機

新しいものを扱う場合は、誰でも最初はぎこちないものだ。食事の後片付けが日課になった婆ちゃんも、最初のうちは食洗機にはまったく見向きもしなかった。

「東京に来てからシモヤケもできやへん。岐阜に比べて、どえりゃあぬくといで」と言いつつ、もっぱら水洗いに徹しているようだ。だが、嫁と姑の摩擦は夫（この私）が進んで避けなければならない。妻が購入した食洗機をなんとしても活用させねばと考えた。

「油が落ちんで、なるたけ食洗機使ゃぁよ」

わざと田舎言葉で母親に指示を出してみる。あえて田舎の言葉を使うのは、叱る意味にとられない配慮からである。

そんなことがあって数ヶ月後、それはそれは器用に食洗機を使いこなしている母の姿を発見して安堵した。感想を聞いてみると、

「すぐに乾くでエエわ」

とのこと。洗うという本来の機能より、食器棚に収納する際に乾いていることが嬉しいようだ。特にコップ類は曇りも無くなり、手作業より数段美しく仕上がるらしい。食事の後の山のような食器類が、わずかな時間で消え去っていく。簡単な手洗いの後、すべての食器が食洗機に収納されてしまうので、流し台の上は、いつも何もない状態となるのが心地よかった。

「食器が流し台に残らないのがいいのよ」

導入を決めた妻のケイコさんが誇らしげにのたまう。彼女の口上はさらに続く。まず、食洗機の機能の中でも特に重要な油汚れを落とすために、使用するお湯は六十度くらいの熱いものが効率が良く、このことを重要視して機種を決めたという。

しかしここで、夫婦の意思疎通が無かったことが災いを呼んだ。給湯器をキッチン専用とその

他に分ければ問題はなかったが、効率を重視し、給湯器を一台にしたので場所ごとに温度は変えられない。シャワーなどでヤケドの心配もあるため、給湯器を普段使いで五十度に設定した場合、食洗器を使用する時だけ毎回六十度に変える必要が生じた。かわいい孫に万一のことがあってはいけない。気が抜けないらしい。

「いちいち温度の切り替えをする手間が面倒やでいかんわ」

最近、食洗機担当の婆ちゃんの愚痴が聞こえている。

(三)　バックヤード

キッチン内のゴミ置き場を忘れるな

三階の明るいキッチンが全て良かったかと言えば、そうでもない。何にでも一長一短はあるものだ。一番頭を悩ませたのはゴミ捨ての問題である。そもそもゴミのストック場所は比較的涼しい一階の日陰に超したことはない。とかと言って、三階からいちいち下まで持っていくのも大変なことだ。ビニール袋の底から臭い汁がポタポタ落ちるなんて、もう想像しただけでも、胃のあたりからこみ上げてくるものがある。

以前の古家での間借りのような生活では、貯まった不燃物は軒先に、生ゴミは勝手口の土間に、いずれも大きなビニール袋に入れられ収集日まで放置されていた。妻も私も「どうせ誰も来ないし」とあまり気にならなかった。開き直りといってもいい。が、これからはそうもいかない。昔から「身に着けるもので人の意識も変わる」とよく言われるように、住環境の善し悪しでも人の行儀作法も変わっていくのではないだろうか。

実際のところ、一軒の家庭では、可燃ゴミに不燃ゴミ、そして空き缶、ビン用と最低三～四つのポリ容器が必用になることは経験的に分かる。これらの容器は当然床に並べて置くわけだから、相当のスペースが要るはずだ。位置としては、やはり家族の皆から目に付き難い場所が良いに決まっている。

自邸では、給湯ポットやトースターを置く予定のカウンターがダイニングからは見えづらい位置にあったため、その下を空けて、ポリ容器置き場とした。仮に、キッチンを陽と陰とに分類すれば、陰の場所となるが、これがあるお陰で動きやすいキッチンスペースが保たれている。

洗濯物干場の屋根で泣きを見る

ところで、三階にはキッチンの他に洗濯機置き場があることから、当然洗濯物の干場も必要になってくる。南側の前面に、バルコニーをつける設計としていたが、建ぺい率に余裕がないので、法的に一メートル以上飛び出すことが出来ない。よって、実際に使用できる奥行は有効で八十センチくらいしかない。ちょっと狭くて、干場としては問題がある。

　このあたりは、設計段階で手を動かしているうちに気づいていたが、ふと、下階のアパートの階段室の屋上がキッチンの窓下につながっていることに気がついた。東側で朝日が燦燦とふりそそぐ五畳ほどの広さ。

「うまい！ここだ」

　無意識のうちにキッチンからこの階段室の屋上が利用できるよう勝手口用のドアを書き込んでいた。

　このように設計の途中で、偶然救われることもある。ちょうどパズルを解くように、あれもダメかこれもダメかと悩むうちに、ふと辿り着く快感を伴った晴れた境地とでも表現しようか。多分、将棋の棋士の頭の中は、こんな風にいつも回転しているのではないだろうか。

　また、ここにはプロ用語でＳＫと呼ぶ掃除用のシンクを取りつけておいた。雑巾や靴などを洗う目的なのだが、とにかく多目的に利用できるので、妻や婆ちゃんの喜ぶ姿が想像できる。さらに、急な雨対策用に屋根もつけてやろうじゃないか。ちょうど周囲の道路からは全く見えない位置にあるので、簡易なものでよいはず。

　洗濯物が乾くように影にならない屋根材、その昔は決まって塩ビの波板だったが、数年でヒビ割れてダメになる代物だ。そこで波板の改良品でポリカーボネイトという薄くて丈夫な優れ物を採用することにした。機動隊が楯に使う透明の板と同じもので、氷（ひょう）が降っても簡単には割れない。

「先生、ポリカの厚みはどのくらいにしますか。一ミリくらいから五ミリまでありますが」

施工途中に建材店から問い合わせがあった。

「そりゃあ五ミリでしょう」

大は小を兼ねる。即答したまではよかったが後日泣きを見た。予想の五倍ほどの請求書が届いたからだ。よくよく調べてみると、厚さとしては一ミリで十分だった。

「先生」と呼ばれる度に、ついつい知ったかぶりをしてよい返事を出してしまう癖は、これまでどれほど高い授業料を支払ってきたことだろう。妻には
「低予算で、屋根も付けておいたから」

と胸を張るつもりだったが、敢えてこの話題には触れないことにした。

㈣　ダイニング空間が磁場

家族が集うダイニングルームが中心

人は誰しも、押し付けられた分だけその反動は大きくなる。これを作用反作用の法則と言う。ほんの少し前まで、我が家の食卓は八十センチ四方のコタツ板だった。麻雀をするのにはちょうど良い広さだが、子供二人に爺婆を入れて家族六人の食事処としては、いつも不便さを感じていた。しかし「知らぬが仏」。それはそれで毎日がなんとなく過ぎていった。

部屋の広さは八帖間だったが、食事の場としてだけに留まらず、居間や応接間、子供の遊び場を兼ねていたのだから、毎日のイライラが蓄積した妻の髪の毛が逆立ち始めていたことに私は気づき始めていた。今や時の人になっている、そのまんま東、宮崎県知事だったら

「何とかせないかん」

と宣言するに違いない。現実的に設計事務所の仕事では、それを一挙に払拭するほどの収入は得られない。

「畜生、あのバブルの崩壊さえなければ…」

それでも、狭いコタツの食卓は、毎日家族が集い会話を交わす大切な場となっていた。言い換えれば、食事の場が住宅の中心になっていたわけだ。紆余曲折あって、数年後に新居が建てられる境遇に至った時、最初に設計の与条件で重要視されたのがこの「食事の空間」だった。

これまでの生活で馴染んでいた八帖間そのものを、食事のみの場所として利用できたらなんと贅沢なことだろうか。ついでに天井の高さも三メートルを超えてしまったらすごい話だ。朝の光だって取り込んでしまおう。設計はだんだんエスカレートしていった。最終的に新居の食卓は、

「何でも大きい方がいいのよ」

と身体に似合わず豪語する妻の意見で、古家のコタツ板の約四倍の広さと決めた。確かにダイニングテーブルは大きい方が使用勝手も良いし、家族が一堂に会する場としての存在感も増すというもの。

超大型ダイニングテーブルを発注

具体的な大きさは夫婦で向かい合って、ちょうど良い距離を巻尺で測ることにした。

きっと新婚の頃ならもう少し短くなったに違いないが、「七年目の浮気」が危ぶまれる時期となった今日では、一メートル前後がちょうど良いという結論に達した。だが将来も考慮して、あと五センチお互いの距離を離すことで合意した。長辺は見た目のバランスを考えて二・六メートルとなった。

そんな経緯で、我が家のダイニングテーブルのサイズは一・〇五×二・六メートルに決まった。

しかし、そんな大きなものはどこの家具屋にも売っていない。

「特注するしかないわよね。予算無いけど」

この時、ヒノキ工芸の戸澤さんの顔が浮かんだ。この住宅の中心的シンボルの食卓だ。値段はともかく、彼に依頼するのが相応しい。

鮨好きの私としては、生涯使用する食卓の材質はヒノキのムク板が理想だった。

しかし、鮨屋でよく聞く話として、あの美しい白い木肌を保つためには閉店後も毎日、牛乳とヌカで磨き上げねばならない。さらに子供達が醤油でもこぼそうものなら…。それに、ヒノキの厚板は、近年では破格の値段で取引される貴重品。

「それなら、代わりにメープルの良い板が有りますよ」

メープルとは楓の木のこと。素直な白木で木肌も優しく、ヒノキに似たところもあるが、どちらかといえば女性的な感じがする。それでも戸澤さんがイイと言うのなら、とメープルに決めた。

任せる以上は、後でどうこう一切言わないのがルール。特に、この人の場合、私の設計イメージより劣ったものが作られた例（ためし）がない。その点は安心だった。

「メープルは比較的柔らかい木なので、家庭での荒々しい使用に耐えるため、透明の皮膜を塗っておきました」

出来ばえは今回も文句のつけようがなかった。

ババババーンと大きい壁面収納

住宅などの小さな建物では、天井高が三メートルを超えてくると、空気感とも形容できる、ある意味の迫力と感動を覚えることがある。非日常の空間として意識されるのだろう。我が家のダイニングルームも例外ではなかった。しかも、真ん中に大きな天窓を取り付けたことで、曇った日でもテーブルの上は常に明く、見上げると空が動いている。なんともドラマチックな空間に、我ながら酔いしれることになった。

その高い天井から、最近特に気に入っているフリスビーという名のペンダント式照明器具を吊り下げることにした。ヤマギワで扱っているイタリアの巨匠カステリオーニの作品だが、これはその形のユニークさに加え、電球の光源が直接目に入らない機能的にも優れた器具なのである。

家族の皆が集まる場所ということで、思い切って食事スペースの東側の壁全体を収納とした。

皆が共通に必要とする救急用品など雑多な日用品を一同に集めて収容しておく場所があれば、きっと周囲に散乱しないだろうと考えた妻からの要望だった。

「ここからここまで、壁いっぱいに、こう、バーンと天井まであるといいよね」

なのだそうだ。

　これが後になってジワジワと効果を発揮してくるから、またまた妻を調子に乗らせてしまう。このあたりの工夫は建築家の範囲を超えている。素人ゆえの発案というか主婦の知恵というか、決して建築学からは会得できない設計術なのである。

　しかし、せっかく確保した八帖間の広さが削られるのは忍びない。

「奥行きは、ほんの少しでいいのよ」

との言葉でひらめいた。木造の柱の厚みを利用したらどうだろうか。それだけで十五センチほどの奥行きが既にある。大工に頼んで外壁を柱一本分外に追い出して、雑誌が楽に入るスペースが確保できた。手間はかかるが部屋の広さは変わらない。

三階のバルコニーを空中庭園に

　ところで冷静に考えれば、私は建築家として特別成功した訳でもない。なのに、私達夫婦は、こんな空間で毎日寝起きができる、そんな贅沢が本当に許されてよいのだろうか。建物の竣工が近くなってからも、互いにふと顔を見詰め合う日々が続いた。

　残念ながら愛情の確認というよりは、不安を鎮める暗黙の確認作業だった。

「本当にいいんだよね。こんなところに住んで」

「何か落とし穴があるかもね」

　戦々恐々、それでも凡人ゆえに欲は果てしなく続く。実際に工事途中でボード張りの食事のスペースに立つと、南側にある避難用バルコニーが貧相に見えてきた。そして、単に外に出られるだけでは我慢できなくなっていく。乗りかかった船、ここまできたら出来る事は全てやってしまいたい。

「ここに観葉植物をいっぱい並べたらお洒落よね」

　妻の言葉に、またしても奮い立った。

「そうだ、バルコニーを広げて空中庭園にしよう」

　我々の住まいは地上三階にある。ここにバルコニーを大きく作るとなると、壁から床を直接ハネ出すか、地上から長い柱を立てるかのどちらかになる。隣との境界近くまでいっぱいにバルコニーを張り出せば、約六帖の広さが確保できるが、これを柱なしのハネ出し方式で実現させるには、本体の構造設計を変更しなければならない。正式には、その間は工事中止が原則。かなりの覚悟が必要だった。ハネ出し方式の場合、木造では通常一メートル程度が常識で、出幅二メートル以上となると大袈裟な仕掛けが必要となる。

　確かに京都にある知恩院の大殿の屋根などは、五メートル以上も空中に張り出しているのだが、あれは日本に建築の超人たちが存在していた古（いにしえ）の頃のスゴ業。現在ではとても真似の出来る代物ではない。で、結果は恥ずかしくも、地上六メートルの鉄骨の柱二本で地上から支える事にした。

組みあがったバルコニーの床に立ってさらに欲が出た。

「どうせならここの建具をフルオープンにしちゃおうか」

「そうなったら、気持ちイイわよね、きっと。素敵、素敵」

数年前からアコーデオン式のサッシが登場しはじめていた。サッシを両サイドに開け放つと窓のほとんどが何もない状態になる大胆な窓だ。網戸をどうしようかとの検討事項も残ったがもう思いは止まらない。現設計の引き違いサッシを変更するのに何の躊躇もなかった。大きささえ変えなければ、法的にも問題はない。

セレブも羨むダイニングルーム

特大のダイニングテーブルに椅子はカッシーナ社のブレイク。立派な食事の場が誕生した。実はこの椅子、その昔バブル経済の頃に、渋谷公園通りの私の派手な事務所で応接用として活躍していたもの。イタリア製の名品で四脚揃えると小型車が一台買えるほどの高級品。こんなものが簡単に購入できたのだから、本当に不思議な時代だった。

案の定、数年後には、公園通りの私の事務所は閉鎖に追い込まれ、哀れ自宅兼事務所に引き篭もることになってしまったのだが、この椅子だけは古家の押入れでの長い眠りから覚めて、再び生き返ったのだった。こうして家具は最高級、さらに高い天井とそこにある天窓からは青空やお月様が眺められる。こんな空間で毎日食事ができるようになるとは数年前までの私たち夫婦は夢にも思わなかった。

　こうして私の自邸の中心的存在であるダイニングルームは、ほぼイメージどおりの快適な空間に仕上がった。後にボーズの小さなスピーカーを壁に掛け、軽いジャズやBGMを流しているが、これがまたニクイほどの演出効果がある。手前味噌なのだか、下手なレストランより数段居心地がよい。

「結婚したら、すぐに建替えるからね」

　その言葉を信じつつ、八年以上も待たされた妻は、ある日突然ランチョンマットまで買ってきた。生まれ故郷に程近い有田の窯元で、人気が高い源右衛門のオリジナル商品だった。使ってみると実に豊かな食卓に見えるから不思議だ。新居に移ってからは、配膳の準備はいつも子供達の仕事になっているが、いつの間にかこのランチョンマットが人数分最初に敷かれている。今では、このマットが敷かれない夕食は実に味気なく、無くてはならない存在となってしまった。

「どう転んでもお互いセレブにはなれないよね」

「あたりまえでしょ」

　笑い飛ばしているものの、本当のセレブな人達でも、こんなダイニングルームで毎日食事を楽しんでいる人は案外少ないのではないだろうか。

　人間、環境で変われば変わるもの。ああ、あの古家のコタツ板が懐かしい。

第十一章　各エリアの考察

(一)　収納はどこに

ベッドでの睡眠を選択。でも押入は要る

岐阜県可児市（当時は可児郡可児町）の実家が藁葺き屋根だった頃、蚊帳の中で蛍と一緒に眠った。燻製のような独特の匂いが漂う蚊帳の中は、不思議な安心感があって、セピア色の記憶の中にその光景が留まっている。この頃はもちろん畳の上に布団が敷かれていた。それから自分がベッドで寝るようになったのは、実家が瓦屋根の新築になってからのことだった。子供部屋に突然、鉄パイプで出来た二段ベッドが運び込まれた。マットレスの中身はワラ。寝返るたびにジャリジャリと音がした。

いよいよ私が中学生になって、勉強に身を入れなければならないと考えた親父の意向で、ベッドは上下に分割され、弟と私はそれぞれ別の部屋に移ることになった。以来、ベッドの上に寝る習慣が続いている。ベッドであれば、毎日押し入れに布団を収納する動作がいらないし、奥行の深い押入れも不要となる。

今回の新築では、子供達も爺婆も皆ベッドで寝ると決めていたので、毎日の布団の上げ下げは無いのだが、それでも季節ものの布団の収納は必要だった。好き好んで、誰も泊りになんか来ない時代なのに、新築症候群にかかった人の大半が、客用の布団一組くらいは必要だと真剣に思い

込むように、私の妻も
「一応一組はネ」

と、その収納場所を図面上で探ってみる。

最初の段階では、出し入れの作業が楽なように、廊下に面して一間間口の押し入れを作っていた。しかし、なぜか押入れの建具には襖が似合う。この襖、「いざ」という時、いとも簡単に取り外しできる優れもの。木と紙で出来ているので女性でも簡単に取り外しができて、持ち運びも楽なので、幅いっぱいに長いものも収納できる。住まいに関して、日本が最も文化レベルが高かった頃の産物だが、「ホテルのような」と振りかぶった我が家の廊下に、突然襖が二枚ではコンセプトが保たれるのか。

廊下の襖は諦めるとして、寝具を収納する押入れはどこかに必要だった。そこで四枚の畳を敷いた予備室を作って、そこに一間の間口の押入れと、同じ間口の箪笥置き場を並べる事で間取りは落着いた。もちろん建具は襖としたが、定番の黒漆の框に襖紙ではなく、白木の框に布のクロスを貼ってみた。和風の感覚は残るものの、モダンな印象に仕上がっている。

「買い物くらい、カラダ動かせ♪」

主に布団を収納するのだから、中段や底板をスノコにする方法もある。風通しをよくするための知恵のようだ。比較的湿気の多い一階の押入れには是非採用しておきたいが、今回は三階なので、さほど重要性を感じなかった。最近主婦に大人気の通販にもスノコの既製品があるので、後日たやすく購入できるからと、今回は単に板張りで済ませた。でも後日もそのままとなっている。人間、思いついた「その時」に対処するのが正解。いつかそのうち…は無いに等しい。

「新居に移ったら『いいものを少なく』の信条で生活をしようね」

妻との堅い約束で、納戸と呼ばれる物置部屋は作るのを止めた。その代わり、季節ごとに入れ替える家電用品などの収納場所は多めに確保する必要があった。

妻の格言によれば、

「収納場所があるからこそ、余分なものが散乱しない美しい生活の場が保てる」

のだそうだ。

物入れスペースとしては、階段の下が真っ先にターゲットとなった。アパートの階段下も含めて、合計三ヶ所の階段下収納空間がある。奥に長く、途中で頭が当たるなど、とにかく使い勝手が悪いのだが、階段幅を一メートル以上確保していたので、片側に物を並べても、蟹歩きで何とか奥まで入って行ける。暖房機器や季節の飾り物などをしまっておく場所として重宝されることとなった。

誰にも見られることは無いので、内装は石膏ボードにビニールクロス張りだが、奥の方に給気口を付けておいたので、多少の空気は循環しているはずだ。しかし、一階のそこは、ほんの少し空気が重い気がする。自然の摂理で、きっと湿気が多いのだろう。近々、スノコ板を三枚ほど購入し、床に敷き詰めてからモノを置く方が良いかもしれない。

「あなた、通販で買えるわよ」

「テレホンショッピング、買い物くらい、カラダ動かせ♪」（さだ　まさし）

(二) ウォークインクローゼット

宇津井健さんの衣裳部屋

　ウォークインクローゼット、いつからこの言葉が市民権を得たのだろう。要は衣裳部屋の小規模なものなのだが、少々洒落た言葉の響きからか、最近新築を考えている奥様方は必ず要望の中に入れてくる。衣裳部屋で思い出すのは、ある時、縁があって、妻と二人で俳優の宇津井健さんのご自宅に伺った時のこと。

　成城の一等地に建つハイカラな御殿がそれ。その昔、一世を風靡した「葡萄屋」という名の洒落たレストランが地下階にあった。当時、学生で、長髪にベルボトム（ジーンズの一種だが、マニヤックな我々は敢えてこう呼んだ）姿の私達には禁断の聖地だったが、未来的な外観に興味を惹かれて、夜更けに忍んで見物に行ったことがある。

　今度は忍びの者ではないので、正々堂々と玄関ドアの前に立ったが、いきなり驚かされた。どうしたことか玄関ホールが無いのである。

「エッ、ウソー、御殿なのに」

　外からドアを開けるとすぐに階段。とにかく、靴を脱いで階段を上ったら、直接広い居間と食堂に出た。当時としては外観もユニークだが、間取りも外国映画そのものだった。その居間の延長に、とてつもなく広い衣裳部屋が続いている。整然と並んだ洋服類に加え、床にはエルメスの鞍がいくつも置いてあった。

「カッチョ　ヨサー」

と妻のケイコが耳元でささやいた。

　部屋の片隅には使いこんだトレーニングマシンの数々。まあ、それが仕事だもんね。

　ジーンズにTシャツ姿の健さん。胸は厚く白髪混じりでもフサフサ（私の超憧れ）。もちろんお腹は出ていない。テレビで見るよりずっと小顔の健さんが直接この私に語りかける。

「可児さん、乗馬は楽しいよ、一緒にやろうよ」

「はぁー、あのー、そのー、でも仕事が…。いつか、ハイ、ヨロシク」

　こんなことってあるんだ。まあ、ここまでくると男として勝負になるはずも無く、額に汗して、ただただ笑うしかなかった。

念願のウオークインクローゼットのはずが

　商売道具の健さん宅は例外として、通常、畳二帖分ほどの小部屋にハンガーパイプを何本も吊りこんで、帽子やバッグまで格納する方法は、雑多な衣類が外に出ないという意味では優れた収納方法だ。我が奥様も新築の際には、この小部屋を外すはずがなかった。場所は洗面脱衣室の近くか寝室の隣。脱いだものを取りあえずベットの上に放り投げられる利点を優先して、寝室の隣に設置することになった。

お洒落な生活を夢見た私達は、最初「寝室と同じ位の広さにしよう」と、話し合っていたが、現実は厳しく、間取りのせめぎ合いの結果、二人合わせて合計五帖くらいの小部屋となってしまった。実際に現場に行って見ると、意外に狭い。最初から入口は別と決めていたので、出入りの為の引き戸は二箇所できている。それはそのままに、真ん中にポリスチレン製の収納ボックスを互い違いに高く積み上げて、双方から使用できるようにしたところ、なんとかお互い我慢できる広さとなった。

また、ここは出入りが頻繁の為、引戸として床の敷居の溝が不要な上吊レールを使用した。ちょうど建具がモノレール状に吊られている方式となる。ホテルなどでは常識なのだが、住宅の分野では未だ珍しいかもしれない。

クローゼットの内装については杉の無垢板を貼るアイディアが浮かんだ。間伐材で安価な材料である。木の調湿作用を期待してこれに決めた。デザイン的には多少野暮ったく見えるが、誰に見せる場所でもないので許されよ。後日、帽子やベルト、それにバック類を掛ける為に遠慮なく壁に釘を打てたのがうれしい。石膏ボードでは、こうはいかない。現在もカビの気配は皆無である。

だが、ここでも全てはうまくいかない。普通の箪笥式クローゼットにない苦労もある。それは何か。広めのウォークインを保有する誇りは、ホコリ（埃）に悩まされる事になる。衣裳部屋と言うように、一応部屋なのだから、空気の量も多い。換気扇を常時運転するも、同時に寝室に飛散する綿ぼこりまで一緒に引き込んでしまう。結果、吊るしてある洋服は、半年間も放っておけば、白いホコリを身に纏うはめになった。

㈢　廊下と階段

「建築資料集成」の呪縛から解放されて

大学の卒業設計の提出期限が間近い頃、私は「建築資料集成」という分厚い本と格闘を続けていた。建物を設計する上での基本となる名称や形、寸法などが網羅されている建築の百科事典のような本だった。貧乏学生にとっては、かなり高価な本だった記憶があるが、どの友人の下宿にもその本は鎮座していたので、多分学校からの指示だったと思う。そもそも実務経験の無い建築科の学生にとって、見よう見まねの卒業設計は、こうした参考書のお世話にならざるを得なかった。

当時、出席日数ギリギリのアルバイト学生は

「い、いかん、もしや留年かも」

との焦りから、締め切り間際、本人も驚くほどの集中力を生んだ。結果、悪友たちの期待を裏切って、見事にスレスレの成績で卒業試験をすり抜けるあたりは、後の私の人生を示唆しているようだ。

しかし、格闘した割には、この資料集成から学んだ内容を、今ではほとんど覚えていないところが一夜漬けの悲しい宿命。時を経て設計事務所として独立した後も、私の事務所の片隅でその

本は埃を被っていたが、あのバブル崩壊の後遺症で、泣く泣く事務所を自宅に移転した際、田舎の実家に送られ、数年後には他の建築雑誌とともに畑の土に還った。

ところが不思議な事に、現在でも実際の仕事で階段の形や寸法を決める時に、この資料集成の階段のページを思い出すことがある。卒業設計で階段に凝ったことで強く印象に残っているのだろうか。後にその資料集成に書かれていた数値は、建築基準法に基づいた値であることが分かったが、さらに現場の経験を積み、これらの数値はもうこれ以上急にすると危険だという限界の数値であることも体得したのだった。

緩めの階段が信条

そういえば、以前から私のどの仕事でも、「階段が緩くてイイですね」と褒めていただくことが多かった。本人としては、もっと別の部分を評価してもらいたいのだが、住宅でもビルでも私の設計では階段の緩さが他と際立って違うのだそうな。オレ流に言わせていただければ「こちらが普通で、一般の世の建築物の階段が急過ぎる」のである。いくら建築基準法で許された値と言えども、限界値で作ると転げ落ちそうになる。きっと、優秀な建築科の学生達は最初に出会った資料集成の数値が直ちに脳裏にインプットされ、その後も限界に近い急な階段を作ってしまうのだろう。

ところで、私が階段に注意を払うのにはもう一つの理由があった。大学の同級生の中に、関西に本拠を置く建設会社の長男がいた。ボンボン育ちの彼は、学生の頃からスカGを所有し、東京での学生生活を人一倍謳歌していたが、卒業と同時に郷里に帰り、若くして家業を継いだ。その奮闘振りに興味もあって、数年後にその地方都市を訪ねた折、母上様に言葉に尽くせぬ歓待を受けたのだった。

小島が浮かぶ美しい海岸線も手伝って、忘れ得ぬ旅の思い出になったのだが、まもなくその母親が自宅の鉄骨階段から足を踏み外して亡くなったと知った。彼はその後に経営の才能が開花、会社の規模も倍になった。やがては本社ビルも新築したが、立派に事業を継いだ勇姿を母親に見せられなかった無念さはきっとあるに違いない。それから私はこのことがトラウマとなって、危険な階段は決して作らないと固く心に決めている。

一日十往復、十年で三万六五〇〇往復

かなり冒険的発想だったが、生活空間の全てを三階に置くことに決めたので、一階の玄関と三階の居住スペースを結ぶ階段は、毎日の生活の中で、いかに楽をして往復できるかが勝負どころになった。てっとり早い話、上り下りに苦労を感ずる時期には、ホームエレベーターを導入すれば解決できるだろうが、その保守費用も発生するだろうから、ここはひとまずローン返済がなくなるまでは、このまま階段の往復を繰り返すしかない。

では、楽チン階段をどのようにして作るのか。久しぶりに、蔵書の建築雑誌にも目を通してみた。しかし、いつものことではあるが「これだ」と思われる優れた案にはそう簡単には出くわさない。

初心に帰って、とりあえずは階段の踏面を広く、蹴上げを低くする設計を進めた。

ただどうしても、通常「鉄砲階段」と呼ばれる真っ直ぐな階段では、蒲田行進曲のワンシーンのように、何かの拍子で三階から一気に転げ落ちるイメージが払しょくできない。そこで、半分行って折り返す、通常「行って来い」方式の階段を採用することにした。

これを二基つなげれば、一階から三階までの間で合計三か所の踊り場が出来、その度に息を整えることができる。踊り場の分だけ床面積が増えることを覚悟すれば、安全性も高まるだろう。

小規模な住宅では部屋の広さを優先するあまり、どうしてもトイレや階段などの面積がいじめられる傾向にある。しかし、ほんの少しだけ部屋を狭くすることでこれらのスペースが充実し、グンと豊かな住まいとなることに気づかない人が多い。我が家の場合、何度もプランを調整した結果、足が載る踏面の幅は三十センチ、蹴上げの高さが十八・五センチと決まった。

木造の場合の間取りは通常三尺（九十一センチ）モデュールで構成されるので、階段の幅に関しては、柱の太さと仕上げ材の厚さを差し引いて、残り約七十六センチが一般的なのだそうだ。が、しかし、建築家としてはここで良しとしてはいけない。廊下についても同じことが言えるのだが、ここでモデュールを変えて、ほんの数センチ広げることで豊かな空間となるのだ。

階段や廊下の幅は、せめてあと十センチ広げて、有効で九十センチ近く確保されれば、都心での住宅としてはほぼ合格点と言える。我が家では何より階段に重点を置いたので、清水の舞台から飛び降りる覚悟で、その幅を有効一メートルとしてしまった。とにかく、この余裕に賭けるしかない。なぜなら、これから三階と地上を毎日十回以上も往復する未知なる生活が待っているのだから。

階段は無垢の木がいいのか

階段の材質は何がよいかと問われれば、昔から厚い無垢の板と相場が決まっている。ある程度の強度があって、足触りが良いとなれば、木造住宅が主流だった日本ではこれに勝るものはない。よく旅行先で立ち寄る歴史的建造物の階段は、いずれも黒光りがして素足に優しい板になっている。長年の間に踏みこまれて面が取れ、真中がわずかに凹んだ階段板に美しさ見る私は、自分でも気付かないうちに骨董に興味を覚える年頃になったのかも知れない。

最近ではこの一枚板に代わって、集成材が流通するようになった。乾燥された無垢の板は、希少価値として高価なものになっているからだ。価格が優先される最近の住宅建築では、そんな貴重な材は到底使えないので、大小の木片を接着した集成材か、紙のような銘木のスライスが貼ってある一見美しい既製品の階段板を、カタログから選ぶことになる。

「松がいいかな、やっぱり欅かな、いやいやフローリングと同じオークの方が」

各地でこんな会話がなされているに違いない。

「どうだっていいじゃない、どうせ中身は同じ集成材だから」

と私の本音が聞こえたら、

「それを言っちゃあ、おしまいよ」

と、各メーカーから大ブーイングが寄せられるだろう。確かに集成材は暴れの少ない結構な材料ではある。しかし、悲しいかな無垢の板のように年を経るごとに深みと味を増すことは期待できない。

久々にカーペット案で意見が一致

素足で歩く習慣のあるわが国では、足の裏の汗を素早く乾燥させられる清潔感と掃除のしやすさからも、階段の材料としては、木の右に出るものはないように思われる。しかし、わが自邸では木の階段を捨てて、近年嫌われ者のカーペット敷きを採用したのだった。二層分の階段板を無垢材で指定すれば予算オーバーは必至。そこで定石崩しで有名な米長棋聖の心境でもって、以外に価格がリーズナブルなカーペット敷きの長所を優先したのだった。

カーペットの長所は、足音が響きにくいこと。厚めの合板でとりあえず階段を作り、フェルトと呼ばれるクッション材を貼った上に、やや厚手のループカーペットを敷き詰めることにした。こうすれば同じ木造の建物の中で、界壁を隔てたアパートにも足音が響きにくい。階段であれば個室のように暖を取ることもないので、心配されるダニの発生も極めて少ないと思われた。サンプル帳を調べると、最近のカーペットには抗菌処理済みのマークがいっぱい付いていて、「どれも清潔で安心」とメーカー側の必死のメッセージが見て取れる。

「ホテルのような家づくり」のコンセプトを思い出し、ホテルに欠かせないカーペットをどこかに採用してみたいとの気持ちは以前からあったが、決め手は、竣工時にちょうど小学校に入学する暴れん坊の長男ケイスケの存在だった。最近でこそウルトラマンタロウの真似はしなくなったが、階段で数段ごとのジャンプを繰り返す無謀な習性はまだ残ったままだ。ワンパクで、人一倍イタズラ好きの素養が見受けられる以上、それなりに親としての配慮が必要だった。

「ここはひとつ息子の安全を最優先しよう」

　久々に夫婦で意見が一致した。

　案の定、引っ越したその日から、ケイスケはスーパーマンの格好で、頭から逆さに階段を滑降しながら落ちていく。緩めの勾配が適度な速度を与え、途中の踊り場の存在が辛うじて暴走を止めている。彼にとっては格好の遊び場となったようだ。階段が板になっていれば、一度で懲りたに違いないが。

　ところで、そもそも建築家の職業は、私のような温厚で誠実な性格でないと務まらないようだ。施主の横暴な要求にも笑顔で耐えて、辛抱強く説得を繰り返しながら理想案に導かなくてはならないからだ。しかし、そこは人の子。説得がままならず仕事でストレスが溜まることも少なくない。

　ある日、私は珍しく怒鳴っていた。相手は長男のケイスケ。イタズラの度を越した行動と口答えに、父は珍しくキレた。子供のお仕置きとしては、寒い外に出すのが効果的。しかし、三階の子供部屋から外に連れ出すには、首根っこを掴んで階段を二層分降りなくてはならない。

「グズグズするな、早く外に出なさい」

　こちらも多少なりとも冷静さを失っていたので、当然ケイスケとは歩調が合わず、彼は階段を踏み外しながら玄関に向かって転げ落ちていった。緩い階段と分かっていても、回転を繰り返す息子を見ながら、

「しまった。これはやばい」

一瞬、後悔の念が走り、冷や汗が吹き出してきた。

「あなた、いい加減にしてよね。階段がカーペット敷きでよかったものの」

叱っているはずの父親は、妻から真顔でお叱りを受ける始末。確かに、これがもし堅木の階段だったら、かなりヤバかったと反省しきり。カーペットのおかげで、骨折こそなかったものの、シッタと呼ばれるヤスリのような左官の壁で擦り傷が生じ、肘やひざから血がにじんでいるケイスケを見やりながら自責の念で眠れない夜を迎えたのだった。

しかし、敵もさる者。同様な事件がその後も頻繁に訪れた。そして、その度に彼は身のこなしを軽くし、三段跳びの術に磨きをかけていく。子育ての苦労を考えれば、少しばかり傲慢な施主とのお付き合いは楽なもの。最近になって悟る中途半端な建築士なのであった。

男子百メートル走で渋谷区一位に

「ケイスケ、廊下を走るンじゃない」

これまた何回怒鳴ったことだろう。廊下の西の端にある子供部屋から、キッチンの冷蔵庫めがけて一直線。真ん中の天窓のあるあたりでトップスピードに乗り、ほんの数秒で彼は目的地に到達する。その度に、意外に振動に弱いSE構法のこの家では、足音が階下のアパートまで伝波しているはず。ゼオンから発売されている厚さ十ミリの制震ゴムを床の下地に敷き詰めるか否か、迷った末にケチったことを後悔するも時すでに遅し。

廊下は他の部屋との段差を消すため、統一してコルクタイルに決めた時、参考にしたコルクタイルの見本帳には、優れた衝撃吸収力があるような表現があり、これに期待した。しかし、冷静に考えれば、たった五ミリ程度のコルクタイルにそんな効果があるはずがない。考えが浅はかだった。

後悔しても始まらないので、竣工後に考えた対策は、階段と同じカーペットを廊下に敷き込む方法だった。もうすでにコルクタイルで仕上がっているため、両端はそのまま床材が見えるようにして、歩く部分のみカーペット敷きにする置き敷き方式とした。

幅八十センチ、長さ十二メートルもある繋ぎ目のないカーペットが運び込まれた時は圧巻だったが、敷き込んだ上を歩くと、いつの間にかクネクネと曲がってしまった。「こりゃいかん」とズレ防止を兼ねて厚めのフェルトを下敷きとしたところ、これが思いのほか振動を吸収してくれることになった。

振動は当初の半分くらいに抑えられ、「ケイスケ、走るな！」の罵声は家族の誰からも聞かれなくなった。そして彼が思う存分ダッシュを繰り返す毎日が復活したのだった。その結果、数年後には渋谷区にある二十校の小学校の中で、なんと百メートル一位を獲得することになるのだから、世の中何が幸いするかわからない。

㈣　玄関と庭

車の回転のために必要な無駄な空間

敷地が少しばかり大きくても道路と接する部分が少ないと、車庫を道路に面して作れないので、いったん敷地内に乗り入れてから回転できる場所が必要となる。そうでないと突っ込んだまではいいが、出られない状況に陥る。こうして、私の自邸は車の回転スペースが最優先される妙な設計となってしまった。

そもそもこの私が建築の世界に入るきっかけは、中学生の頃、フランク・ロイド・ライトの設計となる「落水荘」の写真を図書館で見つけたことだった。世界で一番有名なその住宅は、森の中の流れる小川と小さな滝の上に建っていた。発想もユニークだが、絵的にも素晴らしいもので、子供心にしびれてしまった。以来私はライトと同じ建築家を志し、この建物を手本に研鑽を積んできたのだった。

ところが何という運命の悪戯か。まったく自由に設計できる唯一のチャンスで、私は小川の上ではなく、車が回転する空地を敷地に選んでしまった。その昔「建築はロマンだ」と言った建築家がいたが、「道路状の空地の上に建てる」とはロマンどころか、何と情けない響きなんだろう。

開き直って、この空地を専門用語で「ピロティ」とカッコよく呼べないこともないが、この道路状の空地を取り込んだ住宅は、統計的にもきっと珍しいことだろう。他人様には、まったく無駄なスペースに見えるに違いない。もちろん、もう少し全面道路が広いとか、行き止まり道路でないとか、敷地と道路の関係が改善されていれば、こんな無駄な設計は禁物である。

しかし、妻との縁を取り持ったジャガーは今のところ捨てられないし、もう少し小回りの利く小型車も一台ほしいと思っていたので、二台分の車庫はどうしても諦めがつかなかった。さらにここは、奥に続くアパートへの通路も兼ねているし、子供たちの安全な遊び場にもなるという勝手な理屈で、自分自身を納得させたのだった。

建物の中の道路のような空間は、構造的には周囲を壁で囲んだ方が安全有利となるのだが、法律的には半分くらい外部に面していなければ許可にならなかった。火災の時、煙が外に出ていくためである。その有効性の議論はともかく、ちょうど車の排気ガスを逃がす意味でも有利なので、お上の指導に従って、所々壁を取り払う設計とした。それでも北側のためか、まったく直射日光は射さないので、昼間でもほんのり薄暗い場所となってしまった。

無駄な空間を逆手に取った玄関

自邸の玄関はこの陰気なエリアに位置することとなる。多分、家相を見てもらおうものなら、どの先生も「きわめて凶」とのたまうに違いない。しかし、こんな玄関でも良いこともある。

まず暴風雨の時でも雨が絶対吹き込まないので、車の乗り降りが濡れないでできる。そして直射日光が当たらないので、木製の玄関ドアが使用できる。自邸の玄関は大きな木製ドアと前から決めていた。しかも製作はヒノキ工芸の戸澤さんに依頼することになっている。

次に、玄関の扉は内開きか外開きか。設計者仲間で時々話題になる。わが自邸は、外国映画に習って内開きとした。というのは冗談で、内開きにしたのには別の理由がある。この玄関は車の回転エリアに面しているので、車が動いている時、家族の誰かが外にドアを開けると危険なのだ。これが内開きを選定した単純な理由だった。


内部の玄関ホールに十分の広さがない時は、引き戸か外開き以外に方法がない。しかし、何度も言うように、私の場合は少しだけ広さに余裕があった。ドアを内開きにしても、まだ靴を脱ぐスペースは十分残っている。

そもそもわが国では、雨仕舞の関係で、既製品の玄関ドアには内開きの標準仕様は存在しない。つまり内開きのドアはタブーなのだ。常識を否定して、果たしてどんな結末になるのだろうか。自分で体験して答えを出したかった。

ドアというもの、一般的には丁番が見えないのがカッコイイ。原則として開く側に丁番は見えるので、内開きではドアは室内に開き、外から丁番は見えないことになる。この面でも内開きは美しい。さらにこの場合、ドア枠の奥に扉がつくので、奥行き感ができてドアは、さらに立派に見えるのもうれしい。この良い例がホテルの客室のドアだ。廊下側に開くと危険なので必ず内開きとなっていて、枠も強調されるので単純なスチールドアでも豪華なものに見えてくる。この辺りも「ホテルのような家」のコンセプトに合っている。

物騒な世の中、玄関錠を工夫する

　私が生まれ育った藁葺き屋根の家の玄関は、重い木製の引き戸だった。カンヌキが付いていたかもしれない。記憶では、父親が夜ごと、玄関戸に中からつっかい棒を立てかけていた。その頃、多分金属製の鍵はなかったように思う。

　周りはほとんどが農家で、多分どの家にも金目のものなどなかっただろうから、無用心との意識も薄かったに違いない。その家の庭からは満天の星に、天の川がはっきり見えていた。夜は一歩先も見えないくらい暗かった。それでもたった一度だけ泥棒が入り

「おひつのご飯の残りを食べていった」

と母親から聞いたことがある。

　小学四年生の頃、転校して街中の新しい家に移ってからは、玄関はガラス格子の引違い戸だった。父親が毎晩九時に流れる有線放送のミュージックを聞きながら、ねじ回しのようにして玄関を施錠していたことを覚えている。しかし、夏になると夜は座敷の窓を開け放して網戸のままだったから、今思うと玄関の鍵は何の防犯にもなっていなかったことになる。

　上京して鍵を持ち歩く生活になり、結婚直前に初めて購入した古家では、泥棒がピッキングで開けにくいディンプルキーに変えた。こうして、時代が移るごとに防犯の意識が高まっていくのだが、果たして今回の自邸ではどうしたものかと考えた。三階が主な居住空間なので、一階の玄関ドアの施錠さえ完全にすれば多少は安心できる気もする。

しかし、玄関前の車庫に外車のジャガーが駐車してあるので、賊は「金持ちの家」と勘違いする危険性もある。もともとこのジャガァー（通はこう呼ぶ）は、私のような庶民が乗る車ではない。一億総中流意識のこの日本に突然訪れたあの忌まわしいバブル期の副産物なのであるが、時がその記憶を消しつつあった。

『もう十年も前に買ったもので、廃車寸前です』と貼り紙でもしといたら」と妻のケイコが真顔で言うが、賊が外国人の場合は判読できないので意味がない。結局ピッキングが難しいとメーカーが胸を張るディンプルキーを上下二個取り付けることにした。それでも一抹の不安は残る。

つい最近も、近くの住宅で複数の外人らしき強盗が侵入し、家主が殺される事件があった。その後、捕まったという報道は聞いていない。きっと彼らにかかれば二個の鍵など無いに等しい。夜も更けた丑三つの刻、ストッキングを被った黒装束に「カネ、カネ」と枕元で囁かれたら一巻の終わり。

「オーノー、アイアムアーキテクト（建築家）。ティピカルノーマネー」

そう叫んだところで果たして無傷で済むのだろうか。

あまりの便利さに補助錠が主体になった

「東京から東濃へ」のスローガンの下、首都移転を渇望している故郷の同級生達には、この心境はきっと理解されないだろう。

「地元の田園地帯に首都が移転されたら、夜もおちおち眠られないぞ」

今度の同窓会で声を大にして訴えてやろうと真剣に思っている。万が一、その時のためにと、私の寝室の枕元には古いゴルフのクラブが二本立てかけてある事実も忘れずに伝えねばならない。

引越して一年ほどしてから、玄関の鍵について問題が起きた。二人の子供達が外から帰ってくる度に、留守番役の婆ちゃんが開錠のため三階から玄関まで階段を往復することに疲れたのである。かと言って二人の子供達にそれぞれ鍵を持たせるのも問題が残る。そこで、補助錠なるものを探した結果、押しボタン方式の第三の鍵（キーレックス）を取り付ける事にした。これがあると暗証番号だけ覚えれば、家族全員、鍵を持たなくてすむ。

もちろん夜は内部から上下二つのディンプル錠を閉めておくので安心感は変わらない。それまで倉庫用としてしか認識がなかった補助錠だが、極めて便利。今後の私の住宅設計では定番とすることにしよう。

探し求めた大理石で玄関を飾る

これまでのホテルづくりの経験から、玄関の床には大理石を敷きたい衝動に駆られた。ちょうど本業の設計の仕事で建材の御影石を探しに行く機会に恵まれ、妻を誘って岐阜県の関ケ原に向かった。あいにく晩秋で、彼女の大好物のアユは食べられない。それでも今回は施主も兼ねているわけで、資材探しに参加させてやることも夫婦円満の秘訣と考えた次第である。

一日仕事の打ち合わせを終えてから、石屋（と言っても日本最大規模）に無理を言って、いわゆる半端物や切れ端が捨ててある処分場で自邸に使う素材を探してみた。もちろん予算の節約のためだった。

しかし、「残り物に福がある」とはこのこと。暗くなって辺りが暗闇に包まれる頃、やっと好みの石種を探し当てた。自然の模様が実にいい。正直、設計士を続けていて、この瞬間が最も興奮し胸が高鳴りする。

「三度の飯より設計が好き」

と豪語する設計士仲間もいるが、私の場合、この世から娘と鮨が無くなったら死んでもいいと思うのだから、彼らには遠く及ばないとしても、イメージに合った建築材料を探し当てた時は、この上なく幸福感に包まれる。その度に、つくづく天職だと実感している。

やがて加工を終えて現場に到着した大理石を見て、再び感動が蘇る。

「半端物なのでドリルやノミの跡が残ってしまいました」

親切な石屋の注意書きを横目に、構わず床と壁に貼ってみた。多少のキズがあっても、いい素材はそれだけで本物の存在感がある。最近やっとこの境地に至ることが出来た。若い頃、自然の産物なのに、ほんのチョットの色違いを許せず、ゼネコン相手に平気で取り替え指示を出していた私、今は心から詫びたい心境だ。

紅葉を期待して植えたモミジなのに

玄関ドアを押し開けると、正面に床から天井までの大きな窓がある。もちろん二重ガラスで簡単には侵入できない。ここは真南の方角なので、直射日光も燦燦と差し込んでくる。玄関までのアプローチが薄暗いため、昼間はいつもドアを開けた瞬間に目が眩む。これにはさすがに参った。

家は明るければ良いというものでもなかった。思案の末、和風好みの妻の意見で、上半分に御簾を垂らして光の量を加減する事になった。建築家の自邸である。玄関だけでも品を醸し出さなくてはならない。

さらに、この窓の向こうには日除けも兼ねて山モミジを植えることにした。

確か植木屋からは

「紅葉が見事ですよ」

と言われ購入したが、昨年は中途半端な黄色で散っていった。後日、植木屋に諭された。

「北風が当たらず温暖な環境では、晩秋になっても赤くはならない」

と。

「人間も同じよ」

と付け加えられたが、植木屋のオヤジさんに言われてもなあ。

建物全体の出入り口部分には、表道路に面して、大きめの樹木を植える事は、せめてもの社会貢献と考えている。これまでに設計した建物の多くにも、努めて植木を心がけてきた。都心の住宅の場合、こうした玄関脇の一本の樹すら植える空き地が得られない場合が多い。もしあったとしても、掘ってみると配管などが密集して容易に植えられないことがほとんどだ。そんな経験から、植木を想定して、最初から配管の位置を工夫する事にしているが、このあたりが施工まで担当する経験豊富な建築士の為せる技と自負している。

移植は根が活動していない頃が良いとの庭師の助言で、実際には自邸が竣工近くなった二月頃に植え込んでもらった。杉並区の住宅街の中にある生産緑地（売却したら軽く十億円を超えるだろう）を歩き廻り、枝振りの良いものを選んだら、やっぱりモミジだった。

こちらは春の芽吹きの頃から既に葉が赤く、真夏に一度緑に変わり、また秋に赤く染まる面白い品種で、白い外壁に映えていることから近所でも評判が良い。生産地で直接購入する植木は以外に安く、これで商売になるのかと気になったりもするが、いざとなれば十億円以上の資産があるのだから私が心配することもないのかな。

ともあれ、母親の意見で、足元には柊の木を添えた。魔よけの効果があるらしい。そういえば、生まれ育った田舎の藁葺き屋根の家の玄関にも、毎年節分の頃、イワシを串刺しにした柊の枝が掛けてあったような記憶がある。

第十二章　新生活の始まり

(一)　人生最良の年に

いよいよ引っ越しが始まった

数々の紆余曲折を重ねながらも、我が家の竣工がほぼ見え始めた三月の終わりの頃、長男ケイスケの小学校入学を睨んで、少し早めに引っ越すことになった。新居から初登校させたい母親の意志が強く働いたのだった。そうと決まって急に慌ただしくなったが、幸い移動の距離が歩いて五分程だったので、取りたててトラブルもなく引越しはあっけなく終わった。

その夜のこと、

「まるでホテルに居るみたい」

家族の皆が驚いた。明るい所とそうでない所のコントラストが効いて、素人にも空間の奥行きと新鮮さを感じたようだ。

ホテルに近づくように、照明器具の配置を工夫した成果が表れた。廊下の天井には照明が一切ない代わりに、壁付のブラケットから天井に向かってアッパーに照らされているため、反射光のみの淡い明りに包まれ、天井も高く見える。

居間の間接照明も効いている。こちらも天井を照らしながら、その反射光が周囲に優しく広がる。壁は、もともとベージュ色の左官壁シッタ。これがオレンジ色に染まっているが、照らした天井の白が一層強調されて、心配するほど暑苦しくはない。むしろモダンな空間となっている。家中見渡してみても、メリハリはあるが、特に暗いところもないようだ。

「子供部屋はムードより明るさでしょう」

とばかりに天井から四十Wの蛍光灯を二本も吊り下げたが、冷たい蛍光灯の光を壁付けのブラケットから洩れる白熱球の暖かい光が和らげてホットする。耳元で妻が囁いた。

「大成功よ、アナタ」

ここで笑えない話がひとつある。我が家の「売り」でもある木製建具は、ご存知のように全部手作りである。大工が作った枠の寸法に合わせて一本一本職人が製作し、現場でわずかな狂いをカンナで削りながら、ぴったりと吸い付くように建てつける。ここまではよかった。しかし、更にそれを丁番からはずして工場へ持ち帰るから困ったものだ。なんと削ったところに再塗装をかけるのだそうだ。

今のご時勢、これでは本物志向の職人が儲かるわけが無い。加藤社長に連絡を取った。いつものように、事務所の入り口付近に鎮座し、すぐに電話に出てくれる。

「取り付けてから、また外すなんて、こんな不効率な仕事がまだ続いているのですか」

「あれっ、先生。どの現場でもそうしていますよ。今に始まったことではないですけど」

いやぁ、知らなかった。そこまですれば完璧。信頼されるはずだ。

私の自邸の場合も例外ではない。全て取りついた建具を見て、なんとか引っ越しに間に合ったと喜んだのもつかの間、翌日には建具は一本も無くなっていた。案の定、建具は引越しには間に合わなかったが、承知で引っ越した訳だから我慢するしかなかった。

建具のない新居での新生活とは

　引っ越しの後は、早春で暖かな日差しが続いたかと思えば、花冷えの午後もあった。しかし、建具が無いと荷物の出し入れには好都合なので、家族で団結してこのしばらくは、建具なしで寒さをしのぐことになった。もちろん新居に移った後の数日間は夢心地で、多少の不便さも苦にならない。


「あと一週間待てば建具が入る。我慢、我慢」

　明日への希望と確信さえあれば、人間たいていのことは耐えられる。

「ママ、入りまーす」

　トイレの方向で大きな声がする。そうか、建具が無いということは、当然トイレにもドアが無いのだ。トイレは我が家を貫く廊下のほぼ真ん中に位置していたから、どこへ行くにもその前を通らなければならなかった。しかし、いくら最愛の妻でも、トイレに座っている姿だけは勘弁してほしい。いつしか家族の誰もが、この廊下を歩く時は、決してトイレの中を覗かないように、正面をじっと見つめて直進する暗黙のルールができていた。


　間に合わなかったのは建具だけではなかった。カーテンとブラインドもそうだった。これは私の怠慢で単に発注が遅れただけのことだが、春は刻々と夜明けが早くなる。なんとまだ四月にもかかわらず、朝六時にはすっかり明るくなるのだ。知らなかった。これまでの古家では、目覚めてから階段を降り、座卓にスネをぶつけながら玄関のドアを開けないと、夜が明けたかどうか分からない状態だったから、新居に移ってからは新鮮な驚きの連続だった。

異常に室内が暗かった以前の古家の反動から、新居では枕元も出窓に設計していたので、川の字の四人組は毎日の朝日が眩しく、目覚まし時計が鳴る以前に誰もが片目を開けていた。まだ朝六時半なのに。

「さあ、皆んな起きるのよ」

長男の入学を目前に、家族の生活は一変した。特に夜行性の私は、先週までより三時間も早く目覚めなくてはならない。しばらく抵抗を試みたものの、この強烈な朝日の前には人間は無力だった。

緑の少ないこんな都心の住宅地でも、早朝六時前には小鳥のさえずりがはっきり聞こえてくる。鳥の種類は分からないが、なんと心地よい響きなんだろう。

「よし、これを契機に朝方に体質改善しよう」

何度もそう誓ったのだったが…。建具やカーテンが入った後も、朝方の習慣が定着したかどうかは想像にお任せしたい。

床が抜けそう

誰しもそうなのだろうか。引っ越しをして家財道具が一通り片づくと、親しい人たちに無性にご披露したくなる。双方の両親も健在で、幸い近くに住んでいることもあり、私達夫婦にとっては、結婚式に続き、二度目の人生最良の時に違いない。その昔、名古屋の周辺では、トラックに積んだ花嫁道具を、わざと見せびらかす習慣があったらしい。私の子供の頃の記憶にも薄っすら残っているので、まんざら作り話でもない。笑える話だが、その気持ちが分かるような気がした。

さて、そんな私達が、最初に「見せびらかした」のは、係わった職人さん達だった。まあ、今になって思い起こすと、自慢というよりは、感謝の気持ちが勝っていたように思う。

「奥さんも連れてきなよ」

冗談半分の誘い文句は、予想以上の反響があり、当日は子供連れも多くて、総勢五十名近い人出となった。誰もが家族に、父ちゃんの仕事を見せたかったのだろう。確かに、仕上げ工事の職人以外は、自身、ほとんど自分の手掛けた建物の完成した姿を見ることはない。ましてや家族にとってみれば、父ちゃんがどんな仕事をしているのか、なかなか知る機会は少ない。その点では、意義深い謝恩会になっていた。

幼い子供たちが例の直線廊下を走り回り、家中に足音がこだまする。

「ちょっと、あなた、床が抜けないでしょうね」

妻が心配するのも無理はない。個室を除く三階のパブリック部分には、足の踏み場もないほど人が居る。構造計算では、さすがに五十人の荷重は想定していないので、私にも一抹の不安がよぎった。

「おい、二階の事務所も開放し、みんなを分散させようぜ」

後で冷静に考えれば、集中荷重ではないので、その程度のことは許容範囲だが、とにかく騒々しい一日だった。

そんな笑い話を手土産に、お世話になった八幡銀行の支店長、渋谷さんに挨拶に行くと、ここでも話が弾んだ。この支店長、以前から私の仕事に好意的で、わざわざ現場にも足を運んでくれていた。クウェスト株式会社の仕事を、他の行員にも見せておきたいとのことで、週末の業務終了後に、急遽、新築祝賀会を開催することに決まった。

今度はオモチャの散らばった八畳一間ではない。ともかく恩に報いるべく、できる限りの歓待をしなくてはならないと考えた。居間とダイニングにまたがって、一直線にテーブルを仕立てて宴席をこしらえた。

遠い昔、中堅企業の企画本部長を拝命していた私は、行きつけのレストラン『森本味』のオーナーシェフに白羽の矢を立てた。人生初めての出張サービスの依頼である。予算は少ないが快く引き受けてくれたのが嬉しかった。

真新しいキッチンから、次々にフレンチ&イタリアン&和食の創作料理が繰り出される。私達夫婦にとって、達成感に満ちた夢のような時間が過ぎていった。支店長からお祝いに頂いた大きなオルゴール仕掛けの掛け時計は、今でも子供部屋で時を知らせている。

いいものを大切に使おう

今更、進化論を持ち出すまでもないが、人間、確かに適応能力に長けている。最初は驚きと興奮の連続で、毎日が夢心地だったが、だんだん慣れて一年もするとそれが日常になってくるから不思議だ。

子供たちには、姿勢が良くなるからと、定番のトリップトラップチェアを二脚購入して、家族五人で正対した食事が恒例となった。夕飯時になると、何も言わなくても子供達のどちらかが、布製のランチョンマットを敷き並べ、その上にお皿と箸を置き始める。

テーブルにマットを敷く習慣がつくなんて、少し前まで私達は想像だにしていない。

「俺たち、セレブか？」

夫婦で目が合うたびに苦笑した。

食器は、これまで使っていたものをすべて捨てて、箱入りのままになっていたものを取り出して使うことにした。いいものは、使って初めて価値がある。

「おい、これはどこで買ったもの？」

「それは、お相撲を見に行った時の景品よ。もう要らないわ」

妻の出身は長崎。しかも、かの有名な有田焼に近い波佐見の出身とあって、親戚にも陶器関係者が多く、大量の器が結婚祝いに送られてきていた。しかし、以前の古家での投げやりな生活では必要なく、すべてが梱包されたままに放置されていた。そして、今回、やっと日の目を見ることになったのである。中でも、好みだったのが青磁に似た慶四郎窯の品物だった。義父の妹の嫁ぎ先だという。淡いグレーの肌にサギの絵付けが粋で、大人の色気を感じる一連の作品だった。

ベニスはムラーノ島で記念に買ったゴブレットも、引き出物のバカラも、骨董市で買った輪島塗も、全部一堂に床に広げて選別をする。

「あなた、いいものだけを残すのよ。分かっているわよね」

そう言う妻の方が、「何かの時に」用にと、再び箱入れに励んでいる姿を見て、溜め込む性格は簡単には治らないと諦めることにした。この先、できれば脂肪だけは溜め込まないでいてほしいのだが。

植物に囲まれて暮らしたい

我が家には、この一年間で観葉植物が異常に増えた。ホームセンターの島忠で、入荷日を調べて一番乗りをすると、個性的な植物に出合えることが分かった。それが失礼ながら、一般の花屋さんの半分くらいの価格で入手できると分かって、妻のケイコさんの目が燃えた。

ホームセンターの入荷は、五月の連休あたりから種類も量もグンと増えてくる。ここでは配達サービスが無いので自家用車でせっせと通い、例の空中庭園には、所狭しと珍しい植物が並んだ。夕食時、スポットライトに照らし出された葉形の数々は、初夏の風に揺れて息を飲むほどに美しい。我が家は、瞬く間にリゾートホテルへと変身を遂げていた。

と、ここまでは良かったが、真夏に強烈な日差しと紫外線で半分やられて、秋口には惨めな残骸が残った。何とか持ちこたえた残りの半分も、その冬の霜に打たれて全滅の運命をたどる。植物も生物だった。適した環境でしか生きられないはずだ。知らないとはいえ、申し訳ないことをしたと心から反省したケイコさん。懲りるどころか、翌年にはその教訓を生かして、場所を変えて雪辱戦に燃えた。

「植木鉢なので成長は遅くなるけれど、世話をすれば何年も生きるわよ」

家づくりでは少し先輩の、あの関根さんの奥さんから、いろいろアドバイスを受けていた。

「観葉植物は、水やりが命よ」

場所は陽光たっぷりの窓際に移動した。しかも、風が入る場所が最適という。一週間に数回、大目に水を与え、それが下の水抜き穴から抜け落ちるのが理想らしい。そのための様々な装置が加わっていった。

「いいでしょ、今まで洋服もバックも買ってもらっていないんだから」

帰す言葉が見つからない。


中でも、アガペという植物はおもしろかった。サボテンのような多肉植物で、もともと大きなサイズだったが、我が家に来てからもどんどん成長し、一年も経過した頃、ある日突然、花弁が天井に向かってグングン伸びて花が咲いた。驚きもつかの間、やがて一夜にして枯れ始め、ついには本体も朽ちてしまった。

最近のケイコさんのお気に入りは、リュウビンタイというシダ系の植物だ。根、または根に近い茎の部分が溶岩のような塊で、そこから次々にゼンマイのような芽が出て、枝が四方に広がる。会社の応接室を含め、家中のそれを数えると、五株はある。これらが、水やりのために一時的に姿を消すと、何か消失感を感じて殺風景な景色となるから、やはり生き物の存在感は特別だ。

「この根の部分が乾くとダメなのよ。今日も水やり、水やり」

まあ、韓流にハマるよりはマシ。ともかく、近い将来、我が家はリゾートホテルを超えて、きっと植物園になるだろうと推測される。

(二) 想定外の出来事

最初の手直しは障子の追加

季節は移り、秋が深まった深夜の枕元。

「ちょっと寒くないか?」

「そうねぇ、言われてみれば」

何故か私は後頭部に冷気を感じて辺りを見廻した。別に壁に穴が開いている訳でもなく、不思議な感覚だった。

「あれっ、髪の毛が薄くなったせいかな?」

「私も感じるからそうじゃないわよ。きっと」

という訳で、明かりをつけて真相を探ることになった。手のひらに当たる冷気を頼りに息を殺して見当をつけると、どうやらヘッドボードに近い、出窓のサッシの下端から隙間風が入って来ている。ここにはブラインドが取り付けてあるが、それを通り越して冷気が進入しているようだった。

は て、欠陥サッシかとも疑ってみた。よくよくサッシの断面図を頭の中で描いてみると、「ハハンなるほど」と直ぐに答えが出た。

普段はそんなにアルミサッシに近づいて生活していないから気に止まらないが、引き違いのサッシは、そもそも電車のようにレールの上を動いている。つまり戸車の一点でレールと接しているのだから、ガラス戸自体はわずかにレールから浮いていることになる。そこには確かに隙間が存在するわけだ。

寝室の続きにはウオークインクローゼットがある。そこに連続運転で何年耐えられるのか実験を兼ねて換気扇が設置してある。強制的に排気すれば、どこからか無理にでも空気が入ってくる自然の原理。寝室の入口は、加藤建具製作の建具なので隙間はほとんど無く、吸い付くような感触だ。とすれば、残るは、

「正体見破ったり」

出窓のサッシ下端のほんの数ミリの隙間から冬が忍び寄って来ていたのだ。

それにしても、建築畑に居ると自然現象には常々勉強させられる。だが、感心ばかりもしていられない。宿命的に建築は、常に自然との戦いという側面を持っている。なんとかこの隙間風を防ぐ方法を考えてみることにした。ブラインドがダメだとすれば、この出窓からの隙間風を遮断し、且つ柔らかな朝の光が享受でき、しかも時には開けて空気の入れ替えが可能な代物とはいったい何だろう。

答えは意外と早く出た。ただ悔しいかな、またしても建築は素人のケイコさんのアイデアだった。

「障子はどうかしら」

障子は敷居の彫り込みに添って、障子本体が隙間を作らず滑る優れものだ。光の透過の具合も和紙を介しているため柔らかく、目覚めの時にも優しい。

「多分、正解かもね」

好きこそものの、である。和風好みの妻に一本取られた私は、潔く早々にいつもの建具屋の加藤社長に障子を注文することにした。もちろん材料は（予算がない時の）スプルス材で、と念を押した。

なんと外から丸見えの我が家

我が家の南側の隣地は、土地を購入した時点では、この辺りでは珍しい鬱蒼とした雑木林の中に、汚い木賃アパートが数軒建っていた。そこに突然十一階建ての立派な賃貸マンションが建設されることになって仰天したが、偶然にもこの建築を請け負ったゼネコンの所長と人脈がつながって、お互いの工事が上手く協調できた経緯は以前お話した。そんなこともあって、このマンションの工事については、私も寛容な態度で通したが、悔しいかな世の中、善意がすべて報われるとは限らない。

このマンションと私の自邸はほぼ同時に完成した。日影規制の関係で、以前は目の前に迫っていた木賃アパートに代わって、新築された建物は数十メートルも離れてくれたのは万々歳だったが、マンションの入居が始まって気づいた。何とマンションの北側にある窓が全て透明ガラスなのである。つまり我が家の南側にあるどの部屋もマンションの部屋から丸見えになっているではないか。

「アチャー、大失敗」

社会通念上、相手が新築の際、北側の窓は型ガラスと呼ばれる不透明なものにしてもらう権利は認められるようだ。ゼネコンがいた時にクレームを付ければ何とかなったものを、引き上げてからでは「後の祭り」だった。そこで仕方なく自分で防衛策を考えることにした。

このマンションに向いた四か所の窓について、まず、食堂のアコーデオン式全開口サッシは、その外のバルコニーの手摺壁を目線まで高く立ち上げたので、視線が遮られてこのままでよかった。カーテンも不要だ。次に、居間のサッシには障子を取り付けたので、ここも完璧に視線を遮ることができている。残るは、婆ちゃんの部屋と子供部屋の窓が無防備になっていた。

両方の部屋共、カーテンはあるものの、開けたら相手からは丸見えとなり、実に落ち着かない。この窓の外に目隠しが必要となった。そこで思いついたのが、スダレだった。京都の町屋の二階の窓に架かっているあの竹製の簾である。はて、どこで調達したらよいかと思いを巡らせる。あるある。国道二十一号線、つまり甲州街道を調布方面に向かって右側に古びた竹細工の店があった。

ヨシズとスダレが加わった

街道沿いのビルが建ち並ぶ一角に、瓦屋根の古民家風の佇まいは、これまでも沿道を走っていていつも目に留まっていた。時々立ち寄ってはいたものの、内閣総理大臣賞を受けた作品がケースに飾ってあるだけあって、「これは」と思う品物はとても手が出る価格ではなかった。いつかこうした名品を、躊躇なくサッと買えるような身分になりたいものだ、と思いながら店を後にするのだが、時々はケイスケに、竹とんぼや竹の筒で出来た本物の水鉄砲を買って帰ったこともある。今日はスダレを買う目的だから、堂々と背筋を伸ばして店に入ることにした。

「あのう、スダレ見せてください」

何と、出されたものは京都から入荷したという、実に精巧で透かしまで入っている上物だった。店の女性も、きっと人を見て判断したのだろう、悪い気はしなかったが、見るからに高そうで一歩引いてしまった。それにしても、透かし模様はどうも趣味ではない。

「いや、たいした家ではないので安物でいいんです」

「じゃあ、ヨシズでいいですか」

結局、子供部屋には大きなヨシズ、母の部屋には透かし模様無しの竹ヒゴのスダレと決まった。それにしてもこの中級品のスダレ、丁寧に節の部分が波模様に揃えてある。価格から考えたら、とても手間賃にもならない立派な仕事がしてある良品だった。

そもそも建具屋の障子も同様のことが言える。これでは、日本の職人技の多くは、発展どころか消えていく運命にあるのは当然と思われた。購入した品物を車内に斜めに押し込みながら、なんとなく職人への対価として支払った額を思うと、漠然とした罪悪感に浸ってしまったのは、同じ職人気質の私に限ったことだったのだろうか。

何も大工に頼む程のことでもない。窓の外の庇に釘を打ち付けて、早速買ってきたヨシズとスダレを掛けてみた。すると、ちょうど良い薄れた光が室内に入ってくるではないか。なんとも「塩梅がよい」とはこのことだ。スダレ自体、半分くらいは隙間があるので、数十メートル離れたマンションの窓からは、凝視すれば我が家の部屋の中の様子も、ある程度うかがうことが出来ようが、まあ許容範囲とみた。なんたって、透けて見えるのは裸で飛び廻る悪ガキ二匹と、七十過ぎの婆さんの下着姿。これでは見るだけ損というものだ。

空中庭園に異変が

家族が集うダイニング空間と、それに続く自慢の空中庭園との間は、新発売の全開口サッシになっている。掃出し窓の四枚がアコーデオンのように左右にたたまれて、一見ガラスサッシがなくなったようになるから、確かに開放感は最大だった。春に引っ越して、夏の気配を感ずる頃には、夜間もオープンエアーになったままの日が続いた。知らなかったが、妻は、窓を開放しての生活が憧れだったらしい。遠い南の島のＤＮＡは、まんざら冗談でもなさそうだ。三階のおかげで、窓をすべて開け放して眠っても、防犯的には安心感があった。

ところがどうだろう、住み始めて一年も経たないのに、このオープンサッシが開きづらくなってきた。上と下がズリズリと擦れている。最初のうちはクレ55で騙し騙し使っていたが、いよいよ開閉が重くなってきた。重いというより開かないのである。

しかし、最上階でもあるし、屋根以外は何の荷重もかかっていない。床からサッシ上の窓枠までの高さを測ってみると、不思議なことに上の鴨居はタレていなかった。清水棟梁の仕事である。当然なのだが。はたして、責任はサッシ本体にあるのか、それとも取り付けた大工の仕事の範囲なのか結論が出ないまま今日に至っている。

サッシの白いレールは、何度も力ずくで開閉させられた結果、無残にもアルミの金属色が痛々しく露出してしまっている。さらにガラス窓と枠の間には隙間ができ、ホームセンターで買ってきた隙間テープが貼られる始末。そして、脇の収納庫にはクレ55が常備されている。

これが我が家でなかったら、当然クレームとなって修理を余儀なくされている。もちろん、これを取替えるとなると、外壁も内壁もやり直しとなるので、とりあえず様子見なり。新しいものには、すぐに飛びついてはいけない教訓だった。

それでも五月晴れの日曜日の朝。クレ55をシュッと一吹き、アルミの擦れる音を我慢して、このオープンサッシを力ずくで開け放つと、瞬間あのハワイにも劣らない乾いた風が頬を撫でていく。バブル崩壊以後、すっかり遠くなってしまったハワイだが、同じ気分を自宅で疑似体験できるのだから人生諦めてはいけない。心配された網戸は、特注で建具屋に依頼したものの、開け放していても不思議と虫が入ってこない。まして、蚊の姿もほとんど見かけることもなく、少々肩すかしの感じがした。私の推測では、地上三階ともなると、蚊の諸君も途中で昇るのを諦めてしまうのだろう。

㈢　設備の検証

忘れていた防犯対策

さて、心配した電気代はどうだったか。住み始めて半年も経った頃、恐る恐る引き落とし口座の伝票を垣間見た。なんとこれが予想の半分ほどで納まっているではないか。引っ越したのが三月。冷房や暖房が必要のない中間期だったことを差し引いても、我ながらプロとしての誇りが蘇る熱い瞬間だった。

その理由を推測してみると、照明器具は蛍光灯はもちろんのこと、白熱灯も四十Wや六十Wがほとんどなので、エアコンなどと比較して、長時間使用しても電気代はそれほどでもないのだろう。また、私の自邸の場合、住居部分が三階にあることで日当たりもよく、おまけに天窓が四台もあるので、照明を点灯する時間帯が少ないことが影響しているという結論に達した。

新居に移って数年の間に、電気関係で手直しをした所を揚げてみる。最初に不備を感じたのは防犯設備だった。元来、私は「性善説」である。訳あって、最初から「性悪説」を唱える妻からみると、単なるお人好しなのだそうだ。生まれは、岐阜県可児郡可児町。平屋だというのに、夏の寝苦しい夜は網戸だけで寝入る平和な田舎育ちである。今回の自邸でも、せいぜい玄関ドアに鍵を二個つけただけで済ませてしまった。ところが、併設したアパートに三人のうら若き女性が入居してきてから考えが変わった。

外観のデザインとして好ましくないので、郵便ポストを建物内部の少し奥まった場所の壁に埋め込んだのがいけなかった。最近になって、ポスティングという宣伝チラシを配るアルバイトの兄ちゃんたちが頻繁に見られるようになった。多い日では、その数、数十枚。三日でポスト一杯になるほどだ。

いかがわしい内容のチラシも多い。偏見でもあるのだが、彼らは一様に動作が緩慢で怪しげである。そんな輩（やから）が何の断りも無く、我が家の玄関先をウロチョロする毎日となった。このチラシの数から判断するに、一日に何十人もの見知らぬ人達がポストを求めて、建物内に侵入してくるのだからたまらない。失礼だが、そのうち誰もが痴漢や空き巣狙いに見えてきた。

「あなた下手に注意しないでね。最近の若い人たちは怖いから」

妻の忠告はさらに続く。

「我が家には、幼い子供達もいるんですよ。逆恨みだってあるんだから」

五台の防犯カメラに守られて暮らすことに

そんな矢先、偶然にも数軒先のマンションで、痴漢騒ぎがあった。駅前交番の警察官からも注意を促す伝言があった。発表していないだけで、この甲州街道沿いはその手の犯罪が多発しているらしい。

「おいおい、早く言えよ」とばかりに不安が増殖していった。

年頃の若い女性三人に、幼い子供たち。ポストの目の前にあるガレージには愛車ジャガーが控えている。

「買ってから既に十三年目のポンコツですよ」

と貼り紙をしておくわけにもいかない。この新しく格好イイ家に外車とくれば、どう見ても多少はリッチな雰囲気が漂って、いつの間にか犯罪の舞台は整っているのだった。

「もしかしたら今日あたり覆面の男たちが…」

そう思うと余計に眠れなくなった。


翌日、早速、秋葉原の電気街に飛び込む。ダミーの防犯カメラを買うためだった。本物は、録画デッキも必要で、数十万円もコストがかかる。悩んだ結果、数千円のダミーカメラを三台買ってポストからよく見える位置に取り付けたのだが、不安は消えなかった。賊は騙せても自分は騙せない。

それから数ヵ月後、止む無く警備保障会社と契約することになり、実に我が家には、本物と偽物合わせて五台のカメラが賊と対峙することになった。ダミーのカメラを取り外すとキズ跡が残るからそのままにしているのだが、歳のせいか最近ではどれが本物のカメラか分からなくなってきた。

形の違う水栓がふたつ、変じゃん

さて、この洗面室、引っ越して暮らし始めてから家族の皆が首をかしげた。

「チョット変じゃない？」

実際のところ、違った形の水栓がふたつ並んで、自分でも少々違和感があった。

「どちらが使い易いか、パパの仕事の実験のためだ」

と家族には力説して廻ったのだが、ホテルの仕事の中で、モデルルーム用に使用したものをタダで入手できたのだから文句は言えない。

この水栓について、結果としてどちらが使用勝手が良かったのか。実は今でも結論が出ていない。握り玉が分かれているタイプでは、お湯か水か、出てくるものがはっきりしているので分かりやすい。真夏に冷たい水で顔を洗いたい時などは、迷わずこちらの水栓に手が伸びる。冬もまた同じ。給湯器自体でお湯の温度は制御されているので、お湯の握り玉を廻しても、いきなり熱湯が出ることはない。

一方、レバーハンドルのものは、輸入品ということもあるのか、水の勢いが半端でなく凄い。いつも思うが、この爽快感がたまらない。勿論、レバーを上げ下げするだけなので、石鹸を使いたい時も便利だ。結局のところ両者引き分けとなる。それでも強いて優劣をつけると、デザインで凝れば握り玉スタイル、使用勝手で選べばレバーハンドルにやや軍配が上がる。


ついでに、給湯について一言。洗面室や浴室、それにキッチン。これらに給湯する場合、どこに給湯器を設置したらよいか。私は設計時に、このことを真剣に検討をしなかったが、これがいけなかった。言い訳めいているが、何しろ、それまで住んでいた古家では、水廻りのスペースは極端に狭く、それぞれの場所がくっついていたので、給湯器も近くにあり、お湯はどの水栓からも直ぐに出てきた。

しかし、新居では様子がやや違った。一番頻繁に使用するキッチンを優先したので、結果として給湯器から洗面室が最も遠くなってしまった。キッチンでは、お湯を大量に使用するがそれほど急を要しない。しかし、冬場の洗面室では、なかなかお湯が出てこないのでイライラすることがある。教訓になった。今後の設計では、給湯器を洗面室に一番近い所に置くことにしよう。こうすれば、私以外の施主はあのイライラから開放されるに違いない。

ゲボゲボが常備されることに

ところで、住み始めてしばらくして経ったある日、この洗面所でもうひとつの問題が発生した。排水がスッと流れなくなったのだ。一般的に洗面器には、お湯や水を溜められるようにポップアップというツマミが付いている。シンク一杯に水を溜めておいて一気に排水しながら、これを上げ下げしても排水の勢いはそれほど変わらない。通常、衛生器具と呼ばれる洗濯流しや洗面器には、下水管や排水桝から臭気が逆流しないために、器具のすぐ下にトラップと呼ばれる水溜りができるための装置が取り付けられている。簡単なものでは、配水管が一回グニュッと回転しただけのものもある。
排水管が詰まるとすれば、最初にここを疑うのが常識。何とかしようとあれこれ試みるものの、そのトラップを外すには専用の工具が要る。長時間仰向けになっている私に
「あなた職人じゃないのに大丈夫なの？」

いたわりの言葉と分かっていても、私達夫婦の場合には時々妙な意地が働く。

「この程度のトラブル、何とかしてやるぞ」

と余計な力が入ってしまうのだ。さらに仰向けの姿勢で配水管との格闘がしばらく続いた。と、その時、婆ちゃんの脚が見えた。

「なんやぁ、排水が詰まったか。ゲボゲボ買ってきたらどうやね、百円ショップに売っとるで」（これすべて岐阜弁）

ゲボゲボとは棒の先にゴム製のお椀が付いた特殊な用具で、正式な呼び名は分からない。しかし、その昔、どこかで見たことがある。早速、近所の金物屋に出かけて
「ゲボゲボありますか」

確かに売っていた。持ち帰ってから、少し水を溜めておいてから、力づくでお椀を潰したり戻したりするうちに、黒く細かいゴミや髪の毛が浮いてきた。多分、トラップの曲がり部分よりは、上下する栓の奥で、髪の毛などが固まっているように思われた。

「確かにゴミが詰まっていたんだ」

と判明した瞬間、どちらの洗面器からも溜まっていた水が勢い良く排水されていく。器具が正常に働くことがこんなに気持ちのよいものかと再認識した一日だった。それからというもの、このゲボゲボは我が家の常備品としての地位を獲得し、洗濯機の脇に鎮座することとなった。次回からはこれを新築祝いの定番にしようかと思っている。

昨今、このような衛生機器は、確かにデザインがよくなってきて嬉しい限りだ。しかしその反面、裏に隠れた配管部分や排水桝は依然として従来のままである。臭いを遮断する為のトラップの形

状や、流れが悪くなった際のメンテ方法の追求など、改良の余地がまだまだ多くある。

浴室暖房乾燥機の悲しい結末

我が家の場合は、ホーロー浴槽のため意外に早くお湯が冷める。こんな時は、壁の給湯リモコンに手をのばし、ピピッと温度を六十度に上げ、注ぎ湯をする。するとすぐにデッキ水栓から出た熱いお湯が攪拌する手のひらにまとわりつき、浴槽の淵に表面張力の限界を超えた湯がツーと落ちはじめるのを見ると、なんとも贅沢な気分に浸ることができる。

さらに「これでもか」の日本では、最近、浴室暖房乾燥機が話題になってきている。マンションの浴室のように、窓が確保されていない空間では、換気扇を連続運転しても湿気が完全に取れないので、その対策かと思いきや、以外に目的は別のところにあった。都心の住宅密集地や集合住宅で、外に大手を振って洗濯物を干せない状況下、浴室を洗濯物干し場として活用するための必需品として重宝されているらしい。

最近新築される戸建て住宅では、ユニットバスが主流になり、従来の在来工法によるタイル貼りの浴室よりも随分暖かくなった。それでも、一階の、それも北側に位置する場合などでは、冬場は凍えるように寒いらしい。高齢化時代を迎えた今日では、裸になる空間にこそ、暖房が求められるのは自然の成り行きかもしれない。この乾燥と暖房の一石二鳥を狙ったのが浴室暖房乾燥機なのである。売れないはずが無い。

さて、この優れモノ、我が家でも「住宅設備機器は最新のものを」とのコンセプトのもと、早速導入することになった。換気用の窓もあるし、立派な洗濯物干し場も確保できていたので、目的は冬場の寒さ対策のためだけだった。年配者（つまり爺婆）は温度差が命とりになるというではないか。

自邸は、竣工したのが春先だったため、この暖房機能が実際に試されることになるのはその年の暮れで、ほぼ十ヶ月後のことだった。まず、浴室の乾燥に関しては、最後に入浴した者が、浴室内のルーバー式の窓を少しだけ開けて出る。この時、浴室のドアは開けておく。さらに、洗面脱衣室にあるもうひとつのルーバー窓を少しだけ開けて、廊下に出る。寒いこともあるので、洗面室の引き戸は一応閉めておく。

我が家では、いつしかこうしたルールができていた。すると「アラ不思議」。ほんの一時間もすると、浴室全体から湿気がすっかり逃げているではないの。乾燥機ならぬただの換気扇も、窓を開ける自然換気でまったく不要となった。

次に暖房機能。これがその年の暮れになっても、家族の誰もスイッチを入れようとしない。位置は北側にあるものの、三階の浴室は予想以上に暖かかったのである。乾燥機としてはもちろん、換気扇としても使用しない。さらに、期待した暖房機能もまったく必要としない。

それでも一度も使用しないのでは勿体ないと、妻は真冬の一時期、娘のタカコが入浴する時だけに暖房機能を作動させることがある。確かに温風らしきものが激しく壁に当たって跳ね返ってくるが、タイル面がすばやく熱を吸い取ってしまうのだろうか、あまり体感として暖かいという実感は無いらしい。

婆ちゃんにいたっては
「まぁ、寒いでいかん」
とすぐさまスイッチを切ってしまった。確かに温風だが、風は風。年寄りの皮膚から、容赦なく体温をうばってしまうらしい。つまり結果として、この浴室暖房乾燥機は、なんと我が家では「無用の長物」になってしまった。

理想は露天風呂

浴室の広さについて考える。我が家の場合は浴槽がやや大きいこともあって、一般的な一坪の大きさより、幅、奥行き共にやや広くしてある。ユニットバスのサイズに換算すると一六二〇に匹敵するようだ。私は毎日、二人の子供のどちらかを誘って入浴を続けているが、ひとり半でちょうどよい広さのようだ。これ以上広い場合を想像してみても、冬場はちょっと寒かったかもしれない。それは広いに越したこともないのだろうが、トイレ同様、基本的にひとりで使用する所だから、温泉旅館のような広い風呂にひとりポツンとは、いささか寂しい感もある。仮に豪邸であっても、適当な広さというものはあるのではないだろうか。

さて、この浴室について、もう一度設計し直すとしたらどうするのか。家族皆に聞いてみても意外に不満はないようだ。しかし、数年後には娘のタカコに断られ、自分ひとりで入浴することになることを想像すると、小ぶりの窓と均一なタイルで囲まれた閉鎖的な空間はなんとも味気なく、思索に耽る以外に方法が無い。

「そうか、窓の外に緑の置ける小さなベランダでも欲しかったなぁ」

ひと足先に長男に振られた妻のケイコもまったく同感だった。

寒さを怖がるあまり、浴室内の窓は換気用に限定して小さくしたのだが、実際には三階のせいか、窓からの冷気はまったく感じない。だったら広めの窓を開けて、目線まで立ち上がった壁に囲まれた小さな中庭に、好みのモミジや枝垂れ梅の鉢植えを配す方法もあった。ライトアップでもして、枝が風になびく姿を眺めつつ、甘酸っぱい初恋の君なんぞに想いを馳せるのも悪くなかったかもしれないと。

ともあれ、狭い空間だからこそ、視覚的に広がり持たせるテクニックとして、建築家であればこれくらいのことはさりげなく実現しておくべきだった。今にして思えばちょっと残念な次第である。

㈣ 住み始めて一年後のある出来事

最初の一年が過ぎて二度目の夏の訪れが間近い頃、一階のアパートに住む親父の様態が目に見えて悪化した。妻のケイコが頻繁に大学病院に連れて行く。診断では経過観察に終始するが、素人目にも痩せ細っていく過程が早過ぎる。

古家の建て替えが叶わず、老夫婦二人で近くにアパートを借りて暮らし始めた頃、突然、胃がんが見つかった。ステージ三とは末期がんに近い。すぐに手術をして胃の大半を摘出したが、アレアレ、見る見る回復。一年後には食も太くなり、以前の体重に戻って周囲は驚いた。

「あれから五年。もう大丈夫」

その矢先だった。

私が学生となってから一度も欠かしたことのない、お盆の時期の帰省。今年もその時がすぐそこに来ている。親父にとっては、多分最後だろうと覚悟して再入院を勧めた。

入院が決まった前夜、アパートの一室で、寡黙な男同士が言葉少なに語り明かした。思えば、二人でじっくり話が出来たのは、この時が最初で最後だった。

「ヨシキ、こんなに大きな家作って、将来、大丈夫か」

―「それより自分のこと心配しなさいよ」

「新しい家にも一年住めた。十分幸せだ。もう思い残すことは何もない」

―「点滴打って、もう一度田舎に行くぞ」

「…この窓を少し開けると、ええ風が入るでなぁ」

病院から危篤の知らせが届いたのは数日経ってからだったが、臨終には間に合わなかった。

「直前まで、冗談を言ってみえましたよ」

看護婦さんの言葉に救われた気がした。

「あなたもつくづく運のいい人ね。新築が一年遅れていたら、お爺ちゃん、どこかの賃貸アパートで一生終えたかもよ」

妻の言葉に神様の存在を信じたくなった。

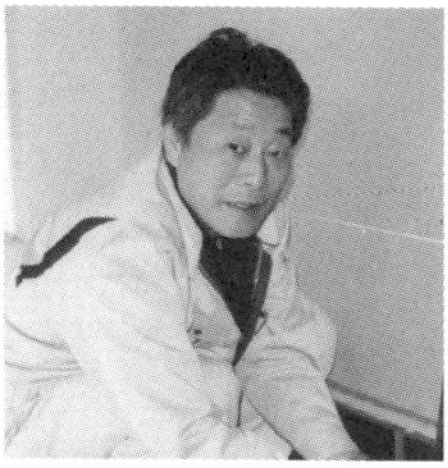

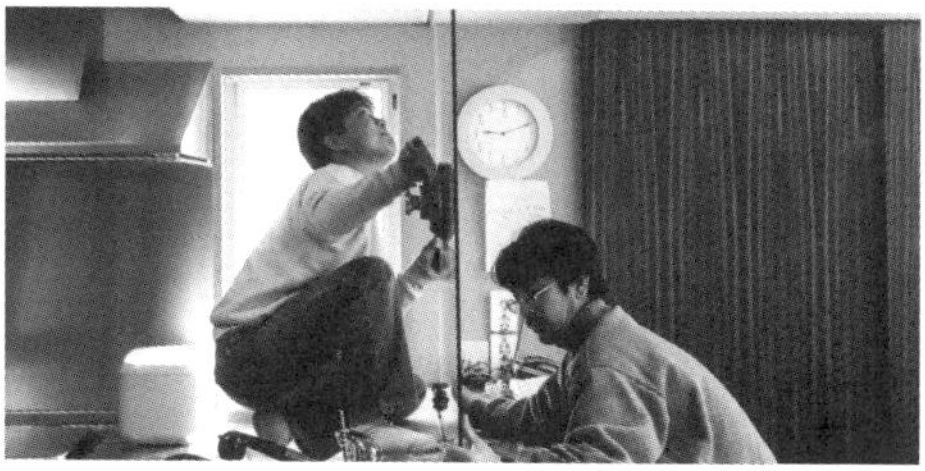

第十三章　あれから十五年

東日本大震災を経験して

早いもので、あれから十五年が経過した。この間の大きな出来事といえば、東日本大震災に直面したこと。私は当日、仕事で建築現場にいたので、自邸がどの程度揺れたのかは体験できなかったが、居合わせた二人の子供の言によれば、書棚から本が滑り落ちたくらいで、パニックにはならなかったらしい。周囲を見渡しても、幸い目視できる範囲ではダメージは受けていなかった。

しかし、さすがに十五年を経過し、何となく全体的に薄汚れてきた感があるのは否めない。当然といえば当然。この間、日頃の煩雑さにかまけて、全体としては外壁の清掃はおろか、一度もメンテナンスをしていない。

「それにしては、きれいですね」

訪問者の誰もがお世辞を残してくれるが、自分でも予想以上に痛みが少ないことに一応の満足感がある。

特に内装は、もともと外装材のシッタという大理石の粉を壁に塗ったことで、まったくと言ってよいほど変化は見られない。職人の下地処理が上手かった証拠だろうか、天井のペンキ塗りの部分で、クラック（ひび割れ）がどこにも発見されていないのも不思議なくらいだ。

個室の天井と壁は、コストの面も考慮して、最初からクロス貼りとなっている。ここは家具の配置移動でぶつけたり、テープや画びょうの跡が見えたりで、それなりに生活感が認められるが、さりとて「貼り替えよう」との言葉は、今のところ家族の誰からも聞かれない。

いや忘れていたが、娘のタカコが数年前の反抗期に一度だけ文句を言ったことがある。

「いい加減に替えてよ。目がチカチカしてウザイ。誰の趣味？」

実は当時二歳だった彼女のために、夜に照明を消すと天井が星座のように光る蓄光クロスなるものを親心で選んでいた。最初は喜んで、何度もスイッチをいじっていたのに、中学に入学する頃には、他人のような目で睨まれるのだから、父親は実に割に合わない存在だと思う。

一番の反省点は何か

建築のプロとして、それなりに悩んで決断し、施工の一部始終を監督した住宅で、十五年もの間、四季を通して実際に暮らしてみて、大小、様々な反省点が見つかった。これらの改善、克服こそが私のノウハウだし、知恵が生まれる宝箱となっているのは間違いない。その中でも一番の反省点は何か。正直に語れば、多分、気密と断熱への対策に注力が足りなかったことだろう。

住宅の性能という観点からは、どちらかと言えば構造の方に私の注意が傾き、この分野への認識が不十分だったと反省せざるを得ない。

今では懐かしいが、当時は住宅金融公庫の融資を受けるために必要とされた公庫仕様の手引書。これに定められた基準値が最高峰との風潮が巷にあった。多分、大手メーカーもこれに準じていたと思う。それ以前は、基準値さえ明確ではなかったので、断熱材がゼロの住宅も珍しくないと推察される。

今から十五年前、確かに断熱は冬の寒さをしのぐことが優先されていた。そして温暖化が表面化してきた現在、むしろ夏の暑さ対策が重要課題となっている。『徒然草』の一文にある「家ノ作リヤウハ、夏ヲモッテ旨トスベシ」の文言が、時を経て再び脚光を浴び始めてきたのが興味深い。

震災後の国交省の指針では、建物を出入りする熱を制御し、使用するエネルギーを節約する目的で、窓も含めた外壁全体の断熱性能と気密精度が、当時と比べ数倍高く設定されている。もちろん建設コストに直結する話だが、これらを強化することで、確かに「冬暖かく、夏涼しい」環境に近づくのだから、我々現場を担当する者としても、追従する姿勢は間違ってはいないと思われる。近い将来、窓のガラスは二重か三重に、枠のアルミは樹脂に代わるだろう。

金融公庫仕様の我が家は、アルミの引き違いサッシが多用され、すべて一枚ガラス。事務所の入り口に至っては、ビル用のフロアヒンジなので、扉の周囲は隙間だらけ。断熱材も現在の標準仕様を下回る。凍える程ではないが、一階と三階の温度差は極めて大きい。それでも以前の古家よりはマシと思い、暮らしてきた。主な居住空間が三階だったせいで、寒さも幾分緩和されたようで、大袈裟に言えば、不幸中の幸いである。

ところが、逆に最上階のため、夏の暑さには閉口した。年を追うごとに室温が増していく気がしていた。妻の希望で、夏はどの窓も開け放してあるので、風のある日は耐えられたが、無風の時は、首筋から汗がしたたり落ちる。子供たちは、エアコンの部屋に閉じ籠って、まったく姿を見せない。

築十三年目、住宅ローン返済の目途が付いてきた六月のある日、暑がりの妻が遂に決断した。

「もうガマンの限界。屋根を外断熱に変えて！」

果たして効果があるのか疑問だったが、「やってみなはれ」の心境で大工達を呼んだ。瓦屋根を除き、居間の真上にあたる平らな屋根の部分に、五センチほどの断熱材を敷き詰る。その上に輻射熱に効果があるとされるアルミシートを重ねてから、通気層を確保してガルバリウムの金属屋根で覆うことにした。

そしてその夏の「今年一番の暑さ」と報じられる日中のこと。事務所のある二階から三階の住居部分に駆け上がった私は確かに感じ取った。

「おお、意外に暑くない」

去年までの暑さを体が覚えているのだ。確かに効果が確認できる。

「だから言ったでしょ。もっと早くしてくれればいいのに」

妻の勝ち誇った態度に抵抗できない自分が情けなかった。

修理を必要としたこと

その時は最大の注意を払ったのに、後で修理を余儀なくされたことを列挙してみよう。


（その一）

三階のバルコニー（空中庭園と呼んでいる）の床がＦＲＰ防水になっていて、ここに数ミリの亀裂が入ったために下地のベニヤ板が朽ちてしまった。歩くとそこだけ、ブヨブヨと柔らかいので、放っておいて床が抜けたら大変と考え修理を実施した。下地の合板を取り換え、新たにＦＲＰ防水をやり直す。当時の施工店は廃業していて新規の会社に依頼したが、施工が丁寧だし、亀裂防止のガラスマットも厚いので、しばらくは安心できそうだ。

（その二）

道路に面した正面の外壁をペンキ仕上げにしていたが、これが横着だった。竣工後すぐにひび割れが発生し、そこに雨水がしみ込んで埃を拾う。それがだんだん目立ってきて修理を決断した。まだ築五年目の話だった。足場をかけてその上に重ねる形で外壁材として、漆喰を選んだ。これもデリケートな素材なので、直接の雨がかかりでは耐久性は低いだろうが、とにかく厚ぼったい印象を嫌ったためである。

あれから既に十年が経過。確かに、ひび割れもあるし薄汚れ感は免れない。仕方ない。少女期は過ぎたので、そろそろ厚化粧の外壁材に替えてみようかと考えている。

（その三）

事務所の玄関ドアは、雨に濡れることはないものの、西日の直撃を受けることになった。夏の西日がここまで過酷だとは、体験してみて分かった。木も人間と同じ有機物。耐えに耐えたが力尽きた感じだ。ひび割れて灰色に変色しつつあるので、何度か耐候性の植物性オイルを塗って凌いでいるが、内部に面した側とは雲泥の差がある。工場で修理すれば元に戻るだろうが、その間の代用品を作ってからの話なので、これも様子見となっている。

（その四）

室内では、昨年、築十四年目に階段のカーペットを張り替えた。各自のスリッパは用意してあるが、家族全員が素足で暮らしている。全体がコルクタイル貼りなので素足の方が気持ちがよいからだ。したがって、カーペット敷きの階段には、全員の足の裏の汗？が沁み込んでいるイメージが拭えない。臭うまでには至らないが、張り替え時と考えた。下地はそのままなので、工事は二日間で終わった。足音が静かで安全なので、今のところ木の段板に取り換えようとは思わない。

ショールームとして活躍

自邸の完成をみた頃から、メルマガで「建築家の自邸、満足と反省の物語」を発表し始めて、全国から意外に多くの反響をいただいた。なのに、完結に十五年も費やしたのだから、我ながら情けないの一言だ。

また、事務所を併設したことで、来社される皆さんから、自宅を見せてほしいと懇願されることが多くなった。これは誤算だった。予算と首ったけで、何とか完成させたこの自宅が、なんとモデルルームになる宿命だったとは。こんなことになるとは、夫婦ともども夢にも思わなかった。そうと分かっていたら、もう少しやりようはあった気がするが、後の祭り。されとて、これから更に手を加える金銭的余裕はないので、顧客には

「これよりは必ずよくできますよ」

と苦し紛れの説明に終始し、十年以上が経った。

　最近では、余計なものも増え、娘の希望でワン公も同居しているので、いつもこぎれいにしておくことは至難の業。そこで、月に一度と定めて公開することにしたのだが、前日は仕事を休んでの大掃除が恒例となっている。比較的収納場所が多いので、散乱した生活用品を無理に押し込むと、何とかそれなりに家もすまし顔になる。それでも、オプションオンパレードの住宅展示場と比較すると、とても勝ち目はないので、最近は
「モデルルームではなく、十年後の経年変化が確認できます」

と念を押してから案内することにしている。

　そんな自邸だが、何か感じていただけるものがあったのか、十五年間で六十棟以上の注文住宅の依頼を受けているので、実にありがたいものだと感謝している。私の設計を選択してくれたお施主さん達に、そしてこの自邸にも、今改めて乾杯をしたくなった。


「可児さん、『いい家』ってどんな家ですか」

そう聞かれることが度々ある。難しい質問だが、次のように答えている。

「そうですね。耐震構造で、高気密・高断熱で、省エネ対策が万全で、日当たりが良くて、風通しも悪くない上に格好が良くて、コストもこなれていて、施工も確かな云々。挙げればキリがない要件が続くのですが、施主の好みも条件も異なる中、何かに特化することなく、それらをすべ

て飲み込んだ先に生み出される『バランス感覚に優れた家』のことだと考えています。

その結果、奥さんが心から『我が家が一番』そう思ってくれる、そんな家が理想です」


気付かないうちに、いつの間にか今年も師走が近づいている。久しぶりに小春日和となった日曜の夕暮れ時。夜と呼ぶには少し早い時間に、ダイニングルームに続くアコーディオン式のサッシを開け放してみた。少し冷気も感じるが、心地よい微風が頬を撫ぜていく。


「あなた、チョット買い物にでも出ませんか」

キッチンカウンターの向こう側で、片付け物をしながら妻が言う。

「そう、おいしい柿が食べたいね」

最近、こんな日常会話の中に、ほんの小さな達成感を感じる自分がいる。

おわりに

つたないメルマガの文章ですが、ついに単行本にまとめることが出来ました。私個人にとっては、悲願の刊行ですが、本当の喜びは、この本が形になったことではなく、この本の内容にあるような、今でも信じられない不相応な住宅に住んでいるという事実かもしれません。

冷静に考えると、その最大の功労者は、どうも私自身ではなく、妻の佳子であることは間違いありません。借地の情報を見つけてきたのも、資金を捻り出したのも、アパートを併合して、その後の住宅ローンの返済額が、ほとんどゼロに等しいというウルトラCを編み出したのも彼女です。私は、言われるままに「はい、そうですか」と建築士としての技術を提供したに過ぎません。小さな虫にも悲鳴をあげて飛び退く割には、大した度胸だと感心せざるを得ません。

ところで、自宅を建築する機会を得て、何が一番の収穫だったかといえば、まず施主の気持ちが分かったことです。設計者は、施主の考えを代弁できなくてはなりません。依頼されるままに、ただ技術を提供するだけでは、本当の意味で委託を受けたことにはなりません。

言葉の裏に隠れた施主の思いを共有できて初めて、良い作品が生み出せるものと思います。

もう一つは、実際に決断して、実行して、その結果が自分自身で確認できたこと。本で得た知識をそのまま鵜呑みにして図面化するのとは、大きな違いがあります。言い換えれば、自然の摂理が身を以って体験できたこと。数々の失敗の要因を探ることで、今後の設計と施工に自信を持って臨むことができるようになりました。

現在も、住宅の設計施工を主体に、時々、ビルや公共建築の設計監理を続けています。個人住宅については、ご紹介やネット、雑誌の反響などから、年に数件の設計依頼があり、施工も担当していることから、何かと忙しく立ち働いています。

住宅は、施主さんそれぞれの個性が異なることから、一作ごとに新鮮な試みや感動をいただいています。

「可児さんに頼んでよかった」

そう言われる喜びを支えに、これからも建築設計の分野で、日々研鑽を続けていきたいと思っています。

最後に、つたない文章に最後までお付き合い頂いた読者の皆様と、貴重な体験をさせてくれた妻の佳子に深く感謝する次第です。

ありがとうございました。

平成二十七年十一月二十二日

東京都渋谷区笹塚の自邸にて

一級建築士　可児　義貴

付録

羽根木の家

自邸を建てて、実際に暮らした経験をもとに、多くのノウハウが蓄積できました。これを糧に、今後も理想の住まいづくりを目指して邁進していきます。

ここでは、最近竣工した自信作のひとつをご紹介します。

施主のご夫妻は、世田谷の住宅地では珍しいほどの木々が茂る庭園の隣接地を取得し、数多い住宅会社の中から、当社を選んでくれました。

「理由は、提案されたプランが優れていたことです」

それを聞いて、私の職人魂が大いに刺激されました。

この環境を生かすべく緑の自然に向かって大きく開きながら、大胆な居住空間を実現するために、ＳＥ構法を採用し、高気密・高断熱を実現しています。

本質を求める施主の意向を汲んで、使用する材料をひとつひとつ吟味しながら、共に地方の産地や工場まで何度も足を運んだことが、作品の質をさらに高めることになりました。